《中国现代化思想史研究丛书》

资源的集聚与分配：

华北村庄在近代以来权力下延中的变迁

唐海华　著

吉林大学出版社

图书在版编目（CIP）数据

　　资源的集聚与分配：华北村庄在近代以来权力下延中的变迁 / 唐海华著 . -- 长春：吉林大学出版社，2017.6

　　ISBN 978-7-5677-9971-4

　　Ⅰ . ①资… Ⅱ . ①唐… Ⅲ . ①农村经济－资源分配－研究－华北地区－近代 Ⅳ . ① F329.2

　　中国版本图书馆 CIP 数据核字（2017）第 142332 号

书　　　名：资源的集聚与分配：华北村庄在近代以来权力下延中的变迁
　　　　　　ZIYUAN DE JIJU YU FENPEI HUABEI CUNZHUANG ZAI
　　　　　　JINDAI YILAI QUANLI XIA YAN ZHONG DE BIANQIAN

作　者　唐海华　著
策划编辑　黄国彬
责任编辑　沈广启
责任校对　王瑞金
装帧设计　黑眼圈工作室
出版发行　吉林大学出版社
社　　址　长春市朝阳区明德路 501 号
邮政编码　130021
发行电话　0431-89580028/29/21
网　　址　http://www.jlup.com.cn
电子邮箱　jdcbs@jlu.edu.cn
印　　刷　北京市金星印务有限公司
开　　本　710×1000　1/16
印　　张　17.25
字　　数　300 千字
版　　次　2017 年 6 月第 1 版
印　　次　2017 年 6 月第 1 次
书　　号　ISBN 978-7-5677-9971-4
定　　价　60.00 元

摘　　要

　　华北地区的村庄在结构上具有一些与众不同的特征，以自耕农为主的阶级结构及向内凝聚的共同体网络，使华北村庄成为一个资源的自然集装器。近代之前，华北村庄处于封闭自治的状态，与国家政治的联系微弱。但是自清末新政以来，政治权力向基层社会深入延伸，作为资源集装器的华北村庄成为各种政治权力进行资源集聚的便利工具。但摊派模式的粗陋导致华北村庄陷入内部失衡与对外紧张。

　　抗日战争时期，中国共产党的力量进入华北地区。经过多年的税制摸索与改革，中国共产党在资源集聚上形成了以华北村庄为基础单位、以分数制为核心机制、以数目字调查为基础的模式，从而使之变得更高效、合理。减租减息政策所推动的根据阶级路线的资源再分配，使华北村庄变得更加平均和稳定。二者的结合使得中国共产党在华北地区获得了坚实基础和巨大发展。

　　抗战结束后，宏观环境的变迁使这一社会动员模式的具体形态有所变化，村庄内的阶级再分配变成更加突出的重点，但华北村庄的边界在经受冲击之后进一步固化，华北村庄的集聚功能因此也更加强化。总体上，这种村庄集聚与阶级分配相结合的动员模式取得了巨大成功，由此也深刻影响到1949年后中国社会的组织方式。

目　　录

第一章 导 论

一、研究目标

近些年来，关于中国革命的研究不断升温，以往由党史研究者主导的中国革命研究局面被改变，包括政治学、社会学、人类学、经济学、心理学等许多其他学科的研究者涌入中国革命研究的领域。这些不同学科带来的新视角和新方法大大激活了中国革命研究的潜力，关于这场大革命的形象刻画由此也呈现越来越多元的状态，形成了"横看成岭侧成峰，远近高低各不同"的局面。

随着研究的推进，对中国革命的认识已经从宏观的鸟瞰深入到微观的细审，区域史以及单独的村庄史研究成为流行的研究方式。本书亦属于中国革命的区域研究，我们将重访历来为兵家必争之地的华北地区，对中国共产党在这一地区的社会动员进行研究。

众所周知，在江西反"围剿"斗争遭受失败后，中国共产党领导红军被迫展开战略大转移，经过万里长征之后来到陕北，并在抗日战争中进入华北地区。在华北地区，中国共产党先后经历了抗日战争和第二次国共内战的严峻考验，但是结果却与苏区时期有霄壤之别。中国共产党不仅在华北地区实现了绝境重生，而且最终反败取胜。为何中共在这两个地区的发展如此迥异？这一问题无疑是理解中国共产党革命的一大关键。

鉴于华北地区的重要性，对中共在华北地区的发展过程进行研究便一直受到研究者们的重视。事实上，许多国内外的学者在关注共产党在华北地区的革命经验。例如，以研究"延安道路"著称的西方学者塞尔登（Mark Selden）曾经在20世纪70

年代末就从对陕甘宁地区的关注，转向更多地强调"华北模式"[1];而国内学者刘一皋也指出，"华北的地位和经验，无论是在抗日战争，第二次国共内战，还是在土地改革、合作化运动都更为重要"[2],并认为鉴于其重要性，"华北农村社会改造的模式也随着中共在战场上的胜利，推向全国广大地区"[3]。

本书亦属于对"华北道路"、"华北模式"的一项研究，本书将以中国共产党在华北地区的资源集聚与分配活动——亦即社会动员为研究主题，探寻中共在华北地区实现广泛、深入的社会动员的经验。

二、文献综述

（一）社会动员的概念

追溯起来，"动员"概念产生于军事领域。从词源学上看，它最早源于普鲁士，德语为"Mobilmoahung"，以后传入法国，译为法语"Mobilisation"，英国人后又将其移译为"Mobilization"。论其本义，该词系指集合（assembling）、装备（equipping）及准备出师作战（preparing military and naval forces for active hostilities）之意。日俄战争后，日本的儿玉源太郎将此词意译为"动员"，此后传入中国，为中国学者所因袭。[4]不过，随着"动员"概念的广泛使用，人们不再拘泥于军事领域，而将之扩大到众多其他的领域如政治、经济等，变成一个公用的名词。由此，"动员"概念开始泛指集中人力、物力资源为集体服务的任何活动。《现代汉语词典》同时反映了这两种不同的定义，它将"动员"解释成：①把国家的武装力量由和平状态转入战时状态，以及把所有的经济部门（工业、农业、运输业等）转入供应战争需要的工作；②发动人参加某项活动。

---

[1] 塞尔登与弗里曼、毕克伟合作，从1978年开始对河北饶阳县的五公村作了长达十年以上的连续调查研究。研究成果形成专著《中国乡村，社会主义国家》一书。见[美]弗里曼，毕克伟，塞尔登：《中国乡村，社会主义国家》，社会科学文献出版社2002年版。

[2] 刘一皋：《中国改革与农村社会——读中国的乡村：社会主义的国家》，载《中国书评》（香港）1994年3月号。

[3] 刘一皋：《20世纪中国社会动员的变换——以华北农村动员组织为例》，载牛大勇、臧运祜主编：《中外学者纵论20世纪的中国——新观点与新材料》，江西人民出版社2003年版，第206页。

[4] 张羽：《求证"动员"词源》，载《国防》2004年第3期。

　　然而，尽管人们对"动员"一词的使用越来越普遍，对此概念的系统分析却并不多见。在西方，伊兹奥尼（Amitai Etzioni）是少有的对"动员"概念进行了系统分析的学者，他从宏观社会学的角度对此概念的内涵做了比较全面的揭示。伊兹奥尼说，"最初，动员这一概念是用来指资源从'私人—民间'向'公共—军事'转移的过程。近来，动员概念则被用来指社会的或其他某种集体故意改变其他资源的控制权"[1]。伊兹奥尼将动员看成一种有意识的过程，指出"动员在这里被看作是一个有意识地发起、引导和终止的过程，而不是社会单位间互动行为的'副产品'或成果，也不是无数个体参与者行为的加总"[2]。另外，伊兹奥尼特别强调动员的非常态性和迅速性，认为"与生产或整合不同，动员不是一个持续下去的过程，而是限定在特定时期内才会发生的过程。尽管有的社会单位对资源控制的总量不断起伏波动，但除非在既定时期内发生较快的变化，那么就没有必要将这种起伏波动也看作动员"[3]。总起来看，在伊兹奥尼看来，动员概念具有三个基本的因素：①资源从个体向公共集体的集中；②集中的过程是相对迅速的，不同于常态的缓慢流动；③集中的行为是有意识的。因此，伊兹奥尼将动员概念周全地界定成："动员是一种某个社会单位用相对较快的速度对此前没有控制的资源进行控制的过程。所针对的资源可以是经济的、军事的，也可以是政治的（如议会中的支持）、心理的（如对该社会单位的情感、信念认同）。"[4]伊兹奥尼认为动员对于社会单位是至关重要的，因为动员是对资源的集中，而"当资源被集体使用而不是被个体使用的时候，社会单位就提高了集体行动的能力。因此，对并非拥有合法所有权或共享权利的资源进行征用，这种能力是的确重要的"。在他看来，如果没有进行动员或动员程度更低，一个资源富有的社会单位也会比一个资源匮乏的社会单位在集体行动

---

[1]　Amitai Etzioni, Mobilization as a Macrosociological Conception，The British Journal of Sociology 19 (1968): 243.

[2]　Amitai Etzioni, Mobilization as a Macrosociological Conception，The British Journal of Sociology 19 (1968): 244.

[3]　Amitai Etzioni, Mobilization as a Macrosociological Conception，The British Journal of Sociology 19 (1968): 243.

[4]　Amitai Etzioni, Mobilization as a Macrosociological Conception，The British Journal of Sociology 19 (1968): 243.

能力上的表现更弱。[1]

在具体使用时，人们又常常根据使用手段或所针对资源的不同，对"动员"概念前面加上各种修饰词，变成军事动员、政治动员、思想动员、情感动员等。其中，"政治动员"一词的使用最为频繁。但这一概念的使用也最为混乱，外延伸缩性很大。一些人从广义的角度使用"政治动员"，最著名的是詹姆斯·汤森（James Towsend），他认为"政治动员就是获取资源（这里是指人的资源）来为政治权威服务的过程"[2]。这一定义实际上使"政治动员"已经等同于伊兹奥尼所界定的"动员"。在这种广义界定下，"政治动员"应全面地包括宣传教育、利益激励和组织强制等活动。

然而，"政治动员"概念在中国共产党的历史上有一个常见的不同用法。中共对"政治动员"有独特界定，最著名的表述是毛泽东在《论持久战》中的一段话，他说：

> 什么是政治动员呢？首先是把战争的政治目的告诉军队和人民。必须使每个士兵每个人民都明白为什么要打仗，打仗和他们有什么关系。抗日战争的政治目的是"驱逐日本帝国主义，建立自由平等的新中国"，必须把这个目的告诉一切军民人等，方能造成抗日的热潮，使几万万人齐心一致，贡献一切给战争。其次，单单说明目的还不够，还要说明达到此目的的步骤和政策，就是说，要有一个政治纲领。现在已经有了《抗日救国十大纲领》，又有了一个《抗战建国纲领》，应把它们普及于军队和人民，并动员所有的军队和人民实行起来。没有一个明确的具体的政治纲领，是不能动员全军全民抗战到底的。其次，怎样去动员？靠口说，靠传单布告，靠报纸书册，靠戏剧电影，靠学校，靠民众团体，靠干部人员。现在国民党统治地区有的一些，沧海一粟，而且方法不合民众口味，神气和民众隔膜，必须切实地改一改。其次，不是一次动员就够了，抗日战争的政治动员是经常的。不是将政治纲领背诵给老百姓听，这样的背诵是没有人听的；要联系战争发展情况，联系士兵和

---

[1]　Amitai Etzioni, Mobilization as a Macrosociological Conception, The British Journal of Sociology 19 (1968): 243.

[2]　[美]詹姆斯·汤森，布兰特利·沃马克：《中国政治》，江苏人民出版社1994年版，第102页。

老百姓的生活，把战争的政治动员，变成经常的运动。[1]

在这段话中，毛泽东对"政治动员"的使用是狭义的，他将"政治动员"界定为一种宣传教育的活动。在日常使用中，这种意义上的政治动员又往往被理解为做思想工作，进行说服。这一含义在中共执政后流行开来，为中国民众所习惯。于是，国内外所理解的"政治动员"也出现了明显的差异。国内老一代的学者大多是按照毛泽东等中共领导人所界定的内涵使用"政治动员"概念。例如，萧超然等将政治动员与政治组织区别开来，认为前者主要通过政治宣传、思想政治工作和树立先进典型等形式实现。[2]中国国内的一些辞典也采用了这种解释，例如《中国小百科全书》中的"政治动员"词条是这样表述的："政治动员是政治领导主体以自身的价值观、信仰去诱导和说服政治领导客体，赢得被领导者的认同和支持，取得被领导者的自愿服从和主动配合，以实现政治决策规定的目标和任务。"[3]在这一传统影响下，一些年轻的学者如刘荣刚指出，在中国语境中，"政治动员"的实质是指要发挥人的精神作用，发挥人的主观能动性。[4]

而国内许多新一代的研究者则像汤森一样在广义上使用"政治动员"一词，把政治动员看成是政治资源集中的一般过程。按照这种方式理解，那么政治动员就不仅仅是宣传教育的过程，也包括利益激励和组织强制等各项活动。[5]例如，徐彬借鉴新制度经济学里的"诱致性制度变迁"和"强制性制度变迁"的区分方式，将政治动员分成"诱致性政治动员"和"强制性政治动员"两类。[6]一些研究者则把"政治动员"直观地等同于权力组织的政治运作过程，使用起来更加广义、随便。[7]

实际上，中国共产党本身也经常在资源汲取的意义上使用"动员"一词，并不

---

[1] 《毛泽东选集》第2卷，人民出版社1991年版，第481页。

[2] 萧超然，晓苇，金安平：《毛泽东政治发展学说概要》，北京大学出版社1993年版，第179—189页。

[3] 《中国小百科全书》第4册，团结出版社1993年版，第52页。

[4] 刘荣刚：《20世纪中国政治发展中的政治动员》，载关海庭主编：《20世纪中国政治发展史论》，北京大学出版社2002年版，第252页。

[5] 王华宇：《党的政治动员在不同时期的作用及其变化原因》，载徐湘林主编：《渐进政治改革中的政党、政府与社会》，中信出版社2004年版，第57页。

[6] 徐彬：《论政治动员》，载《中共福建省委党校学报》2005年第1期。

[7] 萧楼：《柔性政权："政治动员"下的乡镇和村庄——东南沿海D镇个案分析》，载《浙江学刊》2002年第4期；张济顺：《上海里弄：基层政治动员与国家社会一体化走向（1950—1955）》，载《中国社会科学》2004年第2期。

只是把动员理解为思想工作。周祖文看到了这一点，他指出："'动员'是十多年来研究抗日根据地及解放区的一个热门术语。在土地改革、军队征兵等研究领域，学术界频繁使用的主要是'政治动员'一词。该词在学术界的流行乃至泛滥，某种程度上遮蔽了'动员'一词在抗战时期的涵义。虽然当时陕甘宁边区的材料中也多有'政治动员'的提法与活动，但'动员'一词最本源的所指乃是与人力、物力和负担有关，其次才是与宣传相关的政治动员。"[1]

中共干部在实际工作中的确更习惯于将"动员"作为征粮征税等资源汲取活动的代名词。例如，陕甘宁边区财政厅厅长南汉宸在1944年对中外记者的书面回答中，把动员的对象分为"公粮的运输"、"公盐的运输"，以及"临时动员的担架、运伤兵，修路，帮助军队建筑"中使用的人力、畜力。在《解放日报》上，"动员"一词也用于人力、物力方面：延安川口区四乡赵家窑村"公盐头一次16驮完成了，这次16驮半，刚布置下去，先前说动员牲口去盐池驮，老百姓说天冻，不好行动，听说上面叫改交代金，都愿意"[2]。

所以，可以理解目前在国内学界中，对"政治动员"一词并存着两种矛盾的界定与用法，一种是广义的界定与使用，将之理解为人力物力等资源的集中；另一种是狭义的界定与使用，将之理解为思想教育与说服一类的活动。这两种动员观由于没有得到梳理，造成了不少混乱，一些研究者不自觉地同时使用两种不同的"动员"概念，在同一篇文章里将其含义时而扩大、时而缩小。例如，一位研究者一方面认为政治动员具有调动和发挥被动员者的积极性和创造性，增强被动员者对动员主体的政治认同，以及唤醒他们的政治参与热情等功能，这表明他实际上是在宣传教育的意义上使用"政治动员"概念；但是另一方面，他在列举政治动员的方式时除了包括宣传鼓动、受训控制、典型示范之外，又包括了"组织控制、权威支配、蒙蔽性诱导、强制性参与、大规模的群众运动"，这又接近于广义上的"政治动员"。[3]

为避免矛盾和混乱，本书将主要在广义上使用"动员"概念，若无特别说明，

---

[1] 周祖文：《动员、民主与累进税：陕甘宁边区救国公粮之征收实态与逻辑》，载《抗日战争研究》2015年第4期。

[2] 转自周祖文：《动员、民主与累进税：陕甘宁边区救国公粮之征收实态与逻辑》，载《抗日战争研究》2015年第4期。

[3] 王华宇：《党的政治动员在不同时期的作用及其变化原因》，载徐湘林主编：《渐进政治改革中的政党、政府与社会》，中信出版社2004年版，第57—58页。

本书所用的"动员"一般不是指狭义上的思想教育和说服活动，而是指广义的社会群体和资源的聚集活动，即所谓"社会动员"。不过，需注意此概念与西方现代化理论所特别定义的"社会动员"概念不同，按照卡尔·多伊奇的定义，后者乃是"一连串旧的社会、经济和心理信条全部受到侵蚀或被放弃，人民转而选择新的社交格局和行为方式"[1]。因此，现代化理论中的"社会动员"主要是指现代化过程中民众在心理层面上的变化。但本书是从广义上使用"社会动员"概念，将社会动员理解为政治集团在一定的集体目标下，对社会分散的人力物力资源进行相对迅速的集中的过程。[2]这实际上与汤森所界定的"政治动员"概念接近，不过，为了避免上述两种"政治动员"概念同名异义、易混淆的问题，本书将其中之一更换为"社会动员"的概念。

具体说来，"社会动员"与"政治动员"有什么关系呢？本书认为，前者包含后者，广义的资源汲取的社会动员过程中往往包含思想、精神层面的政治动员活动。国内一些研究者明确将"社会动员"视为一个综合过程，例如周晓虹在对1949年后农业集体化运动的社会动员过程进行分析时，将之分成了利益刺激、政治压力和宣传造势三个方面。[3]换言之，社会动员在外延上包含政治动员。

革命时期，中共在征收粮秣款的"社会动员"过程中，不一定需要采用"政治动员"，可能会直接以赋税、摊派等形式征收；但涉及征兵征夫时，由于困难加大，往往离不开进行"政治动员"。譬如，许多档案资料显示，1949年前，中共各级组织在征收物资上，一般直接使用"动员"一词，但对于扩兵，则强调要进行"政治动员"。为何会如此？主要原因是中共各级组织都认识到扩兵不同于征物，不进行说服就很难完成。例如，1945年8月，晋察冀边区阜平县有村干部说，"动员什么也可以，要钱不成问题，要人就无法收拾"[4]。其他地方也有类似的反映，

[1] 转自［美］塞缪尔·P·亨廷顿：《变化社会中的政治秩序》，生活·读书·新知三联书店1989年版，第31页。

[2] 杨龙曾将社会动员分为广义和狭义，广义的社会动员是社会的现代化过程；狭义的社会动员则指对资源、人力及精神的调动。参见杨龙：《经济发展中的社会动员及其特殊性》，载《天津社会科学》2004年第4期。

[3] 周晓虹：《传统与变迁——江浙农民的社会心理及其近代以来的嬗变》，生活·读书·新知三联书店1998年版，第162—173页。

[4] 阜平县委《新兵动员工作总结》（1945年8月30日），河北省档案馆，档案号：520-1-314-4. 转自齐小林：《当兵：华北根据地农民如何走向战场》，四川人民出版社2015年版，第65页。

1945年12月，晋察冀边区曲阳县委也发现基层干部认为"死物好弄，活物难说，觉得困难"[1]。1946年8月，河北唐县县委也总结说"大家都认为动员活物南（难），动员死物易"[2]。

面对这样的动员难题，在战争中进行扩兵时，中共的上级机构往往会劝告基层干部要进行"政治动员"。例如，1948年山东渤海一地委强调国共第二次内战的性质是人民战争，人民群众"在党的领导下，无限的贡献其人力物力——坚决拥护与支援这个战争。战争的这一特点，就决定了参军运动的方式就必须是政治动员。所谓政治动员，就是既相信群众能够参军，而又要领导群众，提高群众觉悟，自愿参军。要教育群众提高群众，启发群众的这种自觉性，就是说要用政治动员的方式，向群众说明这个战争的性质、目的、前途，与群众自己的关系等等，这就是说启发与引导群众，从不自觉到自觉，依靠人民群众的这种自觉、这种饱满的政治情绪，去踊跃的报名参军。凡是这样做了的，就能够完成任务"[3]。

可见，社会动员与政治动员存在紧密关系，社会动员往往包括获取政治支持、建立共同信念（阶级意识）的政治维度，但其基本含义仍是一种资源的大量、快速的集中过程，这一过程大多是临时性的、突击性的和强制性的。中共的上层领导经常强调政治动员，以争取通过民众的自觉行为实现资源动员的目标。但中共的基层干部往往习惯于为了完成紧急、庞大的人力物力动员任务，采用突击与强制性的手段，对政治动员则缺乏信心和耐心。例如，1948年河北易县一些区村干部在扩兵中，"不相信政治动员说服教育的威力，对政治动员缺乏信心，更有的认为是根本不可能"[4]。

因此，社会动员是一个更具张力和包容性的概念，本书将以社会动员为核心概

---

[1]　中共曲阳县委《关于新兵动员初步总结》（1945年12月18日），河北省档案馆，档案号：520-1-305-3。转自齐小林：《当兵：华北根据地农民如何走向战场》，四川人民出版社2015年版，第65页。

[2]　唐县县委《新兵补充工作总结》（1946年8月20日），河北省档案馆，520-1-278-7。转自齐小林：《当兵：华北根据地农民如何走向战场》，四川人民出版社2015年版，第65页。

[3]　渤海一地委宣传部《打破当前群众的参军顾虑——初级干部学习材料之三》（1948年9月），河北省档案馆，档案号：248-1-27-1。转自齐小林：《当兵：华北根据地农民如何走向战场》，四川人民出版社2015年版，第65页。

[4]　易县县委《扩军工作总结报告》（1948年12月31日），河北省档案馆，档案号：520-1-240-19。转自齐小林：《当兵：华北根据地农民如何走向战场》，四川人民出版社2015年版，第66页。

念，探讨中国共产党在华北地区得以迅速壮大的机制。

（二）阶级斗争理论的一般逻辑

对于中国革命的动员过程，党史学界一般是根据马克思的阶级斗争理论进行解释。马克思不是把革命理解为孤立的暴力或冲突事件，而是理解为在危机重重的社会客观结构矛盾下所形成的以阶级为基础的斗争运动。

在马克思看来，理解人类社会的钥匙在于由生产力与生产关系结合形成的生产方式上，生产方式决定着社会发展的规律。按照马克思一般的理论公式，社会革命的根源在于一定生产方式中生产关系与生产力的脱节和矛盾。"社会的物质生产力发展到一定阶段，便同它们一直在其中运动的现存生产关系或财产关系（这只是生产关系的法律用语）发生矛盾。于是这些关系便由生产力的发展形式变成生产力的桎梏。那时社会革命的时代就到来了。"[1]

而这种社会革命的具体表现就是激烈的阶级冲突，它通过每一种现存生产方式中推动生产力发展的革命阶级对阻碍生产力发展的统治阶级的战争得到完成。具体说来，在资本主义社会中，社会革命是资产阶级和工人阶级两大对立阶级之间展开的。由于资本家占有生产资料，而工人丧失了生产资料，只能通过出卖劳动力获得工资，于是在社会发展中，资本家和工人就因为对生产剩余的剥夺和被剥夺而处于对立状态。随着对立状态的发展，二者分别形成一个统一的阶级，陷入阶级斗争之中。在《共产党宣言》中，马克思与恩格斯描述了工人阶级的诞生："机器使劳动的差别越来越小，使工资几乎到处都降到同样低的水平，因而无产阶级内部的利益、生活状况也越来越趋于一致。资产者彼此间日益加剧的竞争以及由此引起的商业危机，使工人的工资越来越不稳定；机器的日益迅速的和继续不断的改良，使工人的整个生活地位越来越没有保障；单个工人和单个资产者之间的冲突越来越具有两个阶级的冲突的性质……资产阶级无意中造成而又无力抵抗的工业进步，使工人通过结社而达到的革命联合代替了他们由于竞争而造成的分散状态。"[2]

进而，马克思认为工人作为一个阶级的集体行动由此开始产生。在资产阶级对工人阶级的剥削变得越来越残酷的时候，阶级矛盾日益尖锐化，最终必然导致工人阶级的反抗和斗争以社会革命的形式爆发出来，从而推动历史社会形态的演进。简言之，

---

[1]《马克思恩格斯选集》第2卷，人民出版社1995年版，第32、33页。

[2]《马克思恩格斯选集》第1卷，人民出版社1995年版，第281、284页。

马克思认为在根源上革命是从生产方式中内生出来的产物，其实质是生产力与生产关系矛盾运动的必然结果；而具体地看，革命则表现为代表生产力不同发展方向的两大阶级之间的斗争，是被压迫、被剥削阶级为了生存和发展进行反抗的结果。

毛泽东将马克思的阶级斗争理论具体地运用到对农村的革命动员中，强调农民阶级对革命的决定意义。1925年，毛泽东在《中国社会各阶级的分析》一文中提出，中国农民受的剥削最多，受的压迫最厉害，已经处于活不下去的境况，一定要起来闹革命，因此农民是中国革命的一支主力军，是中国无产阶级的最广大和最忠实的同盟军。[1]1926年，毛泽东在《国民革命与农民运动》中进一步强调，"农民问题乃国民革命的中心问题"[2]。毛泽东的这些论断成为此后中国革命史叙事的圭臬，革命史学家们将阶级斗争理论确立为支配中国革命研究的解释框架。在这种研究传统下，研究者们高度关注社会结构中阶级矛盾的严重程度，重视对农村阶级分化程度的调查，强调土地分配的不平衡及由此引起的农民阶级的怨恨是革命的根源。研究者们认为，共产革命前的中国农村的阶级矛盾达到了不可协调的尖锐程度，而中国共产党通过自觉地提出各项政策措施，忠实地反映、代表革命阶级的利益要求，于是成功地实现了对农民阶级的动员，从而将中国革命不断向前推进。

于是，在阶级斗争理论的解释下，中国革命被简化成两大阶级，以及分别代表这两大阶级的政党之间的斗争。这种解释将复杂的革命历史还原成单一的阶级斗争图景，使我们在革命史的叙述中往往只看到阶级和政党的活动，革命动员也被描述成一个共产党忠实代表了工人和农民阶级的利益，随之阶级群众被动员起来的固定过程。总之，在传统的革命解释中，阶级动员被看成中国革命成功的唯一关键，对革命史的叙述基本上是围绕阶级动员的主线来展开的。

（三）中国革命的多元解释

与中国共产党的社会动员被刻画成单纯围绕阶级路线而展开的历史图景不同，近年来，在其他学科的介入和新理论的影响下，一些研究者开始从不同的视角剖析中共革命历史，展露革命过程的不同断面，发掘出新的因素及由此构成的新矛盾。例如，罗红光在陕北杨家沟的人类学田野调查中，体会到"生活关系中的地主"与"生产关系中的地主"的不同，他主张从日常生活关系的角度对作为阶级分析核心

---

[1] 《毛泽东选集》第1卷，人民出版社1991年版，第3—9页。

[2] 中共中央文献研究室：《毛泽东文集》第1卷，人民出版社1993年版，第37页。

要素的"地主"进行重新审视。[1]再如，在法国大革命研究发生"文化转向"的启发下，黄宗智摆脱以往革命研究的客观主义视角，从革命话语表达的角度重审中国革命，揭示出话语表达在中国革命中的作用和影响。黄宗智发现，阶级斗争的话语表达对于中共的社会动员具有独立的作用，并不完全符合客观结构。话语表达的独立性使得中共在农村发动阶级斗争的过程中，一直存在"表达性现实"与"客观性现实"偏离的问题。这种现象在"继续革命"的"文化大革命"时期发展到巅峰，以致形成了一种过度偏离现实的"表达主义政治"。此后，中国共产党才开始重新回到强调客观现实的路线上。[2]又如，李放春试图超越传统的以农民与地主矛盾为主的研究视野，他自觉地提出，"在经验基础上，有没有可能提出不以阶级斗争为主线的矛盾分析路径或者一种新'矛盾论'？"李放春认为，"地主"在"土地斗争"中并不是唯一的"问题"，甚至可以说不是主要的"问题"。因为在北方土改的历史实践中，中共内部对于打倒地主剥削阶级具有基本的话语默契，分歧不大。但是，相比而言，"贫雇农"、"中农"以及更富有争议的"新富农"等问题则存在复杂的争议、波动和纠纷。李放春找到了一条新的矛盾分析路径，他试图用"翻身"与"生产"的矛盾框架来重新梳理北方土改的历史过程。[3]

可见，近年来国内的研究者不再满足于仅仅根据阶级理论来解释中国革命，认为这种解释带有结构决定论的问题，对于理解中国革命的具体过程存在一些不可忽视的缺陷。新的研究趋势中，研究者们更加感兴趣的是中国共产党的组织机制和动员策略。

例如，青年学者黄琨对中共1927—1928年的乡村动员历史进行了细致的研究，他认为以往这段动员历史的研究"多注重于史实的厘清和政策上的得失，忽略了对这一过程的微观研究"。"在我们以往的观念中，在革命与贫苦农民之间构成了简单的革命勾联，进而只在中共政策中去寻求对历史的解释。实际情况是中共在乡村的进入有一个艰难而复杂的过程，在多种因素作用下，中共的乡村动员也并没有我们想象中的容易成功"。[4]黄琨运用了许多地方省、特、县委的原始文件和一些县

---

[1] 罗红光：《不等价交换：围绕财富的劳动和消费》，浙江人民出版社2000年版。

[2] 黄宗智：《中国革命中的农村阶级斗争——从土改到"文革"时期的表达性现实与客观性现实》，载黄宗智主编：《中国乡村研究》第二辑，商务印书馆2003年版。

[3] 李放春：《北方土改中的"翻身"与"生产——中国革命现代性的一个话语历史矛盾溯考》，载黄宗智主编：《中国乡村研究》第三辑，社会科学文献出版社2005年版。

[4] 黄琨：《中共乡村动员1927—1928》，载《二十一世纪》（香港）2004年6月号。

党史整理人的回忆资料来还原中共在1927—1928年的动员过程。他看到，中共在最初进入乡村动员时并不懂得如何动员，许多同志想法幼稚，以为革命形势处于不断高涨之中，到处都有农民自发暴动，即使没有起来暴动的，也都是在"摩掌擦拳蠢蠢欲动了"。因此，初入乡村进行动员的中共党员往往以为"叫点口号，贴布告，就可以使群众起来"。黄琨发现，中共在经历挫折之后，开始冷静地超越单纯阶级动员的模式。中共逐渐得到一些动员经验，摸索更加丰富的动员机制和技巧。黄琨将中共此时的动员总结成"内生型"和"外力型"两种模式，"内生型"的动员主要是依靠当地各种乡村关系形成农民的聚合，具体方式有"亲串亲，邻串邻"，以及党员利用开办平民夜校接触农民等；"外力型"的动员则主要是依靠外部武力的帮助建立党及农会的组织，在组织的基础上进行动员。[1]

越来越多的研究者开始强调组织机制在中国共产党推动革命过程中的作用。张鸣在对第二次国共内战期间中国共产党领导的土地改革运动的研究中指出，"土地改革是一场政治运动，运动之所以能推行开，不仅有合适的权力技术，成功的运动伦理，更在于拥有有效的基层权力结构"。以贫农团被动员起来的具体事例，他展示了土地改革的动员过程中党的组织力量所起的重大作用："贫农团最后终于'敢干了'，而且能干起来，有两个因素是不可缺少的，一是上级党和政权（背后还有军队）的代表工作队的支持。二是对农村武装民兵的掌握。"[2]张凯峰也高度强调第二次国共内战期间土地改革过程中党的政权建设所起的关键性作用，他指出，"土地改革的确是共产党得以崛起的法宝。但是，共产党的壮大靠的不是因此而获得的农民的支援，而是通过土地改革建立起来的政权对农村基层进行权力渗透，从而实现现代化国家对农民的紧密控制"。张凯峰认为土地改革的核心内容并不是土地的分配，而是对旧有的"国家经纪"（即杜赞奇所谓的"赢利性经纪"）的消灭。农民积极性的焕发主要来自旧有"国家经纪"被消灭这一组织结构上的变化，它既使得农民的利益要求得到满足，也强化了中共对农村社会的紧密控制。由此，中共获得了巨大的动员效果。[3]任道远在对第二次国共内战期间土地改革运动的研究中，首先就设问：在阶级对立并不严重的地方，阶级动员实现的机制是什么？这

---

[1] 黄琨：《中共乡村动员1927—1928》，载《二十一世纪》（香港）2004年6月号。

[2] 张鸣：《华北地区土地改革运动的运作（1946—1949）》，载《二十一世纪》（香港）2003年4月号。

[3] 张凯峰：《土地改革与中国农村政权》，载《二十一世纪》网络版2004年9月号。

种问题意识突出地显出他对组织因素的高度强调。任道远甚至认为，即使有阶级对立的地方，农民参与斗争的动机也未必是阶级意识。那么，农民为何革命？土地改革的动员是如何实现的？任道远指出，农民参加土地改革、革命关键的机制并不是因为真的具有了"阶级觉悟"，而主要是出自对村庄形势的"顺应"。由于中共通过革命组织的建设和一系列动员操作，成功地在农村营造出一种强大的"形势"压力，"形势"的压力使得许多并不愿参加革命的农民也加入到中共的动员行列中。简言之，任道远对革命动员成功的解释是由于中共的动员在村庄中创造出一种"形势"，农民对此选择了随大流、跟形势的行动策略，因此实现了在即便没有严重的阶级冲突的地区也成功发动起革命的目标。[1]

一些研究者进一步分析了革命组织过程的细节。李康用口述史的材料对冀东一个乡村的革命史进行了研究，发现"精英转换"的机制是共产党动员群众的枢纽，认为共产党非常善于利用"积极分子"从事动员，党自觉地发现积极分子并逐步在工作中予以培养、吸纳，由此实现对村庄群众的发动、组织。李康认为，"只有当党在基本群众中塑造通向精英的技术，使群众有了学习被治理的技术、意识形态话语、被组织的能力的需要，权力的组织网络才可能真正落实到群众"[2]。毕向阳抓住民众日常记忆中"共产党会多"的印象，对中共革命动员中的"开会"机制进行了研究。他认为，"土地改革的成功很大程度上归功于运动中采取的大众动员的种种权力技术。开会便是一种基本的动员机制。在土改运动期间，开会这样一套组织运作机制作为推进运动进行的基本动员方式，在农村中得到普遍推行，不同形式的各种会议构成了土改运动的现实政治过程"[3]。

在国外的中国革命研究中，西方学者对中国革命成功的原因也进行了热烈的讨论，他们提出了许多颇具个性的分析观点。例如，作为率先对中国革命进行社会科学研究的学者，约翰逊（Charlmers Johnson）1962年在其影响广泛的著作《农民民族主义与共产党政权：革命中国的兴起》中，运用宏观透视的视角从"民族主义"和"权力真空"的问题出发解释中共在抗日战争时期成功发动农民运动的根本

[1] 任道远：《革命形势之下的阶级斗争——从农民行动的角度看土改时期的阶级斗争》，北京大学2002年硕士学位论文。

[2] 李康：《革命常规化过程前后的精英转换与组织机制变迁——以冀东西村为例》，载王汉生，杨善华主编：《农村基层政权运行与村民自治》，北京社会科学出版社2001年版，第282页。

[3] 毕向阳：《土改中的开会与村庄权力空间的建构》，北京大学2001年硕士学位论文。

所在。在他看来，日本帝国主义的入侵，不仅摧毁了原有的政府统治，而且还因为其烧杀掳掠的行为激怒了中国农民，从而使得中国共产党有机会在政治权力真空中利用农民的民族主义情绪去动员农民，把他们组织在中共的旗帜下。[1]约翰逊的研究试图突破冷战时期西方政界对中国共产革命的"阴谋论"描述，他强烈反对"组织武装说"，否认中国革命纯粹是列宁主义组织制造出来的，强调中国革命动员是建立在社会内在动力的基础上，而不是玩弄阴谋手段的基础上。约翰逊突出民族主义因素对中共实现社会动员的决定作用，甚至针对中国革命受莫斯科操纵的"阴谋论"而杜撰出一个"民族共产主义"的概念予以反驳，他认为中国共产党实际上把马克思列宁主义变成了民族主义的附属物，形成了"中国的民族共产主义"，中国革命并不是简单地受到马克思列宁主义的支配。约翰逊的著作是美国学界学理化、系统化研究中国革命运动的开始，标志着美国学界对中国革命研究的重要进展。

但是，约翰逊过于强调了民众运动的自发性和民族主义的重要性，他将中国共产党看成首先是民众抗日的民族主义运动的受益者，然后才是民众运动的鼓动者。因此，约翰逊的观点在美国学界引起了很大争议，许多学者批判约翰逊过于夸大民族主义的动员效果。例如，纪林（Donald Gillin）认为，民族主义诉求只是在精英阶层才有呼应者，农民只对那些致力于减轻他们的社会及经济困难的政策感兴趣。[2]在这股批判浪潮下，出现了以塞尔登（Mark Selden）为代表的新的研究模式。1971年，在其代表作《革命中的中国：延安道路》中，塞尔登摆脱宏观研究的模式，率先开始对中国共产党抗日根据地进行地方史的研究。塞尔登提出了一种不同的解释，他以中国共产党在陕甘宁边区的实践为根据，认为中国共产党革命动员的成功主要是通过社会经济改革满足农民的利益需求来获得，中国共产党创造出一种民主的"延安道路"来激发农民的参与精神。[3]塞尔登非常准确地把握到了满足农民的直接需求以争取群众持续参与的重要性，从约翰逊注重的群众自发因素转向了组织动员的领域。但是，这一变化是有限的，"因为他的论点是要否定抗日战争时期精

[1] Charlmers Johnson, *Peasant Nationalism and Communist Power: The Emergence of Revolutionary China, 1937–1945,*Stanford: Stanford University Press, 1962.

[2] Donald G. Gillin, "Peasant Nationalism in the History of Chinese Communism", *Journal of Asian Studies* 23 (1964). 转自Kathleen Harford, Steven M. Goldstein：《关于中国共产主义革命的研究》，载复旦大学历史系，复旦大学中外现代化进程研究中心：《近代中国的乡村社会》，上海古籍出版社2005年版，第338页。

[3] [美]马克·塞尔登：《革命中的中国：延安道路》，社会科学文献出版社2002年版。

英或行政权威的必要性及有效性，他甚至比约翰逊更加强烈地反对'组织武装'说，他始终强调的重点是群众的参与、'创造性'及贡献"[1]。实际上，塞尔登对中国革命动员的看法与约翰逊的立场仍属于同一类，都侧重于强调群众的因素。

在塞尔登的研究之后，美国学界的中国革命研究又发生了循环性的理论运动，一些新的研究者开始返回对组织因素的强调上，其中尤以片冈哲哉和陈永发为著。片冈哲哉（Tetsuya Kataoka）1974年在其博士论文《中国的抗战与革命》中指出，中国共产党动员成功的原因不在于民族主义，也不在于群众路线的执行，而在于中国共产党强大的组织能力。与约翰逊、塞尔登不同，片冈认为在农民与中国共产党之间并不存在天然的共同利益。片冈描述了在外部危机下农民所自发做出的传统性反应：农民建立起传统的自卫组织，准备自己保卫家园。中国共产党对农民的动员必须与传统的精英及其他的组织（强盗组织、秘密会社等）竞争在乡村的领导权。由于农民时刻准备着保卫地方及自身的私利，这很难使他们响应共产党的号召去为地方利益之外的目标进行牺牲。因此，面对农民的冷漠和狭隘自私，中国共产党的革命动员必须建立在强有力的组织建设上，通过给农村的各种传统组织套上一个"钢铁般的框架"，将农民的力量统一到一致的政治方向上。他认为，中国共产党的成功之处就在于对地方势力的组织改造，使得原来农村社会成千上万分离的、孤立的细胞单位能够在中共的现代化组织框架下联合起来。[2]可以看到，在约翰逊、塞尔登反对过度强调革命组织外来作用的"阴谋论"之后，片冈重新开始强调自上而下的组织因素在革命动员中的作用，一种理论的循环开始出现在西方的中国革命研究中。

陈永发的研究继续推动了强调组织因素的理论循环运动。陈永发的《制造革命》是20世纪80年代中后期对于美国学界的中国研究影响较大的一本著作，研究对象是抗日时期中国共产党在华中和华东地区的社会动员活动。陈永发以国民党调查局曾经收集的大量中国共产党的内部文件材料为依据，从"斗争"以及对斗争"操纵"的角度去解释中国共产党领导农民运动成败。陈永发认为，中国共产党不

---

[1] Kathleen Harford, Steven M. Goldstein：《关于中国共产主义革命的研究》，孙青译，载复旦大学历史系、复旦大学中外现代化进程研究中心编：《近代中国的乡村社会》，上海古籍出版社2005年版，第338页。

[2] Tetsuya Kataoka, *Resistance and Revolution in China* (Berkeley: University of California Press, 1971).

仅与作为革命对象的地主之间有着当然的利益矛盾，而且与其所依靠的主要革命力量——农民之间，在利益权衡、目标设定、行为规范等方面也存在各种各样的矛盾。中共一方面主要通过无情的打击去控制地主，另一方面则主要通过斗争大会这样的斗争形式使农民敢于抛弃传统伦理规范的约束，参与到斗争地主的过程中。陈永发突出了共产党相对农民的不同利益，强调共产党的组织对革命动员的作用。[1]

裴宜理从情感调动的角度研究了中国共产党进行革命动员的过程，她将中国共产党实现动员的核心机制归结为情感调动，把中国共产党的革命动员概括为"情感模式"。她认为，中国共产党之所以能够实现革命动员，一个重要的原因是共产党非常善于调动和操控群众的情感。裴宜理发现，与中共的动员相比较，尽管国民党也同样搞群众运动，其动员机制的重点却不在情感调动上，国民党不是唤起情感上的谴责和愤怒，而是致力于培养"品格高尚的个性"和"果敢的意志"，其重点不在情感，而是在伦理。通过这种对比，裴宜理用共产党操作技巧的因素来解释了中国革命成功的原因。[2]裴宜理的这一研究改变了过去对中共组织框架的单纯强调，转而突出情感因素的作用，但它仍然透露出将中共革命动员视为自上而下操纵的痕迹。

不过，在西方学者中也有强调中国革命的自发性的观点，撒克斯顿（Ralph Thaxton）是一个代表。自1975年起，撒克斯顿发表了《革命中的佃农：传统道德的韧性》等文章，认为中国革命在1937年以前就已经由农民自发开始，抗日战争爆发后中国共产党之所以赢得农民的支持，不是因为共产党给农民带来了多少东西，而是因为共产党使自己迎合了农民以往提出的要求。他断言："1949年10月1日是农民自发性向政权结构提出挑战的顶点。"[3]类似约翰逊，这种观点把中国革命解释成农民自发性的结果，甚至认为农民的自发革命比中国共产党所倡导的更为激进。撒克斯顿观点的片面性明显，响应者寥寥。

（四）既有解释的不足

既有关于中国革命研究的作品已是汗牛充栋，以上仅仅做了一个简要介绍，列举了其中荦荦大端者，难免有挂一漏万的缺陷。但大体上，上述几种解释已经可以

---

[1] Chen Yung-fa, *Making Revolution: The Communist Movement in Eastern and Central China,1937–1945* (Berkeley : University of California Press, 1986).

[2] 裴宜理：《重访中国革命：以情感的模式》，载《中国学术》2001年第4期。

[3] [美]范力沛：《西方学者对抗日根据地的研究》，载南开大学历史系编：《中国抗日根据地史国际学术讨论会论文集》，档案出版社1985年版，第95—101页。

反映过去关于中国革命研究的基本格局。如果对既有的关于中国革命的研究做更简洁的概括，那么我们可以将它们区分成两种路径，一种是"群众政治"的路径，另一种是"精英政治"的路径。[1]我们再按照这一区分对既有的研究进行一次归纳。

在群众政治的路径中，研究者倾向于从社会结构的角度推导革命，他们的主要目标是理解农民革命的自发潜力，他们的基本问题是：我们应当怎样解释农民革命的群众基础？像斯科波尔（Theda Skocpol）所问的，"什么原因使农民变得革命化？""什么样的社会结构和历史环境产生农民革命，什么样的社会结构和历史环境又会抑制革命？"[2]他们的分析集中在辨别农民参与革命的动机。马克思主义的阶级斗争理论认为农民革命的原因是阶级结构的两极化以及由此产生的激烈斗争，约翰逊的民族主义说则认为中国农民响应共产党动员的原因是日本侵略引发的强烈民族主义情绪，而撒克斯顿的道德经济论则认为农民的革命冲动存在于民间文化的深处，农民的反文化和生存策略为其政治行动提供了理据。在撒克斯顿看来，中国共产党是在踏着下层农民运动的音律跳舞而非按照自己的乐谱指挥。[3]而在精英政治的路径中，研究者对农民革命的自发潜力则多有怀疑。研究者们认为农民生活悲惨化从而导致革命的分析公式是简单化的。片冈哲哉指出，农民的贫困历来都不是导向革命的首要因素（否则，历史将长期在农民起义的动荡中度过）。片冈哲哉认为，农民的悲惨化的确是中国革命的一个因素，但仅仅是一个"消极因素"[4]。陈永发指出，"我认为很难将农民意愿与组织问题分割开来。而且，组织的武器不仅仅像约翰逊所说的那样'规范着群众动员'。不断扩大的组织给予农民更大的动力加入叛乱者行列，直接促进了群众动员；而且，它还成为党渗透进农村社会的前端触角"[5]。不过，在精英政治的路径下，研究者很容易偏向过度强调共产党的组织

[1] Odoric Wou, *Mobilizing the Masses:Building Revolution in Henan* (Stanford : Stanford University Press, 1994).

[2] Theda Skocpol, *What Makes Peasants Revolutionary?*, in Robert Weller and Scott Guggenheim eds. *Power and Protest in the Countryside: Studies of Rural Unrest in Asia, Europe, and Latin America.* (Durhame, N.C.: Duke University Press, 1982), pp. 157-158.

[3] 转自Odoric Wou, *Mobilizing the Masses:Building Revolution in Henan*(Stanford : Stanford University Press, 1994, p. 8.

[4] Tetsuya Kataoka, *Resistance and Revolution in China* (Berkeley : University of California Press, 1971), pp. 308–311.

[5] Chen Yung-fa, *Making Revolution: The Communist Movement in Eastern and Central China,1937–1945*(Berkeley : University of California Press, 1986), p.14.

因素对革命的制造作用。

简言之，上述国内外研究成果的一部分是侧重社会结构因素的自发影响，尤其是阶级斗争的作用，认为中国革命是自下而上爆发出来的；另一部分则侧重强调中国共产党自上而下的组织作用。这些研究都或多或少存在片面化的问题，大多只顾及某一种因素的作用。

更重要的问题在于，这两种解释实际上都主张将中国革命放在共产党与阶级/群众的二元框架中进行分析，无论是持精英主义立场的精英政治路径，还是强调社会结构因素的群众政治路径，都是如此。然而，这样一个分析框架对中国革命动员的解释来说是过于简单的。它容易忽略既不同于共产党的政治组织，亦不同于阶级群体的因素与革命动员之间的关联。在阶级斗争理论的立场上，研究者还往往受到意识形态的影响，过于简单地将共产党与群众的关系公式化为共产党单纯代表阶级群众利益的过程。

针对中国革命研究中的这些缺陷和问题，西方社会运动和革命研究领域中的某些理论成果值得我们借鉴。

三、理论工具：西方社会运动与革命理论

在西方的社科理论库，关于集体行动、社会运动和革命研究的理论已经发展成可观的规模，积淀了丰富的内容。这一理论认为，集体行动、社会运动和革命具有许多本质一致的因素，三者之间尽管存在一定的区别，但是并没有一个绝对的界限，最新的动向是努力将三者统一到同一个理论框架中进行分析。美国著名学者蒂利（Charles Tilly）为了消除以往人们对集体行动、社会运动和革命的分割解释，特地创造出一个"对抗性政治"的概念，把三者一并包纳进去，以便利统一的研究。[1]美国华裔学者赵鼎新熟稔西方社会运动理论的堂奥，他也体会到可以将集体行动、社会运动和革命三者融合到一个理论传统中。他认为，这三种现象一则具有本质的相似性，在某种意义上都遵循相似的规律，可被纳入统一的框架加以分析。在西方理论库中，尽管"有的理论更适合于分析集体行动，有的更适合于解释社会运动，有的则更适合于指导研究大型的社会运动和革命。但并不是说那些更适用于

---

[1] Doug McAam, Sidney Tarrow, and Charles Tilly, *Dynamics of Contention* (Cambridge: Cambridge University Press, 2001), p. 5.

解释集体行动的理论对研究社会运动和革命就没有借鉴意义，或者那些社会运动理论对研究革命就没有借鉴意义"[1]。二则，这三种现象实际上是可以相互转化的，"事实上许多社会运动最初源于集体行动，宏大的革命中往往也同时并存着许许多多的集体行动；大多数革命一般都肇始于社会运动，只有当统治者对某些社会运动应对有误时，那些社会运动才会走向极端，导致革命性的结局；当然，也有一些社会运动，初始目标是革命性的，但在政府有效的胡萝卜加大棒的政策下逐渐衰减为社会运动，甚至最终被纳入体制轨道"[2]。三者的相似性和相互转化，当然就相应地决定了三者的理论解释具有很大的共通性。由此，我们对中国革命的解释，可以寻找到不同于阶级斗争分析的不同理论资源。这当然不是否定马克思主义理论对中国革命的巨大影响，中国革命研究离不开对马克思主义理论的深刻了解，但如古语所云："它山之石，可以攻玉"，通过引入西方社会运动理论，在一种新的视角和概念工具之下，我们能够恢复某种对中国革命历史的新奇感，激发活跃的分析思路，从而收取丰富对中国革命的解释之效。

（一）结构紧张论和相对剥夺论

在20世纪60年代以前，西方学者主要是以"结构紧张论"（或称崩溃论）及与此相契合的"相对剥夺论"来解释社会运动的发生。这种理论强调，社会急剧变迁所引发的结构性紧张和系统紊乱，以及由此引发的社会心理上的"相对剥夺感"，是促使社会运动发生的主要原因。换言之，运动的动员主要是由结构紧张和个体的相对剥夺感心理所推动。不过，不同的研究者对所谓的"结构性紧张"以及因此造成的"受干扰的心理状态"，有许多不同的看法。例如，康恩豪瑟（William Kornhauser）认为，在现代社会中，由于缺乏类似传统社会中的各种整合性团体来使个体有所归属，以至于每个人都陷入了社会孤立的状况；这种"大众社会"（mass society）所导致的社会孤立，使个人容易产生疏离感或焦虑感，从而易于产生参与社会运动这样的极端行为。[3]而格尔（Ted Gurr）则指出，导致个人参与社会运动的主要心理动机是"相对剥夺感"，也就是个人预期得到的和实际得到的价值满足之间的差距感受。相对剥夺感的产生，主要是社会急剧的变迁导致。当社会变

---

[1] 赵鼎新：《社会与政治运动讲义》，社会科学文献出版社2006年版，第5页。

[2] 赵鼎新：《社会与政治运动讲义》，社会科学文献出版社2006年版，第6页。

[3] William Kornhause, *The Politics of Mass Society*, (New York: Free Press, 1959).

迁造成个体严重的相对剥夺感，以致"民怨沸腾"时，社会运动就会产生。[1]戴维斯（James Davis）对于社会中革命为何会发生所提出的"J曲线"解释，正是这种理论的典型运用。戴维斯认为，革命最容易在长时期的社会与经济发展之后突然产生的经济逆转或萧条状况中发生。[2]

从根本上讲，相对剥夺论对社会运动的解释来源于勒庞开启的革命社会心理学研究。勒庞（Gustave Lebon）是19世纪末20世纪初的一位法国思想家，被公认为社会心理学的创始人。勒庞生活的年代（1841—1931）正值法国政局动荡时期。从童年时期开始，勒庞历经1848年的法国内战、1870年开始的普法战争以及1871年的巴黎公社革命等，耳闻目睹了诸多狂热激进的群体行为。尤其是巴黎公社革命期间，巴黎民众在革命激情的鼓舞下焚烧图乐瑞宫、卢浮图书馆、文艺复兴市政府大楼和剧院等许多历史著名建筑的破坏性行为，给勒庞留下了深刻的印象。在以后的研究中，勒庞很自然地将社会运动和革命的产生归结到非理性的心理因素上。勒庞认为，革命运动是一种乌合之众的独特心理机制导致的，尽管个体的人是理性的、有教养的、有文化的，但随着集群(crowd)密度增大，个体进入群众中后，匿名性、群体情感的传染性、催眠性使得个体行为越来越受到脑下垂体的控制，变得越来越冲动、野蛮和非理性，很容易地导向革命运动。[3]

实际上，后来的格尔、戴维斯等，继承的都是勒庞的心理学解释脉络。当然，他们对社会运动非理性的假定越来越隐蔽，但根本上这种立场没有改变。即使在结构功能主义立场上对社会运动进行系统解释的斯梅尔塞那里，他同样继承了把社会运动和革命视为非理性行为的传统观点。最明显的体现是斯梅尔塞认为推动社会运动产生的关键因素是"概化信念"的产生，而这种"概化信念"产生的根源又被斯梅尔塞归结到个体"不耐心者的冲动"以及"一蹴而就的观念"之上。在斯梅尔塞看来，社会运动的发动者是极不耐心的。若以学生抗议老师讲课不好的现象为例，斯梅尔塞认为在社会有机系统中，社会行动是一步步地推进的。当学生对老师讲课有意见时，按照正常的方式，学生应该首先向这位老师提意见，解决不了再到系里提意见，系里解决不了再到院里，院里解决不了才到学校……一步步走完之后，如果到最后还解决不了，学生就会认为老师的课讲得不好是因为整个教育体制有问

---

[1] Ted Gurr, *Why Men Rebels*, (Priceton: Princeton University Press, 1970).

[2] James Davis, Toward A Theory of Revolution, *American Sociological Review* 27 (1962).

[3] [法]古斯塔夫·勒庞：《乌合之众：大众心理研究》，中央编译出版社2004年版。

题，在这个体制下老师只能那样讲。但是在社会运动中，学生们一旦觉得老师的课讲得不好，就会马上越过正常社会行动的所有步骤，直接从整个教育体制上找原因；更有甚者，社会运动的发动者会头脑简单地认为只要改造了教育体制，就直接可以使某个老师的课讲得好。由是观之，与勒庞一样，在斯梅尔塞的模型中，社会运动的参加者也被视为非理性的。[1]

总的说来，这种解释从结构失衡出发转向强调个体心理上的扭曲对运动的促成，认为挫折感、被剥夺感以及社会危机感会自然诱发社会运动。在这样的解释模式下，社会运动、集体行为与革命都被看成病态的社会现象，其产生的根源被归结到非理性的心理情感上，其根本原因又被认为是快速社会变迁下不适应症的表现。总而言之，这种解释模式将社会运动和革命贬低为一种情感性的反应行为，既缺乏也不需要策略和组织。

（二）资源动员论

20世纪60年代，社会运动在西方世界狂飙突起。在这股影响广泛的社会运动浪潮下，越来越多的西方学者开始重视社会运动现象，将社会运动接纳为社会科学研究的一个重要主题。以左派立场的学者为首，新一代的西方学者不再满足于结构紧张论和社会心理学的分析，认为它们不能帮助更好地理解社会运动现象。他们认为，不能再用社会变态现象、非理性现象等标签来简单地打发掉对社会发展产生了如此重大影响的社会运动现象。对普遍发生的社会运动，应该有更科学化的理论解释。于是，西方研究者给污化的社会运动正名，将理性选择方法一以贯之地运用到社会运动的研究上。

在这一转向中，奥尔森（Manchur Olson）提出的集体行动理论对新范式的形成具有"轴心"式的影响。奥尔森敏锐地抓住了以往的集体行动理论的致命缺陷，指出传统的集体行动理论将集体行动看成不按照理性选择逻辑产生的现象。政治本能论的解释和功能主义的解释都不假思索地认为集体行动会在本能情感和功能需求的主导下自发地产生，它们都忽略了集体行动的内在困境。奥尔森认为，实际上具有共同的利益或情感并不一定保证能促成集体行动的发生，大群体中的个体总是会在理性利益的考虑下，在集体行动中采取坐享其成的"搭便车（free-ride）"策略，

---

[1] 赵鼎新：《西方社会运动与革命理论发展之述评——站在中国的角度思考》，载《社会学研究》2005年第1期。

这种行为的普遍发生就使得集体行动最终难以产生。奥尔森认为，由于搭便车行为的不可避免，大型的潜在集体行为必须借助组织机制的作用才能实现，而其中的关键又在于建立一种"选择性激励"机制。[1]奥尔森对社会运动研究的最大贡献是提供了一种新的分析视角，并提炼出一个轴心式的"搭便车"问题。奥尔森革命性地把成本—收益的权衡，而不是剥夺感和不满情绪置于集体行动理论的核心。这种截然不同于传统结构分析和社会心理分析的分析视角对后来的西方社会运动理论发展产生了深远的影响，在奥尔森的带动下，美国的大批学者开始运用理性选择方法对集体运动展开研究，逐渐形成新的范式——资源动员论。

资源动员论立场的学者向传统的集体行动理论提出了一个棘手的问题：社会结构的紧张实际上每时每刻都存在，社会内部总是蕴藏着各种不满、仇恨和嫉妒。那么，为什么社会运动仅仅在某些时刻、地点才爆发，而不是每时每刻皆可爆发？他们认为，这个问题抓住了传统集体行动理论的弱点，由此指出光是发现社会紧张与结构冲突的存在是远远不够的，研究者必须分析到底是哪些条件促使社会上的不满情绪转变成为社会运动的，而不是囿于对社会悲惨化的描述以及个体如何变得愤怒、焦躁等心理变化的分析上。资源动员论的学者们开始突出地强调资源供给对于斗争运动的决定作用，认为如果没有资源的有效满足，斗争运动就不可能成功地动员起来。例如，梯利的《从动员到革命》是资源动员最早的经典作品，它是对格尔等人的社会心理学分析的反驳，不赞同后者设定的"挫折—攻击"的逻辑。梯利的基本观点是，不论一群人会如何愤愤不平，只要没有成为能够获得资源的组织的一部分，他们就不可能参与政治行动（包括暴力）。[2]麦卡锡（John McCarthy）与扎尔德（Mayer Zald）也认为，外来资源或外力的注入，是促使社会运动发生的最重要因素，相反的，社会的不满心理不是运动得以产生的决定因素，因为那是长期存在的因素，或者说是一个常量。[3]

在资源动员论的立场下，社会运动被看作是社会中病态行为的传统观点被改变。资源动员论认为集体运动从根本上说依旧是常态政治运作一部分。新一代的美

---

[1]　[美]曼瑟尔·奥尔森：《集体行动的逻辑》，上海三联书店、上海人民出版社1996年版。

[2]　Charles Tilly , *From Mobilization to Revolution* (Reading, Mass. : Addison–Wesley Pub. Co., 1978).

[3]　John McCarthy and Mayer Zald, *The Trend of Social Movements in American Professionalization and Resource Mobilization* (Morristown, N.J.: General Learning Press, 1973).

国学者明确提出社会运动并非一种社会性的病理行为，而是人们对严酷的现实与压制性政治体制的一种挑战。例如，梯利提出了一个政体模型来分析斗争性运动，把后者与常态政治过程内在地勾联起来。他在模型中区分了两类人：政体内成员和政体外成员。政体成员包括政府和一般成员（如美国的财团和其他利益集团）。政体内一般成员之间往往会有各种合作和联盟，他们同时也能通过常规的、低成本的渠道对政府施加影响。政府外成员则没有常规的和低成本的渠道对政府施加影响的能力，因此，政体外成员为了争取他们的利益，要么设法进入政体，要么设法改变政体的性质以把自己包容入政体，要么致力于打破这个政体，这就形成了社会运动或革命。所以社会运动是政治性的而非病理性的行为。梯利同时认为，政体外成员要发起一个改变自己政治地位的社会运动的机会并不多，一旦他们取得机会，这些机会往往是来自政体内成员之间的分化和矛盾。如果政体内的某些成员因为种种需要而与政体外成员建立联盟的话，那么这一联盟就会给政体外成员发起集体行为或社会运动提供很大的支持。[1]

在资源动员论下，学者们之间多有分歧，但都有一个基本的立场，他们坚持认为斗争运动同样遵循着成本—收益框架的约束，运动成功与否的关键不在于是否有不满情绪和心理，是否存在阶级冲突的结构，而在于资源（包括组织资源、人力和物力资源等）的有无和多少。麦卡锡和扎尔德甚至认为，运动组织如果有足够的资源，领导精英可以操纵、强化或创造起运动所需要的不满或怨气。[2]因此，资源动员论使社会运动和革命研究的方向发生根本的改变，它使得研究者转移到关注社会运动和革命的"成本面"，而不只是"动机面（如怨恨、阶级矛盾等）"。[3]在资源动员论的框架下，研究者将社会运动理解为一种理性的组织化行动，更为关心运动"如何"发生、发展的问题，即社会运动组织如何运作，领导者如何动员潜在的参与者，如何获取如金钱、大众支持、媒体关注的资源等问题。由此，研究者们越来越将抗争运动的研究引向科学化的方向，侧重对运动的中层机制进行研究。

在资源动员论的统一立场下，又分化出几种关于斗争运动如何实现动员的研

---

[1] 赵鼎新：《西方社会运动与革命理论发展之述评——站在中国的角度思考》，载《社会学研究》2005年第1期。

[2] John McCarthy and Mayer Zald, Resource Mobilization and Social Movements: A Partial Theory. *American Journal of Sociology* 82 (1977): 1215.

[3] 王甫昌：《社会运动》，载王振寰，瞿海源编：《社会学与台湾社会》，巨流出版社1999年版。

究脉络。一种理路是强调外部组织和外部资源对运动的促进作用。奥尔森所提出的"选择性激励"机制其实就典型地代表了这种思路。这种观点强调社会运动组织（social movement organizations）对运动的关键作用，它认为集体行动的成功对积极分子、精英分子的领导的依赖更甚于对一般群众参与的依赖，它需要有"社会运动企业家"领导追随者组织资源采取行动，社会运动的中心在"社会运动组织"。例如，为了证明这点，梯利运用统计和比较的方法来考察运动与组织之间的关系，他对1830—1960年法国发生的集体暴乱进行了大量的历史比较，得出的结论是，"我们所考察的所有证据都证明，在组织和冲突之间，有一种肯定的联系"[1]。于是，这种观点的研究者主要将精力放在研究社会运动组织的运作过程和机制，比如招新网络(recruitment network)的建构、成员资格的确定、领袖的产生、行动的策略，等等。

另一部分资源动员派的研究者则从关注组织因素，进一步延伸到关注社会动员的宏观政治条件，提出了"政治机会结构"概念来分析社会运动。[2]这一概念最初源于艾辛杰（Peter Eisinger）对美国四十多个城市抗争活动的比较研究，他发现抗争活动在这些城市的发生频率与当地政体的开放程度有一种密切关系，在极端开放与极端封闭的条件下，抗议都是不容易产生的，只有混合了开放性与封闭性的城市政体才容易形成抗争活动。于是他提出了"政治机会结构"概念来强调外部政治条件对抗争运动的重要作用。[3]此后，塔罗（Sidney Tarrow）将此概念发展成更系统的专门理论。这一理论强调政治机会的有无和多寡是决定抗争性运动的最重要因素。[4]

而第三种理路则强调社会内生的组织网络对运动的促进作用。在早期，就有研究者指出，大部分的文献都假定参与集体行动的成员彼此都是陌生人，缺乏横向的联系，奥尔森与他之前的集体行为理论都是如此看待，即使是阶级理论也同样忽略阶级的社会网络背景，单纯强调阶级的经济属性。但是20世纪70年代末期后，资源动员论之中开始产生出重视社会内生网络的研究。这种趋向实际上是

---

[1] 转自[美]安东尼·奥勒姆：《政治社会学导论：对政治实体的社会剖析》，浙江人民出版社1989年版，第462页。

[2] 这一脉络逐渐变成一个独立的流派，被社会运动研究者们称为"政治过程论"。

[3] Peter Eisinger, The Conditions of Protest Behavior in American Cities, *American Political Science Review* 67 (1973).

[4] [美]西德尼·塔罗：《运动中的力量：社会运动与斗争政治》，译林出版社2006年版。

对资源动员论立场上出现的精英主义趋向的一种矫正。例如，麦克亚当（Doug McAdam）挑战了强调精英和外部组织的观点，指出精英的能力经常被高估，造成了一个假象——仿佛精英能主导一切局势，而一般群众则是冷漠而被动的。事实上，没有强有力的群众内部联结，运动也往往达不成目标。[1]追根究底，社会运动的主要力量仍是来自团结一致的基层群众。麦克亚当强调，即使是处于被支配、被边缘化的社会位置，弱势者仍然具有内生的资源。他主张，追溯社会运动的起源即是要特别注意抗争团体的内部网络。[2]此后，麦卡锡与扎尔德也认为，如果运动支持者之间的社会关系更紧密，那么就更容易被动员。[3]由此，社会内生的网络也被视为某种运动资源，可以被动员者利用。许多学者开始强调，事先存在的网络是斗争运动动员的关键。

社会内生网络被第三种脉络视为斗争性运动的动员结构的核心，而它并不同于运动的正规组织。毋庸置疑，外生的运动组织对于运动的动员具有突出的重要性，但是即使再庞大的运动组织也无法触及所有的个体以造成广泛的、迅速的动员，这种方式是高成本的，对于处在体制之外、资源稀少的抗争运动而言很不现实。只有透过事先存在的社会网络和弱形态的自生组织，社会群众才有可能被广泛地、高效地动员起来。

同时，社会内生网络也不能等同于阶级，前者对社会运动的动员具有独立的作用。顾尔德（Gould）对1848年法兰西内战和1871年巴黎公社的运动动员过程的研究经典地显示了这一点。[4]他的研究显示，阶级意识曾经是法兰西内战时巴黎群众被动员起来的基础，但是1848年后，法国政府对巴黎市区的大规模改造打破了原来自然形成的市民集聚区，因此在1871年巴黎公社革命时，巴黎群众动员的基础不再

---

[1] Doug McAdam , *Political Process and the Development of Black Insurgency 1930—1970* (Chicago: Chicago University Press, 1982), pp. 25–29.

[2] Doug McAdam , *Political Process and the Development of Black Insurgency 1930—1970* (Chicago: Chicago University Press, 1982), p. 50.

[3] John McCarthy and Mayer Zald, *Epilogue: An Agenda for Research*, in Mayer Zald and John McCarthy eds., *The Dynamics of Social Movements: Resource Mobilization, Social Control and Tactics* (Cambridge, MA: Winthrop Pubilishers,1979), p.239.

[4] Roger V. Gould, Multiple Networks and Mobilization in the Paris Commune, 1871, *American Sociological Review* 56 (1991); Roger V. Gould, Collective Action and Network Structure, *American Sociological Review* 58 (1993).

是阶级认同，而主要基于邻里关系的认同感了，邻里关系网络成为动员巴黎群众的关键。

在顾尔德研究的基础上，赵鼎新还进一步提出，集中的居住空间对运动的动员也具有不可忽视的重要作用。他认为，顾尔德的研究实际上已经表明，社会个体的邻里空间对动员具有基础性的作用。而赵鼎新则明确地、系统地提出了运动动员对空间环境的依赖。他通过对中国几次学生运动的动员过程的分析证明了这一点。[1]尽管赵鼎新声明空间环境与社会网络是不同的因素，不能简单地将空间环境模拟为弱关系的社会网络，但是赵鼎新的研究仍然可以视为社会网络分析理论的一种延伸。

（三）建 构 论

近年来，资源动员论又受到反方向的批评。批评者指责资源动员论过于理性主义，过度强调了理性计算在集体行动中的作用，未能适当地考虑到情感在其中扮演的角色。这些批评集中围绕着资源动员论的核心部分——奥尔森的集体行动理论展开。许多人质疑奥尔森的模型只看到物质激励对行动者的吸引，没有考虑到许多行动者只是希望从集体运动中获得一种内在的满足或心灵洗涤体验。对此，一些学者试图通过扩展"选择性激励"概念的外延来弥补奥尔森模型的缺陷，它们将"选择性激励"进一步细分成内在和外在的选择性激励，以便把情感、规范、团结感等包容进来。但是，这一解决方式并不十分成功，除了其中存在循环定义的问题之外，根本的问题是它无法解决奥尔森的忽略跨时间向度的问题。奥尔森的论点是建立在短时间内作用的微观经济理性之上，因此可以获得充分的信息进行工具理性计算。但是，集体运动更多的是一种长跨度、持续性的历时过程，短期内成功的运动尤其革命运动是罕见的。而且，集体行动是一种破除常规的现象，未来的走向如何无人能准确预估。这样，人们在集体行动的未来效应拉长、充满不确定因素的条件下，对参与运动的成本与收益就很难做出准确判断和计算。由此，集体运动的具体动员机制也就难以通过理性选择模型得到充分揭示的，人们参与集体行动的动机肯定要比简单的成本—收益计算复杂得多。其次，奥尔森的模型忽略了社会行动者并非是以孤立的身份参加集体行动，实际上任何经济行动都是"嵌入"在一定的社会关系和意义之网中。这样，就不可能孤立地从个体行动者的角度去解释集体现象。即便完整地列出个体的成本、收益选项，也不见得能够预测到集体的行动特征。更

---

[1]　Zhao Dingxin, *The Power of Tiananmen*. (Chicago: The University of Chicago Press, 2001).

何况，个体的成本、收益的衡量实际上必须在集体之中进行，而不可能在集体之外安静地完成计算。历史上从未存在一个这样的社会数学公式，可以事先完整地计算出个体的得失。集体性的收益并非静止地存在的，它往往只有在集体行动发生的过程中，才能为个体所享受到，如果行动未曾发生，个体就永远不能感知和获得。最后，理性选择模型的最后一个预设——决定个体行动与否的偏好结构具有稳定性，在批评者看来也同样不适合于解释集体行动。如前所述，集体行动是一个长时间的过程，其中充满变数，个体行动的动机在其中会不断受到修正，而且是否继续参与集体行动的决定也会不断被更新。总而言之，奥尔森为代表集中表述的理性选择模型不足以解释社会运动的全部，它往往变得不切实际，既未能考虑到行动的时间跨度，也忽略了集体运动过程的创造性和动态性。

为了解决资源动员论的缺陷，一种新的"建构论"范式近年来在社会运动研究领域开始浮现。资源动员论用理性主义的立场排斥集体行为论对非理性因素的强调，但建构论却认为理性与情感并非无法兼容，开始重新强调情感因素在集体行动中的重要性。建构论似乎是对资源动员理论的"反动"，复辟了集体行为论的观点。然而，实际上建构论与集体行为论有着根本的区别。首先在价值态度上，建构论吸收了资源动员论的理性精神，已经不再对集体行动抱有歧视心态。建构论尽管不认同资源动员论完全以个体理性为圭臬，但并不回到肯定集体行动是非理性的、情感发泄性的社会变态现象的立场上。建构论要发掘的是集体行动中所必需的良性的非理性因素，它引导人们关注社会运动动员后面的认同建构、意义生产和文化诠释的过程，指出集体认同的建构能够帮助行动者在充满不确定性的条件下获得意义感、价值感，克服工具理性之不及的缺陷，使动员过程获得成功。其次，在方法论上，与集体行为论的功能主义思维不同，建构论是从"建构主义"的立场看待集体行动问题。建构主义作为哲学方法论，恰与功能主义方法形成对立。功能主义相信社会上存在许多"客观"的功能需求，结构的"客观"需求决定着行动者的行动，只要结构产生了某种功能需求，就会相应地出现某种集体或个体的行动来实现这一需求。但是，建构主义不赞同将结构、阶级、民族等看成客观性的存在，认为它们其实都是经过个体"想象"、体验的过程才生产出来的，因为个体与结构、阶级、民族的其他成员的绝大多数都无法相识、相遇甚至相闻，遑论相合，所以必须借助主观的"想象"、体验才可能产生结构、阶级、民族这样的超个体事物。但是，尽管包含"想象"的过程，建构主义也不赞同像资源动员论那样将结构、阶级贬斥为捏造的、"虚假"的事物，因为若承认它们是"虚假"的，就暗示着有"真实"的存在，于是研究者就会仍然习惯于去找寻某种"真实"的、决定性的东西，资源动员论的缺陷恰恰就在这里，所以依旧不彻底。在建构主义看来，区别不同的社会运动的基础，并非其虚假/真实性，而是它们内在的想象方式。[1]因此，建构论在研究社会运动时，并不根据一元的标准区分虚假/真实，而是在承认工具理性的重要性之余，揭示情感、信念在社会运动的动员过程中亦占据关键性的地位。建构论由此发掘出社会运动中更具有主观能动性的维度，拒绝任何对社会运动决定论式的解释，认为社会运动是在主体建构的能动过程中诞生的。

四、分析框架与研究方法

（一）分析框架

以上，我们介绍了西方的社会运动和革命研究理论的三种范式，这三者既是一个衔接发展的连续体，又存在重要的分歧和争论。在三者中，资源动员论是发展得最为成熟、成果也最丰富的一种范式。鉴于其简洁有力的假设和逻辑推理，资源动员论被众多的研究者所采纳，20世纪80年代以来，这一范式在西方社会运动和革命研究领域一直占据主流地位。近年来，尽管新兴的建构论提出的各种批评和挑战已经撼动了后者的统治，但瑕不掩瑜，作为奠定社会运动研究科学化基础的资源动员论不可能完全被建构论所取代，未来更有可能的研究方向是将二者综合起来。就本书的研究而言，资源动员论所提出的"政治机会结构"、"动员网络"等概念和命题的启发仍然是最大的，因此，在借鉴西方社会运动和革命研究的理论资源时，本书将主要在资源动员论的视角下对中国革命进行分析，讨论中国共产党进行动员的机制。

在资源动员论的框架下，我们需要关注中国革命的"成本面"，从意识形态色彩浓厚的突出革命"动机面"的分析下降到更复杂的经验研究。具体地说，本书在重视共产党通过阶级动员争取群众支持的过程的同时，也看到共产党进行资源汲取的社会动员过程的重要性。资源汲取和供给在中国革命中的基础地位远超过以西方

---

[1]　安德森对民族共同体的研究方式是建构主义的一个典范，集中体现了建构主义对"想象"因素的强调。参见[美]本尼迪克特·安德森：《想象的共同体：民族主义的起源与散布》，上海人民出版社2003年版，第1—7页。

社会运动经验为基础的资源动员论的想象程度，就此而言，资源动员论实际上也无法直接适用于中国革命研究的需要。因为，在西方社会运动的生存环境中，社会运动在资源的获取上并没有中国革命运动那样艰难，它们往往能够从社会上获取慈善捐助的支持，因此西方社会运动没有强烈的在内部展开自上而下资源动员的需要。由此，西方的资源动员论也就仅仅只能为研究中国革命提供一种视角和方法，其具体的内容则难以契合中国革命研究的具体需要。其实，即使在共产革命的谱系中，中国革命也是最为艰难的一种，它既不同于巴黎公社式的短期革命，也不同于俄国的政变式革命，是一条艰难、漫长的农村包围城市的革命道路。大革命失败后，中国共产党只能退到最底层和边缘的农村，一步一步地向夺取城市政权推进。中国共产革命不是可以通过爆发短时间内的集体行动就能取得成功的，1927—1928年中国共产党学习十月革命模式频繁发动城市暴动而无一持久占领城市的经历已经充分说明了这一点。显而易见，对于中国革命来说，最关键的不是通过阶级动员掀起短期的高潮运动，而是建立长期有效的资源动员体系，维系革命事业的长运久祚，后者乃是决定革"命"者自身之"命"运的基本问题。统治者的强大和严厉镇压为中国革命运动设置了很高的成本门槛，没有有效的资源动员能力，中国共产革命不可能存活，更不可能坚持到最后的胜利。总而言之，中国共产党的革命事业首要地取决于其资源动员的能力。

从资源动员论的视角审视中国革命，意味着不能仅仅聚焦于阶级斗争问题，或聚焦于党的组织建设问题。资源动员论强调社会内生组织和网络作为动员结构的基础作用，这一因素既不同于阶级，也不同于精英组织。按照这一启示，结合中国共产党在华北地区革命动员的具体情况，本书发现华北的村庄组织在其中充当了这种动员结构的角色。在华北地区，村庄具有一种独立的初始共同体特征，其属性既不同于阶级群体，也不同于共产党的政治组织。

过去的研究在强调组织对革命的作用之时，多忽略了村庄的重要性，将社会动员的组织狭窄地限定在中国共产党的列宁主义组织上。实际上，中国共产党在将组织网络向农村社会延伸到末端时，并不是用"另起炉灶"的办法再造一种新的组织框架，而是将其组织框架建立在农村社会原有的村庄社区之上。而在这一方面，华北村庄又是相对独特的。自近代以来华北的村庄日益被国家政权努力改造成一个行政组织，中共更是加强了村庄的组织化，中共在华北能取得异乎寻常的社会动员效果，与在华北形成一套村庄动员的框架是分不开的。这就要求我们对华北村庄这一中层机制进行关注。

另一方面，中国的革命史研究总是以阶级为分析单位，强调阶级动员的重要性。这种研究范式实际上将革命动员简化成了共产党与阶级群众之间的互动，工人或贫雇农仿佛构成了一个统一的行动集团，可以脱离开社会自生网络和组织的约束。这种观点因此也导致了对村庄共同体在革命动员过程中的作用的忽视。我们在这种范式的著作中，很少能看到把村庄作为一个基础单位来研究的。黄宗智敏锐地发现了共产革命史研究对农民受到村庄限制的现象的忽视。他指出，中国史学界关于农民战争的研究总是机械地运用阶级分析，将农民刻画成一个跨越村庄、能够整体性行动的"农民阶级"，总体上中国共产革命史的研究大多强调阶级为单位的行动，并不考虑村民的内向闭塞性。[1]但事实上，中国革命是在既有的社会结构中展开，参与革命的成员并不是脱离于社会组织网络之外的孤立个体。尽管阶级群体内部也具有一定的联络与交流，但并不属于社会学意义上的初级群体，很难达到后者的紧密度。对于农民而言，宗族、村庄等是日常生活中对自己影响最大的群体，他们有对阶层的明显感知，但对于马克思理论中的阶级则毫无认知。即使承认农民具有阶级属性，也不能忽略农民的宗族、村庄归属。在近些年的中国革命研究中，已有学者从宗族关系的角度对主导的阶级动员模式提出质疑，他们指出宗族关系渗透在不同阶级之中，而使农民组织和行动变得更加复杂。但村庄与革命之间的关系还很少被论及，而在近代以来的华北，村庄日益成为重要的行动单位。在第二章中我们将分析华北的村庄具有与南方村庄不同的宗族结构，华北的宗族结构没有后者那样可以跨越村庄的独立地位，村庄在华北地区更具有基本共同体的特征，它对革命动员的影响是无法一笔带过的。

根据华北地区革命的具体经验，本书从资源动员论的视角将村庄视为革命动员过程中一个重要因素，在承认阶级因素对革命动员的巨大作用之余，认为对中国革命的分析框架需要将村庄包括进来，从而将中国革命的党、阶级的二元分析框架变成一个三角分析框架。本书将分析中国共产党如何通过村庄展开社会动员的过程，揭示出革命过程中存在的村庄动员脉络，补充阶级动员叙事所不能完全涵盖的内容。

事实上，强调村庄共同体对革命动员的关键作用，这在比较革命研究史上也早有先例的。在对东南亚地区的革命研究中，斯科特（James Scott）就已经突出了村庄

---

[1]　[美]黄宗智：《华北的小农经济与社会变迁》，中华书局2000年版，第25页。

共同体对革命的作用。斯科特在《农民的道义经济学》中提出：在尚未工业化的村庄中，动员农民参与革命集体行动的主要基础实际上来源于村庄共同体所特有的一种乡村生活方式及前资本主义的价值体系。斯科特将这种乡村生活方式和价值体系概括成"农民的道义经济"。具体说来，这种农民的道义经济主要通过两条基本道德原则运作：一条是"有来有往"的互惠规范，另一条是"生存的权利"。农民道义经济保护了农民的基本生存，在这种道义经济下，农民与地主的关系是"庇护—依附"的关系，地主不仅不会过分剥削农民，反而会在农民生存出现困难时提供帮助，而农民反过来也会为地主提供义务劳动。斯科特认为，对农民的生存和安全的主要威胁并不是来自农村内部农民与地主之间的冲突，而是来自带有敌意的外部世界的入侵，最主要的是中央集权的国家对乡村的渗透和盘剥，以及资本主义市场经济对农村的冲击。于是，保护和恢复村庄传统的道义经济，反对国家对乡村的渗透以及反对资本主义市场经济的入侵，也就成为了动员农民参与革命或暴动的主要原因。在斯科特的革命阐释中，作为共同体的村庄对革命具有关键的促进作用。[1]

斯特科强调村庄对农民革命运动的促进作用，不过，斯科特的这一理论并不是从资源动员的角度突出村庄对革命的关键作用，而且带有很大的理想色彩，将村庄描述为一种道义经济的共同体，地主和农民在其中具有和谐的关系。这一理论走到了忽略阶级矛盾和阶级动员意义的另一个极端。斯科特的村庄"道义经济"理论并没有令人信服地证明为什么地主与农民都会将遵循道义经济作为稳定的博弈策略，而不是选择相互背叛和冲突。斯科特过度地强调了地主与农民的共同利益，而轻视了地主与农民的结构冲突。正因为如此，斯科特强有力的论争对手波普金（Samuel Popkin）在《理性的农民》一书中对斯科特进行了反驳。波普金认为村庄并不是一种没有利益冲突的道德共同体，农民首先不是一种"道德农民"，而是追求自身利益最大化的"理性的个人主义者"，农民在村庄内相互间存在着利益的竞争和冲突。因此，波普金将革命动员的基础放在对农民的利益满足之上，强调革命动员组织需要通过向农民提供利益刺激才能将后者动员起来。波普金看到了村庄中的利益矛盾，实际上采取了接近阶级动员解释的立场。[2]

---

[1]　[美]詹姆斯·C·斯科特：《农民的道义经济学：东南亚的反叛与生存》，程立显、刘建等译，译林出版社2001年版。

[2]　Samuel Popkin, *The Rational Peasant: the Political Economy of Rural Society in Vietnam*, Berkeley : University of California Press, 1979.

而在中国革命史的研究中，尽管关于华北地区的社会史研究与中国革命研究层出不穷，但将中国革命与华北村庄联系起来的研究并不多。除了黄宗智对此有所论及外，日本学者内山雅生在《二十世纪华北农村社会经济研究》中，以华北"农村共同体"为主轴对华北农村社会的变动进行了考察，他宣称要将中国革命和华北"农村共同体"联系起来加以解释，并自视为一大创新。[1]这一意识已属难得，不过内山雅生仅仅是利用华北村庄共同体的传统对新中国成立后的人民公社运动进行了一定的诠释，综观全书，其中对新中国成立前中国革命过程中华北村庄与革命运动的关联并没有多少论述。

迄今为止，刘昶对华北村庄与中共革命的研究是最详细的，他通过对中共在江南与华北地区的革命动员效果差异的比较，揭示出华北村庄对中共革命动员的重大意义。[2]这一出色的分析为本研究提供了直接的启示与基础。不过，刘昶的分析也存在不足，由于其研究是通过两个案例的比较进行，这一方法能够帮助从横向上指出华北村庄对中共革命动员的意义，却不能纵向地挖掘中共在村庄动员模式上的演变。所以，刘昶对中共进行村庄动员的分析仅止于抗战时期的税收，而未讨论减租减息、土地改革运动时期的村庄动员，因此对村庄动员与阶级动员之间的关系很可能存在把握不准的地方。而且，刘昶对抗战时期华北根据地的税收制度的认识也存在重要失误，没有准确的把握统一累进税的国家与社会关系内涵。

本书将延续刘昶等前辈学者所提出的中共与华北村庄的关系问题，探索中共在华北地区的社会动员模式。本书认为，共产党对华北农村社会的成功动员，一方面固然是通过社会改革以至暴力革命的形式贯彻阶级路线，从而赢得被剥削阶级支持的结果；但另一方面也离不开村庄共同体作为基本单位承担人力物力的资源动员的作用。因此，无论是忽视村庄因素还是阶级因素对中共动员的促进作用，都是片面的。

本书将重访中共在华北的社会动员过程，揭示村庄与阶级在中共动员框架中的复杂关系。在二者之中，村庄对于中共扮演着基础动员结构的角色。一方面，村庄共同体对村民个体的支配往往较共产党和政府更加持久、广泛，于是在资源动员

---

[1] [日]内山雅生：《二十世纪华北农村社会经济研究》，李恩民、邢丽荃译，中国社会科学出版社2001年版。

[2] Chang Liu, *Peasants and Revolution in Rural China: Rural political change in the North China plain and the Yangzi delta, 1850–1949*, (London and New York: Routledge, 2007). 刘昶：《在江南干革命：共产党与江南农村，1927—1945》，载黄宗智主编：《中国乡村研究》第一辑，商务印书馆2003年版，第112—134页。

的需要下，共产党在华北地区推进革命事业时倾向于自觉利用村庄共同体的动员功能。为此，共产党将对村庄行政权力的控制列为党的组织扩张的基本目标。另一方面，共产党对村庄的动员首先是以加强村庄控制的有效性为前提的，没有有效的村庄控制，华北的村庄便不会成为可靠的社会动员单位。这一前提对共产党推进阶级动员的方式势必有重要影响。无论在抗战时期或第三次国内革命战争中，党的阶级动员都受到村庄动员需要的限制或引导，也受到华北村庄结构的重要影响。

（二）研究方法

1. 方 法 论

在理论资源上，本书具体借用了西方社会运动和革命研究中的一些成果。而体现到方法论层次，本书则倾向于采取新制度主义的路径。新制度主义内部流派很多，霍尔（Peter Hall）做过一个影响广泛的区分，认为新制度主义包含历史制度主义、理性选择制度主义与社会制度主义三个分支。无论这些流派间有多少分歧，作为统一的新制度主义理论，它们都共享一个具有方法论意义的基本观点，即认为"制度是重要的"[1]。具体地说，新制度主义认为个体的活动不可能脱离社会正式或非正式制度的框架，制度不仅影响个体的策略选择，而且从根本上塑造着个体的偏好。相对于奥尔森的"集体行动理论"中体现的理性个体主义立场来说，新制度主义并不赞同将个体看成没有制度背景的、孤立的理性行动者，否认个体可以在社会网络、制度组织之外计算利益。新制度主义认为，社会中无处不是制度网络的所在，个体无一例外地是处在社会制度网络之上。新制度主义还认为，尽管制度是由个体组成的，但制度不是个体的简单集合，制度具有独立的属性，能够反过来对个体产生重要影响。制度不仅在工具理性上，也在文化认同上塑造个体的选择。因此，新制度主义强调制度分析的首要性。

新制度主义强调的制度往往是指中层的制度，新制度主义既不赞同无视中层制度影响的孤立的"经济人"分析，也不赞同使用社会结构的单位进行抽象的宏观分析。[2]而传统的阶级理论认为革命动员的基础是宏观社会结构里的阶级，习惯于

[1]　[美]彼得·豪尔，罗斯玛丽·泰勒：《政治科学与三个新制度主义》，载《经济社会体制比较》2003年第5期。

[2]　[美]凯瑟琳·丝莲，斯文·史泰默：《比较政治学中的历史制度学派》，载《经济社会体制比较》2003年第5期。

从阶级结构上分析革命。正如前文中黄宗智所指出的，这种理论使得中国革命研究往往把农民看成是超越村庄的统一体，而忽略了村庄的内向闭塞性对农民阶级的分割。相反，新制度主义并不把着眼点放在宏观结构之上，以避免现实感的薄弱。新制度主义多将分析焦点集中在中层制度之上。按照这种方法理论，我们对中国革命的研究不能满足于宏观的社会结构分析，但是也不能陷入个体主义的理性选择分析的泥淖中，而应当将中层制度、组织的变量加入进来，考察制度对个体选择、集体行动的影响、制约和塑造。而本书所强调的华北村庄共同体，对于中国革命而言就是这样一种中层制度，介于宏观结构与个体之间。

　　新制度主义不仅强调中层制度的重要性，而且也强调制度的历史延续性。新制度主义的重要分支——历史制度主义强调制度的变迁具有"路径依赖"的特征。路径依赖的概念说明的是，制度的变迁不是可以任意选择的，由于改变制度设计需要付出高昂的成本，所以制度变迁往往受到初始条件和历史状态的限制，制度变迁往往被锁定在一定的轨道之中，于是在新旧制度之间呈现出连续性和相似性。虽然新制度主义的这种制度变迁观在理论分析上强调重视历史制度的连续性，表面上不适合革命研究，但实则与现实的革命并不必然排斥，可以作为方法论融入革命的学术研究中。过去的革命研究往往以为革命是一种历史的断裂，在革命的开天辟地活动中可以完全抛开传统的制度组织，所以过去的革命研究往往忽视革命动员过程中对某些传统组织形式和制度的延续和路径依赖。但本书认为，实际上革命是无法脱离开社会条件的限制的，因此也无法与历史断裂开来。革命动员要达到改变某些事物的革命斗争目标，总是会同时延续一些传统事物，作为立基点以支撑撬动历史前进的革命杠杆。在本书中，根据新制度主义的路径依赖观点，本书强调中国共产党的社会动员延续了近代以来各种统治力量在华北地区进行社会动员的路线，同样地将乡村社会既有的村庄组织网络作为社会动员的重要工具。在村庄动员这一点上，中国共产党并不是最早的创造者，也无法充当激进的革命者，反而成为了一个最好的继承者，共产党同时也融入了阶级动员的因素，通过结合村庄动员和阶级动员两条主线，共产党实现了对华北地区的高度社会动员。

　　2. 具体研究方法

　　在具体的研究方法上，本书使用了比较研究和文献研究的方法：首先，本书的研究使用了比较的方法。同中求异或异中求同的比较，是一种有效的发现因果机制的办法。社会科学难以像物理学那样进行受控的科学实验，因此大多运用统计方法、个案研究方法和比较方法。相对于前两者来说，比较方法无须像统计方法那样进行大数量的个案处理，具有节省成本的优势；也不必像个案研究方法那样局限在单一个案之中，能够归纳出更普遍的结论。比较方法折中了统计方法与个案研究方法，通过对有限个案的考察，发现变量之间的因果联系。比较方法有共时性比较和历史性比较两种类型。在本书中，尽管研究范围集中在华北农村地区，但是也有对中共在华北与南方不同区域进行动员的比较，并将中国共产党的社会动员与华北地区历史上其他集团的社会动员做了一定比较，同时也比较了中国共产党在抗日战争和第二次国共内战两个时期社会动员的异同，以此归纳出中国共产党社会动员的模式。

其次，在研究的方式上，本书主要采取的是文献研究。因为在华北农村的研究上，20世纪以来已经积累了丰富的调查材料和研究成果。在调查材料上，有李景汉二三十年代主持的京郊和定县调查，并出版了《定县社会概况调查》等资料；1934年，中国地政学会与南京国民政府土地委员会在22个省区组织的农村调查；1908年到1945年间日本"南满洲铁道株式会社"在中国进行的长达38年的"中国农村惯行调查"。同时，还有大量的村庄个案描述和研究，例如韩丁（William Hinton）对山西一个村庄土改过程进行记述的《翻身：一个中国村庄的革命纪实》，柯鲁克夫妇的关于河北十里店土改过程的两部纪实作品《十里店：中国一个村庄的革命》以及《十里店：中国一个村庄的群众运动》，弗里曼、比克伟和塞尔登合作对河北五公村进行长期调查访谈和研究后写作的《中国乡村，社会主义道路》、杨懋春关于山东台头村的人类学调查作品《一个中国村庄》，等等。近年来，一些年轻学者也对华北一些农村进行了口述史研究，例如李康对冀东一个村庄所做的口述史研究作品《西村十五年》、孙艳红对冀北川村的口述史研究作品《战乱与革命的村庄记忆》等。利用相关调查材料做的专题研究作品也非常丰富，例如以满铁惯行调查的材料为基础，先后产生了马若孟对近代中国村庄和农户的组织、职能及其变迁进行研究的《中国农民经济》，黄宗智的《华北的小农经济与社会变迁》，杜赞奇的《文化、权力与国家》，等等。我国的党史学界也对华北地区倾注了大量心血，在抗日战争根据地和解放区研究上产生了累累硕果，编辑了许多的史料集，如《晋察冀边区财政经济史资料选编》、《晋察冀解放区历史文献选编（1945—1949）》等；党史界也梳理出相关的革命历史过程，如魏宏运主编的《晋察冀抗日根据地财政经济史稿》、赵效民主编的《中国土地改革史》等。当然，还不能忘记中国共产党内曾在华北搞革命工作的当事人的回忆录，在这方面也已经有许多珍贵的历史材料，如《聂荣臻回忆录》。

因此，前人已经为我们提供了丰富的文献材料基础，使本书有可能凭借这些材料进行以文献研究法为主的研究。尽管没有通过亲身调查获得新的材料的确是个很大的遗憾，但是本研究侧重在宏观概括和比较上，对材料的要求不需要过度的精细，所以这一遗憾是可以容忍的。本研究的宗旨就是在历史研究与抽象理论研究之间实现一种沟通，通过宏观的比较吸纳一定丰富度的具体材料，同时又提升到一定程度上的理论分析和概括。利用既有的丰富的二手研究，基本上足以完成观点的论证。

第二章　近代中国国家权力扩张下的华北农村

在华北地区，村庄具有与其他地区不同的特征，以自耕农为主的阶级结构以及由此向内凝聚形成的共同体网络，使华北村庄成为一个资源的集装器。进入近代政治之前，华北村庄处于封闭自治的状态，与国家政治的联系微弱。但是自清末新政以来，作为一个资源和权威的集装器的华北村庄便天然地成为社会动员最基础的单位。利用村庄既有的共同体网络进行社会动员，这在近代政治的进程中就变成了华北各种统治者的共同选择，在中国共产党进入华北开创根据地之前，通过村庄进行资源汲取已经成为一种通行模式。实际上，共产党在村庄动员上是一个继承者。不过，共产党之前的华北统治者无法处理好村庄动员过程中产生的负担不公、腐败等问题，导致民众强烈不满，村庄动员的效率不断下降，最终甚至变成反叛性的力量。正是在以往的经验和教训的基础上，此后的共产党在村庄动员的基础上形成了一套融合阶级路线的综合动员模式。在转向研究共产党如何进行村庄动员之前，本章首先对华北地区村庄动员模式的形成过程进行历史分析。

一、华北村庄的特征

在地理与组织结构上，华北地区的村庄是非常有特点的，它们位于华北平原为主的区域，人口稠密，物产丰富，村内自耕农占多数，村庄的封闭性、内向性强，其整体性也较强。

（一）华北的区域范围与地位

"华北"是一个近代以来才逐渐形成的词汇，直到清朝中叶以前，汉语中还尚未出现"华北"一词，人们习惯上仍以省区分大的地域空间。"华北"一词出现于19世纪末，主要源于英语的"North China"。[1]North China虽可直译为"北华"，但实际上并非指整个中国北方，而是指中国北方其中的一块区域，即所谓"华北"。第二次鸦片战争后，天津等北方沿海三口被迫开埠，其周边区域的商品经济得到发展，交通结构发生变革，社会化的大生产先后出现，于是这一地区的经济出现了明显的重组过程，开始成为具有一定吸引和辐射范围的经济、贸易区的缘故。华北最初就是指这块区域，由于这块区域在发展演变中，所以其边界就很难确定下来。

进入20世纪后，华北区域的商品经济发展更加趋向区域一体化，具体而言，在20世纪上半期，以经济圈而论，当时的华北区域大体上是以天津、青岛等沿海城市为中心所辐射到的山东、河北、山西、察哈尔、热河地区（亦即中共后来所建的四大抗日根据地——晋绥、晋察冀、晋冀鲁豫和山东的所在地区）。此时"华北"一词在各种出版物上也不断得到使用和传播。日本侵华前常用"北支那"称呼中国北方，"九一八"事变后，日军进犯冀东、长城一带，使华北问题受到国内广大知识界强烈的关注，"华北"一词遂更加流行开来。

从抗日战争开始，"华北"区域进一步变成为正式的行政建制。清朝对华北区域各省的管理模式已经有所不同，清朝对江南各省因鞭长莫及，故多设总督、巡抚共同治理，以使其相互牵制，便于朝廷遥控；而对华北区域各省，清朝的策略明显不同，直隶仅设一总督而无巡抚，河南、山东、山西三省则只有巡抚，不设总督，这样做的目的是为了事权专一，便于治理。[2]日本侵华开始后，1940年伪制了一个"华北政务委员会"，历史上首次将"华北"设定为一个独立的行政区域，其范围包括北京、天津、青岛三个城市，河北、山东、山西三省以及河南北部一部分。

这一将"华北"变成行政建制的思路在中国共产党的治下得到了延续。1937年9月，中共北方局与周恩来在部署华北游击战时，将华北划分为九个战略区：绥西、绥察边、晋西北、晋南、冀察晋（以阜平、五台为中心）、直南、直中、冀东（包括平津在内）、山东，最后演变为晋绥、晋察冀、晋冀鲁豫、山东四大华北抗日根据地，但它们处于被分割包围状态，彼此间的联系很少。抗日战争结束后，中共为了加强西北、华东两个战略方向的力量以备内战再起，将晋绥分局划归了西北

---

[1] 张利民：《"华北"考》，载《史学月刊》2006年第4期。

[2] 罗澍伟：《谈谈近代的"华北区域"》，载江沛，王先明主编：《近代华北区域社会史研究》，天津古籍出版社2005年版，第6页。

局，山东分局划归华东局，华北方面只保留了晋冀鲁豫和晋察冀中央局。1948年5月，中共因应战事推进，将晋冀鲁豫与晋察冀两个区域合并为"华北解放区"，并在三个月后成立"华北人民政府"，下辖冀东、冀中、冀南、冀鲁豫、太行、太岳、太原七个行政区。一年后，中共再做区划调整，"华北人民政府"改辖河北省、山西省、察哈尔省、绥远省、平原省及北平、天津两市。[1]建政后，中国共产党在一段时间里也继续将华北设定为一个行政大区。在中共治下，"华北"于是变成了一个成熟、正式的军政区域。

根据前后历史的情况，在20世纪30年代的中国版图上，"华北"区域已经从早期非常模糊的状态发展到有了较为明确的范围，但在理解上仍有不少分歧，例如，有的人将陕西也包含在内，有的人甚至认为它还包括甘肃、青海、宁夏的一部分。综合起来，当时公认"华北"区域的主要范围是包括河北、河南、山东、山西、察哈尔、绥远六省和北平、天津二市。

显而易见，这块黄河以东、渤海和山海关以西、陇海路以北、大青山以南的辽阔地区在自然地理、气候、人文、习俗等方面是有许多差异的，其中既有平坦的河北平原，又有山势险峻的山西、丘陵起伏的山东。它们能形成为一个区域，除了在商品经济上有了一定的联系外，更主要的是它们在政治、军事上构成了一个战略整体，尤其在日本入侵的背景下，它们成为中国一个共同防御、相互依赖的战略区域。

从政治、经济、军事等各个角度讲，华北地区的核心是华北大平原。华北平原自古以来就是兵家必争之地，天作幕、地作台，这块平原仿佛就是中国的一个中心舞台，上演过一幕幕决定古代王朝兴衰成败的故事。到民国时代，华北平原的工业、交通、财政、农业以及文化教育等在全国均居于极重要的地位。华北平原是中国人口密度最高的区域之一，交通便利、资源丰富，也有非常广阔的消费市场。尤其是交通上，华北平原是中国铁路网最发达的地区，当时通过华北平原的有平汉、正太、津浦、胶济等多条铁路干线，它们相互交错形成的路网将华北平原连成一片，在战时可以迅速运送军队、弹药以及其他作战物资。这使得华北平原成为中国的心脏和枢纽，其得失可以决定整个国家的政局，牵一发而动全身。所以，在民国时代，华北平原一向是政治、军事角逐的焦点。南京政府建立之前，直、皖、奉三

---

[1] 齐小林：《当兵：华北根据地农民如何走向战场》，四川人民出版社2015年版，第9—10页。

派军阀均为争夺华北平原进行过激烈的战争。南京政府成立后，阎锡山、冯玉祥、张学良、蒋介石等各派力量又继续逐鹿华北。

然而，华北平原的问题在于攻取易、坚守难，要真正做到占有华北平原，离不开对环绕其周边的山地、高原的控扼。这样，绥远的高原、山西的峻岭等也就成为了必争之地，它们与华北平原构成了一个战略整体。这种山地决定华北平原的一个例子便是所谓"幽燕"地区的重要性，"幽燕"为华北平原的北边屏障，历代皆受高度重视，直到近代也有学者称："试览我国以往史乘，凡能征四裔，辟疆园，御外寇，守本土，未有不争幽燕者也，争幽燕者，争其地形，争其交通也，幽燕一失，纵成偏安之局，鲜能有延国祚图长久者。"[1]日军在侵略华北之前也完全了解华北的这一格局，于是在发起对华北的入侵后，鉴于山西俯瞰华北平原、威胁平汉线，一开始便决心攻占山西，以排除日军向南推进的侧翼之患。

因此，华北地区总体上是一块以华北平原为核心、周边地区为辅助的战略区域。谁能在整体上控制华北地区，兼有山地与平原并使之相得益彰，谁就将取得决定整个中国的力量。

（二）华北村庄的内向性

本书所谈的华北村庄，主要是指华北平原上的村庄。首先须看到，这一区域的农业生产条件不佳，可以用低产多灾来概括。华北地区的土壤是由河淤地和风移黄土组成，年降雨量在500毫米左右，只能经营产量不高的旱作农业。这一地区在气候上夏季炎热，冬季则严寒多风，而且自然灾害较严重，降雨量极不平衡，旱涝交加。

但是这片区域的人口密度却在全国居于首列，贫瘠的黄土地上承载着高密度的人口。从清朝初期开始，这一地区的人口密度就处在不断升高的进程中。以山东为例，顺治18年时山东省的人口密度不到12人/平方千米，但到了咸丰元年山东省的人口密度已经达到来225人/平方千米，将近前者的20倍。（见表2.1）

[1] 方显廷：《论华北经济及其前途》，载南开大学经济研究所：《政治经济学报》单行本，1926年版，第36页。

表2.1　山东省人口密度变动情况（单位：人/平方千米）

年份	顺治十八年（1661）	康熙二十四年（1685）	雍正二年（1724）	乾隆十八年（1753）	乾隆三十二年（1767）
人口密度	11.91	14.22	15.42	86.43	173.51
年份	乾隆五十一至五十六年（1776—1778）平均数	嘉庆十七年（1812）	道光十至十九年（1830—1839）平均数	道光二十至三十年（1830—1839）平均数	咸丰元年（1851）
人口密度	155.48	196.01	211.02	219.76	225.16

资料来源：梁方仲，《中国历代户口、田地、田赋统计》，上海人民出版社1980年版，第272页。转自张佩国，《地权·家户·村落》，学林出版社2007年版，第46页。

到1936年，中国人口密度最大的六个省之中，除了江苏、浙江、安徽不属于华北地区外，其余三省——山东、河北、河南——都属于华北平原地区。（见表2.2）

表2.2　1936年中国人口密度（单位：人/平方千米）

排名	省区	面积（平方千米）	人口	人口密度
1	江苏	105 605	40 974 467	388
2	山东	153 711	38 758 176	252.15
3	河北	140 526	31 492 826	224.11
4	浙江	101 061	21 230 749	210.08
5	河南	172 155	34 289 848	199.18
6	安徽	142 689	23 265 368	163.05

资料来源：民国内政部统计处《全国各选举区户口统计》。转自侯杨方：《中国人口史（第六卷：1910-1953年）》，复旦大学出版社2001年版，第470-471页。

从清朝康乾年间开始，华北农村的人口就有不断上升的趋势，由此也导致了人均耕地数量的不断下降。以河北定县为例，清朝初期该县农民的人均耕地将近27亩（1亩≈666.67平方米），但到了20世纪，该县农民的人均耕地就只有3亩多。（见表2.2）

表2.3 清代至民国时期定县人口与耕地统计

年份	户数	人数	平均每户人数	总耕地亩数	平均每户耕地亩数	平均每人耕地亩数
1672	25 510	58 380	2.29	1 557 059	61.04	26.67
1733	54 510	156 784	2.88	1 557 059	28.56	9.93
1850	35 458	208 029	5.87	1 451 215	40.93	6.98
1871	39 480	213 319	5.40	1 453 649	36.82	6.81
1923	75 028	376 040	5.01	1 450 456	19.33	3.86
1924	75 425	378 404	5.02	1 450 456	19.23	3.83
1930	68 474	397 149	5.80	1 470 852	21.48	3.70
1931	70 034	400 000	5.71	1 470 852	21.00	3.68
1934	78 657	439 729	5.59	1 470 852	18.69	3.34

资料来源：转自李金铮：《相对分散与较为集中：从冀中定县看近代华北平原乡村土地分配关系的本相》，载《中国经济史研究》2012年第3期。

于是，这便造成两种不同的观感：从外部力量的角度看，华北农村是一个物阜民丰、可以据之称雄的肥厚之地，而从内部农民的角度看，华北农村则是一个人地矛盾突出、走向极度贫困化的危机地区。

其次，华北村庄的聚居规模相对其他地区较大，且分布均匀。从村庄格局上看，华北自然村大多有100户以上的规模。例如，在河北定县，100户以下的村庄只有46%，100户以上的村庄则占54%。（见表2.4）

表2.4　定县453村庄家数之分配（20世纪30年代初期）

户数	村数	百分比	户数	村数	百分比
50家以下	90	19.9	400—449	6	1.3
50—99	118	26.1	450—499	4	0.9
100—149	71	15.7	500—549	2	0.4
150—199	60	13.3	550—599	1	0.2
200—249	35	7.7	600—649	2	0.4
250—299	36	8.0	850	1	0.2
300—349	16	3.5	1 200	1	0.2
350—399	10	2.2	总计	453	100.0

资料来源：李景汉：《定县社会概况调查》，上海人民出版社2005年版，第140页。

　　在村庄内，村民通常是毗邻而居，密集地团聚在一块。华北村庄的外围周长一般都比南方山区里的自然村大，聚集度较后者为高。华北平原独特的地理特征也使得华北村庄的分布均匀，距离较远，不会像南方农村因为山区平地的错落时常发生村与村时远时近的现象。这一特征使得华北村庄的自然界限比较明显，每一个华北村庄都构成了与其他村庄分界清晰的人类聚居区，相对独立。

　　日本学者平野义太郎比较了华北平原与江南村落的特点，他指出："华北平原地域辽阔，土地肥沃程度相差无几，处于劳动协作与共同防御贼匪的需要，人们往往聚居一处，形成较大的村落，而在村落周围筑一城郭一样的土墙。与江河纵横、布满圩田的江南不同，华北平原居住密集，以百户以上的村落为多见，而村落周围耕地的多少与该村落的大小往往成正比例。一般来说，华北平原村与村之间距离较江南为远，且村与村之间关系稀疏，相对闭塞。"[1]

　　由于华北平原的村庄规模较大，所以与山区须将多个自然村合组为一个行政村不同，华北平原的自然村大多直接被设置为行政村，即构成一个行政单元。这一点与中国其他多数地区不同，常令来自后者地区的人感到新奇。例如，中共元老谢觉哉1948年从陕北转移到华北开会时，惊讶地发现自己误会了华北的村与晋绥的村相同，实际上二者是不同的，晋绥所谓的"村"是指由若干自然村组合而成的行政村，而华北的自然村却直接就是行政村。这一基本的差异令谢觉哉不由感叹"了解

---

[1]　转引自丛翰香：《近代冀鲁豫乡村》，中国社会科学出版社1995年版，第71页。

事情真不易"[1]。

由于华北村庄的地理空间是集中的，这使得华北平原的村庄在组织效率上相对于山区的村庄明显要高。张闻天在20世纪40年代的调查中了解到，由于晋西北的农村是山区，自然村很小，一个行政村由多个自然村组成，使得村干部整天跑来跑去开会，大量精力消耗在路上，而且一定要组织上管饭。[2]而平原上的华北村庄就不存在这样的问题，显然其组织成本更低。

再次，在村庄的内部构成上，华北村庄的一个突出特征是自耕农在村中占有多数比例，大多数农户都是自耕农。这一特点直到20世纪30年代在总体上还未改变。据南京国民政府土地委员会在1934—1935年所做的全国土地调查，河北、河南和山东三省之中，自耕农在农村各阶层中的人口比例分别是71.35%、64.75%和74.73%。这些数字比当时全国的平均数47.61%高出许多。[3]李景汉在20世纪30年代做的定县调查从个案上也体现了这一特点，在河北定县的六个村庄中，自耕农的平均比例为72%，占据大多数的地位。（见表2.5）

表2.5 20世纪30年代河北定县六个村庄的阶级构成

	农户数	家数百分比	耕地面积		平均每家亩数
			亩数	百分比（%）	
自耕农	599	70.8	14 662.4	72.0	26.2
半自耕农	220	27.8	5 563.5	27.3	25.3
佃农	11	1.4	141.0	0.7	12.8

资料来源：李景汉：《定县社会概况调查》，上海人民出版社2005年版，第585页。

当代的研究也表明了上述情况。黄宗智根据日本满铁调查资料指出，"华北村落多是以自耕农为主的社群：其中32%纯粹由贫、中农和富农组成；其余共约60%，有至少一个占地百亩以上的经营式农场主。但就算是他们，一般也与雇工一同在田间动手干活。经营式农场主与普通小农间的社会距离，远没有完全脱离耕作的地主与小农间的距离那么大。换言之，冀一鲁西北平原的大多数的村庄，是分化

---

[1] 谢觉哉：《谢觉哉日记》，人民出版社1984年版，第1268页。

[2] 《张闻天晋陕调查文集》，中央党史出版社1994年版，第11页。

[3] 土地委员会：《全国土地调查报告纲要》（1937年），第34页。转自张佩国：《土地资源与权力网络——民国时期的华北村庄》，载《齐鲁学刊》1998年第2期。

程度较低的社团，而它的大部分耕作者，是拥有一些土地的小农"[1]。史建云的研究也证明，"在近代，直到1937年之前，华北平原农村一直以自耕农经济为主要农业经营方式，租佃关系虽占有一定比重，但决不是占统治地位的生产关系"[2]。实际上，自耕农在华北农村结构中的比例当时还在增加。李景汉对定县农民的调查发现，20世纪二三十年代，"据农民的意见，这一带地方的自耕农和半自耕农渐增，而佃农渐少"[3]。当然，自耕农增加未必就是社会经济繁荣的征兆，反而可能是社会经济衰败、地价下跌的反映。

华北农村地区的习俗也反映了华北农村以自耕农为主的结构特征。在华北，农民是否被一个村庄接纳为本村村民的基本标准是必须在村中拥有一份或大或小的土地和住房。华北一些地区中，如果农民在村中没有土地，即使他住在村中，也不被承认为该村的村民。这种以土地为村民身份基准的习俗也是20世纪30年代前华北农村以自耕农为主的特征。

这种自耕农为主的阶级结构导致华北村庄的内向性比较强。原因正如黄宗智所指出的，自耕农的生产和消费基本上都集中在自己的村庄社区内，相比村内其他的社会阶层，他们对外界的依赖度低得多。自耕农自给自足的经济特点却使得他们表现得最为内向，往往倾向于减少与外界的交往，即便交往也总是表面的。相比之下，华北地区的贫农因为生计的不足，往往被迫需要到市场上找活干或出卖农副品补贴家计，这使得贫农更紧密地与市场联系在一起，在与外界交往上甚至不亚于活跃的地主精英阶层。黄宗智举了一位河北顺义县沙井村的李氏中农的例子，发现虽然他经常上集市闲逛"看热闹"，但与施坚雅（William Skinner）认为农民以集市为生活中心、经常到集市上的茶馆交流信息的描述不同，李氏在集市上并不和别人交谈，看到一些面熟的人，也仅仅是以"点头哈腰"为礼，而从不停下与人聊天。李氏觉得和村外的人聊天是件不可思议的事。[4]可以想象，一个主要由自耕农构成的村庄，将比贫雇农为主的村庄更加倾向于封闭和内聚。直到20世纪初，华北的村庄一般都为村民提供了一种相对独立而封闭内向的生活。[5]

---

[1]　[美]黄宗智：《华北的小农经济与社会变迁》，中华书局2000年版，第234页。

[2]　史建云：《近代华北平原自耕农初探》，载《中国经济史研究》1994年第1期，第95页。

[3]　李景汉：《定县社会概况调查》，上海世纪出版集团2005年版，第629页。

[4]　[美]黄宗智：《华北的小农经济与社会变迁》，中华书局2000年版，第231页。

[5]　刘昶：《华北村庄与国家1900—1949》，载《二十一世纪》（香港）1994年12月号。

由此，在近代国家政权向下扩张之前，华北村庄处于封闭、内向的基本状态，它们密布在华北大平原上，状如蜂巢一般。

（三）华北村庄的整体性

尽管自耕农的生产生活相对独立，但以自耕农为主的华北村庄并不因此是一盘散沙，其内部仍具有不可忽视的共同纽带与连带性。长期的共同村落生活使村民们之间形成了一定的邻里关系、乡亲感情与集体记忆。而且，华北村庄也普遍具有一些共同财产，主要是庙宇和香火地，维护这些共同财产的需要使华北村庄结成了最早的公共性组织——烧香会，大多数的村民都会参与其中，形成整体性活动。

华北村庄还有一些生产、安全上的共同需要，如看青、祈雨、水利建设、集体自卫等。在近代的政治动荡下，华北村庄的消极自卫性的共同活动与组织尤其增强，围墙建设遂成为华北村庄常见的现象。20世纪初杨懋春在调查中发现，"在华北的大平原上一个大而繁盛的村庄往往建有完整的或分段的围墙，环绕着整个的村。围墙的建筑，其基本或主要用处是防御盗劫，保护村民"[1]。华北村庄在组织这类集体活动时，会对全体村民采取强制性参与的要求，如果有村民不参加，会遭到全村的指责、孤立乃至惩罚。

华北村庄由此日益形成为一种具有强制性、归属性的组织，它与村民们因为生产、生活而自愿结成的组织不同。后者是自愿性的、局部性的，村民可以选择参与或退出，例如村民之间结成的变工、搭套等生产互助团队；还有不同阶层结成的金融性互助组织，例如有一种穷人相互无偿帮助办丧事的"孝帽子会"，还有一种富裕农民联合对外放高利贷的"堆金会"。[2]而前者则是全体村民有义务参加的组织，不能拒绝和退出，必须共同参与和负担。为了保证这类组织的活动，可以向每户村民进行摊款。

杜赞奇曾经在自愿与否的因素之外，又引入是否超出村界的因素，将华北农村组织分成四类，包括"村中的自愿组织"、"超出村界的自愿组织"、"以村为单位的非自愿性组织"以及"超出村界的非自愿性组织"。[3]但更多的研究者如

[1] 转自从翰香：《近代冀鲁豫乡村》，中国社会科学出版社1995年版，第71页。
[2] 刘昶：《华北村庄与国家1900—1949》，载《二十一世纪》（香港）1994年12月号。
[3] [美]杜赞奇：《文化、权力与国家——1900—1942年的华北农村》，江苏人民出版社1996年版，第112—122页。

刘昶、张佩国等，[1]只是将华北村庄的内部活动与组织简要地分为"阶层——自愿性"组织，与"整体——强制性"组织两类，而华北村庄就是后一类组织。

值得注意的是，宗族组织的相对弱小加强了华北村庄的这种整体性与独立性。宗族组织也是非自愿性的归属组织，在南方地区，宗族组织非常发达，整个村落属于同宗同姓的情况相当普遍，宗族组织还往往跨村发展，形成邻近村庄的同姓关系。而在华北村庄尤其是平原上的村庄，宗族直接与村庄重合的现象则很少，村庄内普遍是多姓杂居的宗族结构，而邻村同族的现象则基本没有。这与华北平原地区战乱和天灾频繁，导致人口经常迁移有密切关系。

不仅如此，华北村庄内的宗族也缺乏强大的经济基础和权力结构。由于村中居民以自耕农为主，阶级分化不大，村庄内的宗族因此匮乏显要人物，宗族的组织结构较之长江下游和珠江流域地区薄弱了很多。具体地看看华北村庄宗族的经济实力更能发现华北宗族组织的薄弱。在广东、江西等地区，宗族公田占着全村土地许多比例，例如，毛泽东在闽粤赣交界处的寻乌县所做的调查发现，这个县普遍存在着村内"祖宗地主"的田地——即宗族公田——占全村土地约24%的现象。[2]然而，华北村庄内的宗族一般只有少量的族产（几亩祖坟地），与广东、江西等地区的大宗族相去甚远。这样薄弱的宗族在村庄内难以起到凝聚全村的作用，反而其多元结构经常导致华北村庄内的冲突。

华北农村这种薄弱的宗族结构客观上就为村庄组织的独立发展提供了更大空间。在20世纪以前，华北村庄已具有一定的强制权力，但尚无专门的机构承担这种公共权力，后者一般由村庄内既有的全村性的宗庙组织代行。它们能组织和管理集体求雨、救荒、庙会和社戏等公共活动。因此，20世纪前华北村庄的管理者是内生的，与外部的政治力量没有关系。[3]

近代以来，国家政权逐渐陷入危机，帝制解体后又发生长期的军阀混战。上层秩序的解体使华北农村地区遭受了越来越多的偷盗、抢劫行为的危害，尤为严重的

---

[1]　参见从翰香：《近代冀鲁豫乡村》，中国社会科学出版社1995年版，第101页；刘昶：《华北村庄与国家1900—1949》，载《二十一世纪》（香港）1994年12月号；张佩国：《地权·家户·村落》，学林出版社2007年版，第172—187页。

[2]　中共中央文献研究室：《毛泽东文集》第1卷，人民出版社1993年版，第176—178页。

[3]　[美]杜赞奇：《文化、权力与国家——1900—1942年的华北农村》，江苏人民出版社1996年版，第126页；Sidney Gamble, *North China Villages, Social, Political, and Economic Activities Before 1933*, Berkley: University of California Press, 1963, pp. 45–68.

是土匪开始大量滋生，军阀统治下甚至地方军队也常常变成兵匪祸害乡里。在这样的政治背景下，华北村庄开始全村动员起来护卫正常的生产、生活秩序以及和平，村庄的整体性和强制性开始增强。

在村庄为集体自卫而作的动员中，"看青"活动的组织化是一个典型的例子。在20世纪前，华北农村的庄稼在收获季节为防止偷盗者攫取，通常由各户分散看护，农民们必须派遣家庭成员在夜间轮流到田间巡守。农户的这种分散看护不是社会环境良好的体现，因为农业是一种分散作业的经济形态，若没有外界因素的干扰，农民总是倾向于独立的经营和管理。但是进入20世纪后，动荡的社会环境增加了农民的不安全感和力不从心感。在这样的背景下，"看青"已开始从一个家庭的自发行动向村庄的集体性组织演变。华北农村因此普遍发展出一种叫作"青苗会"的集体看青组织，各村庄介入到原来分散的看青活动中。[1]例如，在山东台头村，村庄每年都要雇用一个看青人。对看青人，村理事会除了集资供应其一笔年资外，还必须事先订出膳食安排的日程表，看青人根据安排的次序轮流到村中指定供应膳食的家庭中搭伙，每三天换一户。[2]因此，青苗会会强制性对青圈之内所有的地主（或耕作者）征收青钱。

在治安上，华北村庄更是作为整体介入进来。20世纪后，为了对付日益猖獗的偷盗，华北村庄普遍动员起来，组织巡夜"打更"。村庄在村内规定了轮流打更，或集资雇用专门打更人。尽管打更是一个历史悠久的传统，但20世纪以来，在国家削弱的背景下，华北村庄的打更变得组织更加严密，最典型的表现是许多村庄从不带武装的打更发展到了带武装的打更。[3]

在土匪肆虐的华北农村地区，一些村庄甚至进行了全村的武装动员，几乎从一种农业聚居区变成一种军事堡垒。杨懋春描述的山东台头村的防卫计划就是这样

---

[1]　曾参加过满铁调查的日本学者旗田巍对近代华北农村青苗会的起源、发展及性质作过极为详尽的探讨，他认为"看青"的发展经历了四个阶段，即：没有必要看青的时代；农家各自看青时代；光棍、无赖私人看青时代；村民协同看青时代。青苗会就是村民协同看青的组织形式。参见[日]旗田巍：《中国村落共同体理论》，岩波书店1937，第六章"看青的发展过程"，转见从翰香：《近代冀鲁豫乡村》，中国社会科学出版社1995年版，第92—93页。另见杨念群：《华北青苗会的组织结构与功能演变——以解口村、黄土北店村等为个案》，载《中州学刊》2001年第3期。

[2]　杨懋春：《一个中国村庄：山东台头》，江苏人民出版社2001年版，第145页。

[3]　Sidney Gamble, North China Villages, Social, Political, and Economic Activities Before 1933 (Berkley: University of California Press, 1963), p.112.

一个例子，令人印象深刻。在台头村，村庄制定了集体防卫计划，每个家庭都被强制参与进来，每家都要出一名成年男子夜间值勤。不仅如此，村庄还进行了工事建设，在村庄周围设立了两道防线。外边一道防线设在村庄周边，由地雷构成；里面的防线设在村内，由许多防御工事、胡同口的篱笆以及后院墙上的枪眼组成。[1]到20世纪二三十年代，在军阀混战的严重威胁下，华北村庄更是联合起来组织自卫武装，产生了赫赫有名的"红枪会"组织。

按照杜赞奇的界定，红枪会是一种"超村界的非自愿性组织"[2]。这种组织自然带有强制性，并且以整个村庄为组织单位。裴宜理指出，华北的红枪会组织并不以个体的村民为发展目标，而是以村庄整体为招募对象。[3]从历史上看，红枪会脱胎于华北农村传统的乡团和连庄会，因此，红枪会的组织仍因袭了传统的乡团和连庄会，以整体性的村甚至镇为单位，常常一村或一镇设一会堂，也有联合数小村设一会堂的，以作为联络组织机构。[4]这种农村社会里自发生长出来的大型组织使用了村庄动员的模式，通过村庄共同体对乡村社会进行整体性的动员。红枪会规定一个入会村庄若遭受土匪袭击，其他入会村庄必须立即动员全村成年男子援战。正是借助这种村庄动员的模式，红枪会动辄能联合几个乃至几十个村"团"行动，须臾间汇聚上万甚至十几万的人马，声势浩大地展开集体行动。而且，村庄的自发动员能力使得红枪会的联合行动往往不需要建立专门的后勤供应机构，即便遭受挫折也能迅速恢复元气。[5]

总之，华北地区的宗族组织相对不发达，使得华北村庄的地缘共同体的作用凸显出来。如果说在研究南方农村的社会关系时，往往需要首先考虑阶级和宗族关系的话，那么在研究华北农村时，就不能忽视华北村庄的组织作用，它是一个非常重要的独立于宗族的整合单位。

---

[1] 杨懋春：《一个中国村庄：山东台头》，江苏人民出版社2001年版，第139—140页。

[2] [美]杜赞奇：《文化、权力与国家——1900—1942年的华北农村》，江苏人民出版社1996年版，第119页。

[3] Elizabeth Perry, *Rebels and revolutionaries in north China, 1845–1945*, Stanford: Stanford University Press, 1980, pp.197–205.

[4] 郑起东：《转型期的华北农村社会》，上海书店出版社2004年版，第115页。

[5] 张鸣：《乡村社会权力和文化结构的变迁（1903—1953）》，广西人民出版社2001年版，第69页。

二、近代国家政权扩张下华北村庄的动员化

在近代国家政权向下扩张中，华北村庄日益被利用为便利的资源动员工具，其组织的正式化程度不断提高，其边界开始固定，并逐渐建立起专门的村政府。华北村庄由此进入社会动员的过程。

（一）从田赋到摊派：村庄的被征用

在帝制时代，华北地区的村庄与国家之间很少发生关联。帝制时代的官府对农村的征税以田赋为主，此外设有人丁税，长期存在税种混乱的问题。清朝雍正年间（1723—1735）推行"摊丁入亩"，将人丁税折算合并到田亩上，作为田赋的一部分统一征收。交税人被规定直接将税粮税金"自封投柜"，放入官府设立的收税柜子中。这一改革简化了帝制时代的税制，使之官民两便。经过这一改革，帝制时代的税制就更加清晰地凸显出官府与纳税个体直接打交道的特点。在这种税制中，尽管地方在实际税收过程中借助了某种代理形式，但官府并没有在程序上正式设立一个中间机构来处理个体与官府之间的税收业务。这种与无数个体交涉的税制对于官府而言自然很麻烦，但官府的变通办法一般不过是设立流动的柜子来解决征收困难。因此，在这种以田赋为主的简省税制下，官府没有必要与村庄整体发生关联，只需与个体的土地所有者打交道。于是，在华北地区，传统上官府与村庄之间的联系很少，村庄只在治安上对官府负有一定的集体责任，官府也基本不会找村庄办事。[1]

但这一制度的问题是国家的资源动员能力受到很大限制，近代以前历代朝廷的税收总量因此都处在低水平上。为了解决薪少俸薄，以及地方公共事业开支的问题，地方官员在征收田赋的同时收取一定数额的田赋附加。这构成了对传统税制的重要修改，但对传统税制冲击最大的则是战争背景下出现的"摊派"。

清末太平天国运动时期，华北地区也被战争波及。紧急军需之下，华北地区的地方官府不得不进一步突破田赋制度，不等待田赋征收时节就临时开征附加税。征收办法是县官将县以下的乡长、保长或社长等召集起来，将附加税分摊到村庄上，由村庄负责征收分派的税款任务。至于村庄如何进行内部分配，官府并不过问。这

---

[1] 刘昶：《华北村庄与国家1900—1949》，载《二十一世纪》（香港）1994年12月号。

种办法就是后来人们熟悉的"摊派"，摊派征收的税款即为"摊款"。不过，摊派出现之后，20世纪以前中国的正式税制总体上还是循着"摊丁入亩"的旧轨，国家仍主要是与个体打交道，没有把通过村庄进行摊派变成常规做法。

但义和团运动之后，国家形势丕变，一方面，清廷被帝国主义国家强加了巨额的赔款，另一方面清廷为了自求生存又被迫开始推行"新政"，包括建立新式学校、新式警察和新式军队、建立各级"自治"组织等。[1]而田赋的收入又十分有限，这些因素汇合起来导致清廷发生了严重的财政危机。在这一背景下，清廷不得不以办教育、保卫团、差役等各种名义，在华北地区频繁地、常规化地进行摊派，这些摊派都是落到村庄而非个体之上，由村庄代国家收缴。

摊派模式立竿见影地加强了清朝薄弱的财政收入，杜赞奇曾分析指出了利用村庄摊派对于国家政权的便捷之处："从国家的角度来看，摊款的唯一便捷之处在于，摊派时不必考虑村庄的实际土地占有量——故也不必顾虑偷漏问题。国家政权机构在感觉'手紧'时便可随时摊款，至于如何派款到户和是否公允，则由村庄和下属自行处理。如此，国家便不必考虑地权的转移，同时国家可利用较为可靠的地方领袖集团来征收税款。"[2]

正因为摊派有如此好处，所以它在后来逐渐大行其道。进入民国，"摊款"被正式固定下来，成为县财政收入的主要组成部分。县区政府、过往军队甚至省政府还根据"需要"，在预算外随时向地方勒索派款，这种摊款被农民厌恶地称为"白地摊款"。由于区乡的经费严重不足，区公所的经费缺口都是直接向农民摊派，而且"各乡镇自治经费、教育费、保卫团经费及临时奉派差遣等费一切支应罔不取给予摊派亩捐"[3]。

军阀混战以及日军扩大对华北的侵略，更造成了华北地区摊派的泛滥，兵差是其中最突出的一项。1928—1930年，山东省107县有77个县有兵差，河南省112个县有92个县有兵差，而河北省则130个县，县县有兵差。折算下来，这种兵差的规模

---

[1]　[美]杜赞奇：《文化、权力与国家——1900—1942年的华北农村》，江苏人民出版社1996年版，第2页。

[2]　[美]杜赞奇：《文化、权力与国家——1900—1942年的华北农村》，江苏人民出版社1996年版，第57页。

[3]　民国《大康县志》卷三，政务志。转自郑起东：《转型期的华北农村社会》，上海书店出版社2004年版，第263页。

普遍超了田赋和附加税。"以每一亩田所摊到的兵差数言，1928年，山东各县平均是0.27元，是该省田赋和附加税的1.08倍；1929年，河北各县平均是0.31元，是该省田赋和附加税的1.63倍；河南战区各县平均是0.70元，是该省田赋和附加税的3.5倍还多；1930年，河南战区各县的兵差达1 074万元，每亩平均摊到5元之多，已达全省平均每亩田赋和附加税的25倍以上。1932年，日寇侵犯华北，河北首当其冲，征发频至，供应浩繁。总计河北省24县2 740村的兵差为12 238 027元，平均每村负担4 466元，每户负担44.61元，每人负担7.52元，每亩负担3.17元，也达全省平均每亩田赋和附加税的25倍以上。"[1]

于是，在近代国家政权的扩张中，摊派在华北地区就成为了常规做法。摊派方式的常规化使得华北农村地区的国家与社会关系发生了重大变化：一方面，它终结了国家与个体纳税者直接打交道的传统关系，转变成国家与个人以村庄为中介打交道的关系。20世纪40年代的满铁调查中，沙井村村民曾说，"以前只有把田赋（钱粮）交到县里，民国以后出现了副税，为了征收副税建立青苗会"[2]；另一方面，摊派将税收从常规的程序运作变成一种非常的政治动员，使国家可以量出为入地进行资源汲取。由此，村庄在近代国家政权的扩张中被征用为高效的动员工具。

（二）村庄边界的确立：归属性的加强

在传统时代，民众对华北平原上的村庄虽然有一定的地理认知，但对村庄之间的准确界线却从未有确切概念，只是很模糊的印象。私人之间的频繁买卖使得村庄与村庄之间普遍地存在彼此交错的插花地，而且一村之人可以在数村有地，反过来一村周围之地的地主也可能居住于数村，所以在村与村之间划出清晰的归属界线既没有必要也非常困难。

但是，在摊派的做法下，华北的村庄开始被国家政权承认为一个整体单位。华北村庄为了完成摊款集资的任务，普遍产生了对村庄边界进行划定的需要，尤其当摊派越来越多、越来越重，各村庄的村界意识就越来越强。之所以如此，是因为村庄的边界实际上决定了村庄可摊款的土地的范围，边界越往外扩、可摊款的地越

[1] 郑起东：《转型期的华北农村社会》，上海书店出版社2004年版，第264页。

[2] 中国农村惯行调查刊行会：《中国农村惯行调查》第1卷，岩波书店1952年版，第172页。转自祁建民：《近代华北村政实态分析》，载中国社会科学研究会编：《跨世纪中日关系研究》，社会科学文献出版社2010年版，第45页。

多，本村土地所有者的每亩负担量就越低。换言之，村界的实质不是一种自然边界，而是一种产权和税源的边界。进入20世纪后，为了保障自己的利益，华北各村庄都在积极进行地界的确定。

而在村界划定的过程中，华北村庄自发形成的青苗会扮演了重要角色。华北的青苗会是农民们自发成立的看青组织，各个村庄都有。19世纪时，青苗会的看青夫划定了看青之范围，称为"青圈"。青圈之内可能有外村人之地，但看青夫不直接向外村人索取青钱，而是由各青苗会之间统一结算，多退少补。在摊派的初期，华北农村是借助各村村内的青苗会进行，而青苗会则按照青圈范围分摊缴纳任务。问题在于青苗会形成的"青圈"并不固定，最初大多是一种"活圈"，圈内的土地是可以随着买卖发生进入或退出。这便不能保障村庄有稳定的集资来源，而且很容易引发村际的争端。例如，光绪三年，宝坻县厚俗里辛庄的村民静天来承种承化里田家庄圈内的土地三亩，已向后者缴纳青钱24文，但当该庄又向其讨要摊派的差钱，静天来予以了拒绝，认为"身摊本里差务，隔里不能摊差"，因而具禀到县。[1]

为了获得稳定的集资来源，华北各村的青苗会开始倾向于将青圈固定下来，成为"死圈"，即使圈中的土地被卖到了其他村庄的青圈中，青苗会仍然要求获得该土地的外村人承担本会的摊款集资。但是，有土地流入的另一村庄为了对自己更有利，此时却可能坚持"活圈"的原则，也对田主进行摊款。没有任何田主愿意身担两份摊款，总会拒绝其中一个，这就使得村庄之间纠纷不断，当时的官府接到了许多在外村有土地的田主抗议外村来摊派的案子，原因是本村已经按"属人主义"对自己进行了摊派，外村若再按"属地主义"来摊派就变成了双重摊派。20世纪后随着摊派的加重，各村都加强了摊派对象的争夺，这类纠纷与日俱增。

国家原本不管村庄内部如何摊派，对村界无须关注。但清末以来，国家开始认识到固定村界不仅有利于实现摊款的短期目标，而且有利于加强国家权力的长远规划。而且，村界纠纷的大量发生也影响到社会的稳定。进入民国以后，以村为单位的摊款愈来愈多，于是政府对村界的划分也日益关心。为了便于计算并稳定摊款地亩数，政府逐渐倾向于支持"死圈"，向各村推行"属地主义"的管理原则。例如，1936年河北顺义县府以多数习惯遵循"死圈"为理由，布告尔后统一实行"属地主义"：

---

[1]　从翰香：《近代冀鲁豫乡村》，中国社会科学出版社1995年版，第106页。

　　为佈告事：查县属各村青苗会旧日习惯有"活圈""死圈"之分，习惯不同，弊窦丛生，往往因圈地之纠纷，经年累月，缠讼不休，耗财废业，为害实深，殊非整理村政之道。本县长下车以来，详为考察，境内活圈之地固有，死圈之地究属多数。兹为遵照法令，并从多数划一村政起见，规定为属地主义(例如甲村之地出卖于乙村，将来此地之一切摊款，仍向甲村缴纳，看护费暨一切花费，乙村不得争收，反之，乙村之地出卖于甲村亦仍向乙村缴纳)，即乡俗所谓死圈也。自布告之日起一律实行，乡款即可固定，彼此亦免纷争，其有已经完纳者不得再行追究。[1]

　　实际上，在"活圈"与"死圈"、"属人主义"与"属地主义"的争议中，国家政权选择采纳后者，这不简单是因为后者居于多数，根本上是由于后者对国家政权最有利。在属人主义之下，土地的自由交易会导致许多村庄因流出土地，而在国家的摊款中承受明显更高的户均负担率，一些以佃户为主的村庄更是无法进行摊款。而在属地主义的原则下，华北村庄就拥有了固定的村界与摊款的税基，国家也就可以统一通过村庄进行摊款。比较起来，当时的国家政权因此自然地采取支持属地主义的"死圈"的做法。而反过来看，外部政权的摊派对于华北村庄作为整体单位的内涵也就形成了有力的充实——华北村庄变成了国家政权所支持的进行属地化管理的整体单位。由此，华北农村的农民们开始日益被圈定在村庄的整体单位中，接受外来政权力量的管治或动员。

　　与此相应，摊款不仅使村界得以划定，而且促成了村民资格认定方式的转变。在传统时代，华北村庄的村民资格大致由房屋、墓地、居住时间、世代、家族成员等元素构成，但基本的元素是拥有本村的土地。村中的外来移民即使住在本村很久，只要他不在本村拥有土地，他就不被认为是本村村民。而在摊款压力下，是否向本村缴纳"村费"开始变成新的重要资格条件。据旗田巍研究，取得一村村民的资格，除举家迁居该村之外，另一重要条件便是向该村缴纳"村费"。这里的"村费"与"摊款"几乎同义。在靠近城市的村庄或大的集镇，一些村民并无土地或土地甚少，他们经营小作坊或店铺，但由于他们仍向村庄缴纳摊款（即"白地摊款"），仍被承认为本村村民。不难想象，一个寄居他村（如小学教师和长工）而

[1] 转自[美]杜赞奇：《文化、权力与国家——1900—1942年的华北农村》，江苏人民出版社1996年版，第191页。

不向该村缴纳摊款的人肯定不会被视为是本村村民。[1]

（三）村庄政府的建立：走向属地化管理

在近代转型过程中，华北地区的村庄不仅逐渐将边界固定下来，而且也开始建立正式的行政机构。这一方面是华北村庄内生的非正式管理组织不断增强的结果，另一方面也是国家政权从外部予以正式规划的产物。

在国家政权渗透进来之前，华北村庄只有某种内生的非正式自治机构，一般是由全村性宗教社的理事会负责，这一机构实行会首制。这一直延续到20世纪初期，日本学者平野义太郎曾根据此时期的"惯行调查"中的资料，分析了当时华北村庄存在着的自治性的村公会和公会组织。他指出："会首集中起来商议的公会是自然村的自治机构。这一公会自前清时代开始就已成立。自古以来，公会就不是由政府设立的组织，而是自然村落的自治组织。"[2]黄宗智也看到，"沙井村与华北的其他地方一样，会首形成了一种非正式的村政府，他们的权限可从督管村内事务（诸如领导庙会、清明会，调解纠纷等）到处理村庄的涉外事务（诸如组织看青，与政府官员交往等）"[3]。这种自治性的管理组织不受外部规则的约束，因此也存在显著的延续性。例如，甘布尔（Sidney Gamble）在20世纪30年代的华北调查中，发现在华北5个村庄的48名会首中，有37名已是第二代出任，33名是第三代。[4]

当处于自治状态之时，村庄会首理事会的精力主要集中在组织次数有限的庙会、唱戏等活动上，日常状态之时一般没有多少行政工作，只有零星的村内纠纷需要调解。村庄政权的这种非正式特点更典型地反映在财政上，传统的华北村庄并没有建立专门的村庄财政，只在遇到重大的支出时进行临时集资。这种原始的集资模式是全村人的有意选择，它反过来决定了村庄政权的非正式形态。对于财政与政权的密切关系，16世纪的法国思想家布丹在现代国家草创之初就突出强调财政对国家的重要性，形象地比喻财政是国家的神经。可以想象，缺乏财政神经的联络，村庄政权必然只能停留在初级形态阶段。

---

[1] 从翰香：《近代冀鲁豫乡村》，中国社会科学出版社1995年版，第107页。

[2] 转自李国庆：《关于中国村落共同体的论战——以"戒能—平野论战"为核心》，载《社会学研究》2005年第5期。

[3] [美]黄宗智：《华北的小农经济与社会变迁》，中华书局2000年版，第153页。

[4] 转自[美]黄宗智：《长江三角洲小农家庭与乡村发展》，中华书局2000年版，第250页。

然而，在近代中国的动乱环境中，村庄领导层需要承担的管理责任开始增多，集体看青、集体自卫以及兴办村学等都成为他们要负责的工作。村庄本身内生出一些公共的事务要求，尤其是集体看青。在这一需要下，会首们组成的村公会为了保护村庄的庄稼收获不被偷盗，积极地投入到组织集体看青的活动，这导致了"青苗会"组织在华北农村的自发建立。而外部政权的摊派要求也在推动"青苗会"的建立。20世纪40年代的满铁调查中，顺义县沙井村的村民说："过去村子里什么事情也没有，只有烧香会（修好会）。"但光绪二十五年（1899）后，县费增加了学、警两款，为了征收方便而在沙井村里建立了青苗会。[1]

借助外部政权的摊派，青苗会不断增强集资征款的权力和能力，这使得华北村庄的村费急剧增加。例如沙井村村民回忆，该村青苗会建立以前"虽然有摊款但是数额极小"[2]，青苗会建立之后便逐渐增加，1931年是400多元，1936年近500元。1937年以后迅速增加，每亩地的青苗钱，在1929年是10钱，1931年是15～20钱，1937年是30钱，1940年则达到60钱。[3]

村费的快速增加使得村庄财政由此逐渐形成，其管理机构也开始走向专业化，例如通常在村学管理中建立起"校董会"来负责村学的后勤管理。村庄领导层的权力也显著增强，不仅决定着向村中各户摊派的数量，而且操控着公共经费的用途分配，村学教员和校役的聘请、教具的添置、课程的安排、假期的规定等，也都在他们的监督之下。[4]因此，20世纪以来华北村庄的自治组织如青苗会在集体责任增加的压力下，逐渐向常规化、专业化的行政运作转变。

另一方面，国家政权此时也有意介入进来，积极规划建设村庄的正式政府，以期形成在村中的忠诚代理。在此之前，县级政府并不能保证村中负责人会忠实地、

---

[1] 中国农村惯行调查刊行会：《中国农村惯行调查》第1卷，东岩波书店1952年版，第174页。转自祁建民：《近代华北村政实态分析》，载中国社会科学研究会编：《跨世纪中日关系研究》，社会科学文献出版社2010年版，第45页。

[2] 中国农村惯行调查刊行会：《中国农村惯行调查》第1卷，岩波书店1952年版，第174页。转自祁建民：《近代华北村政实态分析》，载中国社会科学研究会编：《跨世纪中日关系研究》，社会科学文献出版社2010年版，第45页。

[3] 中国农村惯行调查刊行会：《中国农村惯行调查》第1卷，东京：岩波书店1952年版，第319页。转自祁建民：《近代华北村政实态分析》，载中国社会科学研究会编：《跨世纪中日关系研究》，社会科学文献出版社2010年版，第45页。

[4] [美]黄宗智：《长江三角洲小农家庭与乡村发展》，中华书局2000年版，第140页。

有效地执行摊派任务，而舍此又无他途，县级政府往往只能采取扣押村中负责人的消极方式，利用华北村庄内的连带关系来迫使村民尽早缴纳。如果没有华北村庄的这种连带关系，县级政府在早期很难顺利完成摊派。

为了在村庄中建立可靠的代理人以直接执行上级指令，从清末到民国时代，国家不断试图改造村庄的政权，建立正式的村政机构，试图将村庄纳入到国家的行政体系中。国家改造村庄政权的第一项措施是清末新政中开始推行的村长、村副制度。这项制度规定由县政府指派村长、村副，由他们作为国家在村中的代理人，负责国家下派的税收、公安、学校和道路修建等事务。制度改革的深层目的是将村庄变为正式的一级行政单位。在这项改革下，国家原来在县以下所使用的"地方"、"地保"代理人被村庄中的会首取代，后者的权威得到了国家的正式确认。[1]在急于推动建立村庄政府的一些地方，如河北顺义县，对于当时没有青苗会组织的村庄，县政府甚至命令村庄立即组建青苗会。[2]

清朝结束后，华北村庄建立正式政府的运动继续前进。例如，河北定县县政府支持翟城村的米迪刚根据其在日本留学的经验，1915年在翟城村建立了村自治公所。村自治公所设村长总理本所一切事务，设村佐协助村长工作，另设股员若干人，书记一人。沙井村则在1921年根据县里命令建立村公所，将会首改为村长或村佐。抗日战争爆发后改为推行保甲制，1942年建立大乡制。

国民政府的改革是这场村政府建设运动中最激进的。1928年，国民政府颁布了《县组织法》，对县以下的组织做了制度规定，要求在县下依次设立区—村、里—闾—邻，共分四级。1929年6月国民政府又对县组织法重订，改村为乡，改里为镇。这项制度改革雄心勃勃，不但规定了村庄政权，而且试图对村庄内部进行组织划分，进一步规定了5户为1邻，25户为1闾。当然，这项制度因为过于忽略村庄的传统邻里习惯，基本上没有得到实施。

在村制建设上，阎锡山在山西的做法最为突出。1917年，阎锡山在山西推行"村制"，设立编村。具体的做法是："村足若干户而地方适中者为主村，其余小村距离远近适宜者为附村。每编村长一人或村副一人，二十五家为一闾，有闾长一人，五家为邻，设邻长一人"，"以编村为施政单位"。阎锡山试图通过村制控制

---

[1]　沈延生：《村政的兴衰与重建》，载《战略与管理》1998年第6期。

[2]　[美]杜赞奇：《文化、权力与国家——1900—1942年的华北农村》，江苏人民出版社1996年版，第187页。

地方社会。"村制"事实上使村庄成为"一个传达政府指令的次官府结构。村长一般不识字，依靠县当局指派，几乎不能独立地主动行事"，是"一个积极行动的省政府坚决把官府权力向下推行到村级所做的努力"，其主要作用是"对土地税的管理有用，行政村起的作用相当于清代催征税粮的里甲"，努力"把整个征税责任确定在村"。可以说，山西"村制"的目的是将村庄改选成适合征税的单位。对此，后来的中共看得很清楚。中共晋西区党委在一个材料中指出：在"村制"之下，村政权的工作的主要内容是"'要'，即要粮、要款、要兵、要差"。[1]

尽管国家对村庄的制度改造多有不切实际之处，执行效果总是大打折扣，但是20世纪以来在这场村庄行政化的运动中，国家至少在形式上推动建立了正式的村庄政府，并将之纳入正式的行政体系中作为一级单位。由此，在村庄自发加强政权以及国家推动村庄实施现代化工程以及建立正式政府的合力下，华北村庄告别了以往由宗教会社首领组成的松散的非正式政权时代，建立起正式的村庄政府。

三、摊派模式的弊病：待解的村庄动员难题

在边界形成、权力增强的变化下，到20世纪30年代时，华北村庄已经被外部政权开发为有效的资源动员工具。但此时期的村庄动员模式仍然存在严重的缺陷，由于不能在村庄之间、村庄之内进行公平的负担分配，只片面地保障外部政权的资源要求，并且纵容了村庄权力的腐化，这种动员在华北农村引发了强烈的民怨与村庄的涣散化，甚至引起民乱。

（一）摊派中的无序

近代的国家政权尽管懂得了利用华北村庄的整体单位可以进行高效的资源动员，但还不懂这种动员还须建立在合理分配任务的基础上，否则片面依靠村庄动员并不见得有效，反而会诱发很多问题。不幸的是，在中共到来之前，华北的各种统治者都只是简单地进行摊派，对摊派任务的分配和征收过程疏于管理、缺乏规制，结果导致了严重的混乱。

近代的摊派与传统的田赋完全不同，后者尽管缺乏征收的准确地亩数目，但毕竟有依地征收的规则，而摊派的征收标准却漫无定章，以致在摊派中负担不公的情

---

[1] 转自周祖文：《封闭的村庄：1940—1944年晋西北救国公粮之征收》，载《抗日战争研究》2012年第1期。

形层出不穷。当时，摊派一般按县内的行政区域分配，规定每区应担任的数额，再由区分配到村，村分配到户。这种分配是很粗糙的，一般只考量到不同区、村的人口多少，据此做出一定的区别。例如，县以下的区按人口数算，人口多者为大区，摊派比例就大，人口少者为小区，摊派比例就小。这样的分配过程就抛开了烦琐、复杂的统计土地面积的过程。从区分配到村也同样，村的等级按人数定大小，人口多者为大村，人口少者为小村，大村摊款多，小村摊款少。

这乍看有合理性，但问题是土地占有格局与人口多寡分布并不是一致的，人口多的区村所拥有的田地少，人口少的区村所拥有的田地多，这样的情况在现实生活中经常存在。若仅仅按照人口数进行摊派，就会造成地亩很多的村子因为人数少，摊款的比例反小；而地亩少、人口多的村子，摊款的比例反大。于是，这就在农民中间造成了严重的不公平感。

近代的外部政权有时只图自己省事，还会选择采用更不合理的方式进行摊派。典型例子是当时河南省汜水县的按仓摊派，这里的摊派在官吏懒政下竟然推出了反向比例的办法。清代时，该县为了救济贫民，同时防灾备荒，曾经分区设仓，然后在遇到灾荒时，将各仓籽粮按各区贫富情形分配。但到了民国9年（1920）直奉战争时，由于军事需款迫不及待，该县于是按照全县十八仓各仓从前分得仓谷多少，进行临时性分摊。这样做就将设仓的作用完全颠倒过来，当初分配仓谷是因人民无法为生，公家设仓予以接济，因此某村贫民多，则仓谷分配多，某村富民多，则仓谷分配少。然而，如今却按领得仓谷多少反过来进行公款摊派，致使贫民反而多摊，富人则少摊。例如该县大庙村为平原村，全村有上地一千余亩，只以三斗（1斗=6.25千克）谷比例分担。而东西林子等山村，只有一千余亩沙石山地，但因为曾经分得了几石（1石=75千克）仓谷以及受当时某士绅遗赠多得了五石仓谷，结果其分摊的负担公款竟比大庙村多出几倍。于是，村穷反而款多，在摊派压力大到无法应付之下，发生了村长自缢的惨事。[1]

不合理的摊派规则在华北农村造成了事实上的倒累进税制，在村界未完全形成"死圈"原则之前，农民自然越来越倾向于向邻近的富村迁移以减轻负担压力。富村由于增加了可摊款的地亩，其负担水平越来越轻；而穷村由于村民不断地卖出土地，青圈之内的本村人地日渐减少，相应的可摊款地亩也在减少，每亩应摊钱文

---

[1] 郑起东：《转型期的华北农村社会》，上海书店出版社2004年版，第267页。

随之不断增加。于是，这样的迁移便很容易引起村民与所迁出村庄之间的纠纷。例如，杜赞奇曾描述了这样一个村际争端：在20世纪的沉重摊派下，顺义县沙井村由于拥有的土地较多，青圈范围较大，使得其摊款数额与可征地总亩数的比例较低，村民的负担相对邻村较轻。1936年，这种差异诱使一个叫景德福的地主由邻近的石门村迁居到沙井村，以躲避石门村较高的摊款比例。对于沙井村来说，迁居者所带来的邻村土地增加了摊款的田亩总数，可以进一步降低摊款的平均负担额，因此沙井村非常欢迎他的迁入。然而，石门却因此蒙受了损失，可征田亩减少，摊款的平均负担就会进一步提高。所以，石门的首事坚持要景德福向石门交款。[1]

在这种村际不公的问题下，华北村庄的首领与农民经常向上级官府抱怨差役摊款在各村之间分配的不均。

（二）不公正感下的民怨

摊派还在华北村庄内部造成了日益严重的矛盾，村庄领袖在村内负责分配摊款时由于缺乏国家正式规则为依据，执行起来很难做到公平合理，常常顾此失彼。传统的村庄领袖既身受外部政权的威吓追逼，并且常常为全村先垫付急迫的摊款，又不能得到村民们的理解，甚至引起他们的仇视。国家与村民们的双重挤压迫使传统领袖与村中富裕阶层纷纷从村庄政权中退出，由此为地方恶霸和地痞们提供了篡权、弄权的机会。

另一方面，由于国家政权通过建设保卫团、警察等，从外部为村庄领袖的摊派撑腰，这的确加强了村庄领袖对村庄共同体的独立性，一旦村庄传统舆论和道德的约束力下降，劣化的新起精英便会趋向于滥权。在华北地区，村庄的领导层就变得越来越不顾忌村民的抵制，征收摊款过程中遇到不顺从的村民后，村庄的领导层不再像以往那样耐心，他们往往在简单的规劝无效之后，就直接将县里的警察叫来对村民施以强制惩罚。

尤其是在摊派过程中，国家不与个人发生联系，只与村庄打交道，将摊款数额下派给村庄领袖，这客观上为后者留下了很大的瞒上欺下、徇私舞弊乃至贪污中饱的机会。在摊派偶尔发生的最初时期，村庄领导尚无法隐瞒摊派的具体数额，居民总能打听到关于摊款的信息。但是清朝末年摊派开始日渐频繁，军阀混战时期华北

---

[1] [美]杜赞奇：《文化、权力与国家——1900—1942年的华北农村》，江苏人民出版社1996年版，第190页。

地区的摊派更是不时而至，名目繁多，各种荒诞的借口都有。这些混乱的摊派就为村庄领导提供了扭曲信息的机会，许多村庄的领导开始夸大摊款额以便侵吞，甚至直接伪造名目自己摊派。除了侵吞摊款，华北的许多村庄领导还利用他们的行政职位改变摊派方式，逃避交纳税款。村民由于不能与国家直接打交道，处于制度性的信息劣势，无法对村庄领导滥用行政权力进行监督。国家摊款在村庄造成的制度漏洞使得劣质分子看到了捞取油水的机会，他们因此开始争着担任村庄公职，钻入村庄共同体的组织网络中，变成谋取私利的"赢利性经纪"[1]。

对于华北的农民来说，外来政权摊款的沉重还在其次，更重要的在于摊派方式的不公正。农民们对于外来政权的强迫无力直接反抗，但村庄领袖在不同阶层、宗族、邻里之间的分摊不均为他们留下了反抗的合法理由，也最容易点燃他们的怒火。

尤其是村庄摊款在权力腐败的作用下往往主要落在了没有权力的穷人身上。随着村庄土地集中度的提高，村庄领导甚至改变了摊派的原则。在中农占多数的时期，华北村庄一般都是按照田亩摊派，有地者纳款，无地者不用纳。但是，在已经出现土地集中的许多村庄，村庄领导多为富有者，为了有利于自己，他们将按亩摊派的原则更换成一律按人头摊派。这种形式上的公平其实是企图从制度上将更多的摊款责任推卸到无地者身上。种种不公正的摊派方式实际上比摊款的数量更让村民愤怒，由此引起了激烈的摊款纠纷。

这些情况导致当时的华北地区普遍发生村民们指责村庄领袖分配摊款不公的问题。当时的日本满铁调查在华北各县之中，均发现村民认为村长及首事摊款缺乏公平而引起争议的事件。例如，在后夏寨村，长期以来，村长王庆龙处理摊派问题引起村民们的不满，虽未使得村民们赶其下台，但他深知自己不具备化解矛盾的能力，若继续占据此位置，结果可能会引起民愤，故自动请辞。在侯家营，村长侯大生因为摊款问题，招致社区内拥有土地较多且摊额多的村民不满，所以，侯全武、刘子馨、王福春等十余户土地较多者要求县里辞退了侯大生。[2]

---

[1]　[美]杜赞奇：《文化、权力与国家——1900—1942年的华北农村》，江苏人民出版社1996年版，第205—227页。

[2]　[日]中国农村调查刊行会：《中国农村惯行调查》第三卷，岩波书店1981年版，第407页。转自安宝：《离乡不离土：20世纪前期华北不在地主与乡村变迁》，山西人民出版社2013年版，第350页。

在河北省顺义县和奕城县，村民和村领袖因摊款而发生争执，不得不捅到区公所，在这种情况下，区公所往往支持村领袖们的决定。另外，在架城县也有几宗十分有趣的摊款纠纷案。在20世纪30年代，不少普通村民向县衙状告村领袖摊款不公，其中一个状子指控村庄首事"不遵乡规，私改新章"，声称："民村多年乡规，杂派九十两银子，按六十两派款，以体恤贫民，不料今年村长合甲长公议杂派按九十两派款，当出地亩向当主要钱……如此以往，贫户谁堪负担……"[1]

该县的另两宗案件亦值得转引，因为它一直状告到设于天津的高等法院。与寺北柴相邻的岗头村由一条道路分为前街和后街两部分，分别住着70户和40户人家。但是，村领袖们按传统的平分（50∶50）方式征收摊款。到了20年代末期，随着摊款的增加，居民较少的后街起而反对这种分配方式。此案一直弄到高等法院，法庭决定将该村分为两个财政独立的单位。另一村庄名为乏马铺，分为前后两牌，两牌土地差异较大。但村庄领袖们决定两牌平均摊款，愤怒的村民提出上诉。[2]此案在当年惯行调查进行时尚未审理完结，故不知做何判决。

（三）华北村庄的危机与自发反应

在摊款以及摊派不公的作用下，华北村庄中的阶级分化加速进行。到抗日战争前，华北地区半无产化的贫农阶级占多数的村庄大量增加。像沙井村，刚进入民国时，它还是一个主要以中农和长工为主的村庄。但在短短20年间，它就变成了一个以半无产化了的贫农为主的村庄。图2.1描绘了沙井村的阶级结构的变化轨迹，其中显示出贫雇农群体的迅速攀升。

---

[1] [日]中国农村调查刊行会：《中国农村惯行调查》第三卷，岩波书店1981年版，第512—513页。转自安宝：《离乡不离土：20世纪前期华北不在地主与乡村变迁》，山西人民出版社2013年版，第351页。

[2] [日]中国农村调查刊行会：《中国农村惯行调查》第三卷，岩波书店1981年版，第48页。转自安宝：《离乡不离土：20世纪前期华北不在地主与乡村变迁》，山西人民出版社2013年版，第351页。

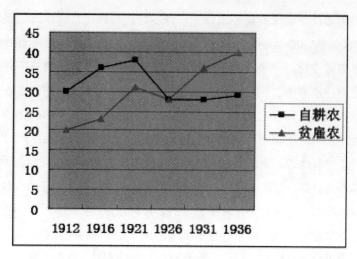

图2.1　沙井村自耕农与贫雇农数量的变化（1912～1936年）（单位：人）

资料来源：[美]黄宗智：《华北的小农经济与社会变迁》，中华书局2000年版，第274页。

备注：图中所使用的数据由村民追忆获得，并没有完整的历年数据，只包括1912～1936年之间的六个年份。原数据的总户数与各阶级户数之和并不一致，本图对各阶级选取了较小的数据。同时，为了说明农民失地和无产化的趋势，本图将原著表格中的"半自耕农"、"佃农"和"雇农"归并转化为中共语境中的"贫雇农"，尽管它们并非完全等同，但大略接近。

贫农的大量增加对华北村庄共同体的凝聚力造成了严重的削弱。贫农低下的经济地位使得他们经常被排斥在村庄公共事务之外，甚至不把他们看成够格的村庄居民。而贫农由于闲暇不足，与村庄经济关联下降，也对村庄公共事务不感兴趣，因为大多数的事务都会要求摊款。于是，贫农逐渐脱离了村庄共同体的归属网络，被排挤到村庄的边缘，处于游离的状态。

在20世纪二三十年代，华北地区出现了严重的农民离村现象。在离村农民群体中，除去灾荒逃难的农民之外，大量的农民是因为生计所迫而长期或短期离开本村。他们的流向远的是到人口密度相对较低、生存机会更多的城市和边远的东北地区（闯关东），但城市容量的有限和闯关东的危险、昂贵，使得相当比例的农民选择了"半离村"的方式，就近在附近的邻村做佣工，这样既可以得到新的谋生机会，又可以照顾家庭。[1]然而，即使是采取半离村充当雇农的方式，也使得这些农民与本村的联系大大减少了。例如，在冀东，各县均有10%～20%的家庭因为人口

---

[1]　朱汉国，王印焕：《民国时期华北农民的离村与社会变动》，载《史学月刊》2001年第1期。

无地、租不到地或不能受雇而外出谋生，许多村民与村庄共同体的关系逐渐松弛下来。[1]随之而来的，必然是贫雇农对村庄的疏离，从而使曾经保持着一定内聚力的华北村庄日益散沙化。一个显著的表征就是华北村庄许多传统的象征村庄团结的仪式和节日变得冷清衰落。例如，沙井村村中三间庙寺的新年祭拜，过去一向是全村都参加的共同活动，现在已变为一项个人各自抉择的事。到了1940年，要拜神的各自去拜。而过去全村一年一度的聚宴，也只有几个交费的村民参加了。[2]

华北村庄中有地者与无地者之间的利益矛盾不断加深，导致曾经在一定程度上维系的共同体走向破裂。村庄内的团结气氛日益稀薄，关心村庄事务的人越来越少，这种情况使得以往唯一能有效约束村庄领导的公共舆论力量被严重削弱。在村中阶级对立的背景下，掌握村庄政权的领导也不再顾忌阶级平衡和村庄团结的需要。于是，村庄的行政权力更加没有制约，日益走到与村庄共同体利益对立的方面。尤其是随着对村庄共同体认同的下降，村庄的领导职位越来越被劣质分子窃取，他们怀着邪恶目的操纵村庄行政权力，推动着华北村庄共同体滑向散沙化的深渊。

在杜赞奇的研究中，他实际上主要强调的就是这一问题。他指出，清末新政以来中国的国家政权建设在强化村落边界的同时，却并没有强化村落的内聚性特征：

> 进入20世纪之后，村庄越来越成为下层社会合作的中心，从经济利益出发，属于那个村庄具有十分重要的意义，所有满铁调查村庄的资料都证明了这一点。但这一变化并未引起、也未伴随着村庄内部内聚力加强的出现……更为严重的是，村政权的正规化，其与乡村社会文化网络的脱节，以及来自政权内卷化的压力，使村政权落入那些贪求名利的"政客"手中。内聚的社会组织要求一个道义上的权威中心，但与此相反，民国时期的这种道义权威没有被加强，反而被削弱了。[3]

在不公平感强烈、矛盾激化之下，许多地方的村庄对于外部统治者甚至产生了反抗动员，在华北地区那些自耕农仍然占有多数的村庄尤其如此。在河北、河南和山东，大量的抗税运动都是由红枪会或其他秘密会社如天门会、大刀会所组织。这

---

[1] 李康：《革命常规化过程前后的精英转换与组织机制变迁——以冀东西村为例》，载王汉生，杨善华主编：《农村基层政权运行与村民自治》，北京社会科学出版社2001年版，第233页。

[2] [美]黄宗智：《华北的小农经济与社会变迁》，中华书局2000年版，第277页。

[3] [美]杜赞奇：《文化、权力与国家——1900—1942年的华北农村》，江苏人民出版社1996年版，第200页。

样的抗税运动经常对当地政府产生很大的冲击，他们攻占县衙门，驱逐县长，捣毁税务和保安局，杀死腐败官吏，甚至直接与政府军交火。

清末以来，华北的统治力量在通过村庄获得了更强的社会动员力的同时，也越来越被村庄内部的矛盾和村庄集体的反抗动员所困扰。村庄并没有真正成为国家政权得心应手的动员工具，反而日益变成反抗国家统治的工具。正如杜赞奇所见，近代中国的国家政权一方面将村庄吸纳进来，获得了很强的财政榨取能力；但是另一方面对社会的控制能力却没有增长，反而在丧失。杜赞奇对于这种混合了成功与失败、税收增加而效益递减的现象，最终使用了一个"国家政权内卷化"的概念来加以描述。[1]这种现象的存在，表明了近代以来形成的村庄动员模式存在着重大的不足。如何既有效地利用村庄共同体的动员功能又避免瓦解村庄共同体的团结，避免引起村庄的反动，这成为此时简单的村庄动员模式所无法解决的难题。在共产党进入华北农村地区采取改革之前，没有一种政治力量能够解决华北村庄动员上存在的这种难题，扭转村庄政治在失衡下的恶化趋势。

---

[1]　[美]杜赞奇：《文化、权力与国家——1900—1942年的华北农村》，江苏人民出版社1996年版，第66页。

第三章　进入华北农村：抗日战争初期中共的
村庄动员

1937年7月，日本军队制造了卢沟桥事件，发动全面侵华战争，为中国共产党为进入华北广阔的农村地区展开社会动员提供了千载难逢的历史契机。中共中央迅速做出反应，号召全民族实行抗战。不久，中共中央派遣朱德、彭德怀分别担任总司令副司令，率领八路军挺进华北战场，开展敌后斗争。在约翰逊为代表的一些国外研究者看来，抗日战争从根本上扭转了中国共产党在江西苏区遭受重创以来的不利局面，中国共产党后来能够取得全国政权，与抗日战争息息相关，正是借助日军侵略所激起的中国民众的民族主义情感，使得中国共产党在华北迅速壮大。[1]这种观点突出强调日军侵略所带来的外部机会对中国革命胜利的影响，它指出了事实的一个重要方面；但外部机会总要通过内部的运作来把握，决定之处还在于中共对社会动员的成功运作。比较起来，中共与国民党的不同之一在于，前者将重点放在对华北农村社会进行动员上，并建立起有效的社会动员机制；而国民党却一味强调上层军事的斗争，忽略社会动员的重要性，社会动员能力薄弱。因此抗日战争作为一场巨大的危机被中共转变为壮大的机遇，对国民党却变成了不断削弱、缩小的灾难。尽管国民党也尝试在华北地区开展中国共产党拿手的游击战争，但由于国民党的敌后军队依旧采取正规战配合正面战场、偏向于单纯的军事斗争，没有通过深入

[1] Charlmers Johnson, *Peasant Nationalism and Communist Power: The Emergence of Revolutionary China*, 1937–1945, Stanford: Stanford University Press, 1962.

扎根到华北农村社会中，所以摆脱不了越战越弱、走向败亡的命运。[1]

　　相比国民党的机械主义，中共却能够灵活地根据环境变化选择适当策略。抗日战争前，中共一直在苏区奉行激烈的阶级斗争路线，通过土地革命的形式对农村进行两极分化的动员。从苏区转移到陕北之后，中共最初也沿用了打土豪、分田地方式进行土地革命。但是，随着中日民族矛盾的上升，在争取"联蒋抗日"的过程中，中国共产党开始转变这种阶级斗争的路线。在1937年2月10日《给中国国民党三中全会电》中，中共中央提出"停止没收地主土地"的政策，尽管此时国共两党尚未达成合作抗日协议，但中共主动在一些地区执行停止没收地主土地的政策。1937年6月，中共中央在关于"民族统一纲领草案"致共产国际的电报中，开始提出将原来的土地革命路线改成在国民党的土地法框架下进行减租减息的政策，因为国民党政府在1930年曾经依据孙中山的设想颁布过一个《土地法》，其中对地租做过不得超过耕地收入的37.5%的规定。减租减息是一种缓和阶级矛盾的政策，到1937年8月的洛川会议，中共将减租减息正式列入其颁布的《抗日救国十大纲领》。于是，在抗日战争促使民族斗争成为主要矛盾的背景下，中共在社会动员上合理地调整了指导思想，将激烈的阶级斗争路线改变为适应国共合作抗日的缓和阶级矛盾的政策。由此，中国共产党在华北地区的社会动员进入更加灵活的时期。

　　在民族统一战线下，中共如何在华北农村地区进行社会动员呢？总的看来，在对中日战争是一场持久战的战略判断下，中共在华北地区的社会动员相比在生存环境更恶劣的南方苏区更加强调可持续性，更加注重动员结构的基础建设。由此，中共自觉地继承了将村庄开发为动员单位的近代传统，在华北地区完成了初期的迅速扩展之后，便积极地对华北村庄展开政治、经济改造。在此过程中，一方面中共将村庄动员的模式推到更加彻底的程度，自上而下建立了一套以村庄为基础的高效动员结构。另一方面，中共通过数目化管理与有阶级差异的政策设计，积极解决以往村庄动员过程中的不公正问题。这样，中共就成功地在华北地区建立起一套别具特色的、合理化的村庄动员模式。

---

[1]　戴维·保尔森：《中日战争中的国民党游击队：山东的"顽固派"》，载中国社会科学院近代史研究所《国外中国近代史研究》编辑部编：《国外中国近代史研究》第21辑，中国社会科学出版社1993年版。

一、从山地到平原：中共在华北的迅猛发展

中共在华北的发展有着千年难遇的天时条件或"政治机会"，一个机会来自蒋介石未来得及完成对华北的权力控制，地方实力派如山西的阎锡山与蒋介石之间一直存在利益罅隙，前者经常为了自身利益而与蒋介石对着干，以至试图与中共合作，易于受中共统战。更重要的机会自然是来自1937年侵华日军对华北地区的大举进攻，这造成了华北地区国民党军队的大溃败和政府机关的撤离，日军因聚焦于在正面战场展开进一步的大规模会战，一时间也无暇顾及对占领区的巩固控制。由此，华北敌后战场在短期内出现了一片广阔的权力真空地带，为八路军在华北的扩展提供了大好机会。我们可以具体来看看抗日战争是如何促成了八路军在华北的快速扩展的。

（一）山地游击战与八路军在山西的展开

在1937年"七七事变"前，国民党一直拖延承认中共及其军队的合法地位。"七七事变"发生不久，国民党为了促请红军出动抗日，终于同意红军主力部队改编为八路军，设总指挥部，下辖三个师，共4.5万人。"八一三事变"后，国民政府军事委员会将此协议正式对外宣布，红军获得了合法地位与正式编制保障。8月底，中共中央军委下达改编命令，八路军开始向山西分批出动。此时，日军正在攻击石家庄。9月初，八路军两个主力师——115师、120师抵达山西忻口前线，接受阎锡山节制，进行配合作战。八路军另一个师129师则驻留陕西待命，这后面有军事原因，也有国民党尚未承认中共合法地位的政治原因。随着石家庄陷落在即和正太线要隘娘子关危在旦夕，9月22日国民党中央社终于发表《中共中央为公布国共合作宣言》，次日蒋介石又发表承认中共合法地位的谈话。至此，在日寇侵略、国家危殆之下，中共及红军获得了苏区时期不敢想象的合法地位、军队编制及政府给养，实现了"党有名、军有备"，而且红军主力部队顺利地从西北边陲开进了具有重大战略意义的华北地区，此前驻留陕西的129师亦迅速东渡黄河进入山西。

而进入华北后，八路军配合国民党军正面防御作战的时间很短，由于日军挺进迅速，国民党正面守军在日军猛攻下节节败退，1937年10月26日娘子关失守，11月8日太原城亦陷落，山西境内的国民党军不得不全线向晋西南撤退。在此背景下，八路军就获得了在华北进行战略展开、创建自己的根据地的天赐良机。

在进入华北战场的初期，中共中央按照8月洛川会议制定的独立自主的山地游击战战略对八路军的作战与展开进行指导。此前，在与国民党谈判出兵抗战的过程中，毛泽东的态度谨慎，坚持主张实行"独立自主的分散作战的游击战争"，否定阵地战和集中作战的方针，并据此只愿意先出三分之一的红军，认为兵力过大不能发挥游击战，反而易受敌军的集中打击。[1]中共中央还向国民党提出红军"不分割使用"，"第一批出动红军使用区域，在平汉线以西，平绥线以南地区，并交阎百川节制"的出兵条件。也就是说中共此时只愿出兵到阎锡山掌管的山西境内，集中使用。[2]

红军进入山西之后，毛泽东还要求彭德怀与周恩来在与国民党沟通时，必须坚持"独立自主的山地游击战争"的作战原则，提出"坚持依傍山地与不打硬仗的原则"，要求部队务必依托山地，保持在敌之侧翼。[3]按照这一思路，红军原计划在恒山山脉创建根据地。但9月13日山西大同失陷后，毛泽东为避免八路军陷入日军对恒山山脉的战略大迂回、保持在日军的侧翼，电告八路军三个师改变集结于晋东北的计划，进行战略展开，按照晋东北、晋东南、晋西北、晋西南四个区的划分，分遣八路军主力部队进入，发动群众创建根据地。[4]

在此配合作战的时期，毛泽东预判"不论国民党决心如何，太原与整个华北都是危如累卵"，故强调红军不对正规战负责，只负责自己的游击战，而游击战的主要任务是去发动群众，而不是去打仗。他提出"集中打仗则不能做群众工作，做群众工作则不能集中打仗，二者不能并举"，而"只有分散做群众工作，才是决定地制胜敌人、援助友军的独一无二的办法，集中打仗在目前是毫无结果可言的"。[5]但是，在山西基本沦陷之前，八路军主力需要配合山西友军的正面作

---

[1]　《关于红军作战原则的指示》（1937年8月1日），载中央档案馆编：《中共中央文件选集》第11册，中共中央党校出版社1991年版，第293页。

[2]　《中央关于同国民党谈判的十项条件给朱德周恩来叶剑英的指示》（1937年8月18日），载中央档案馆编：《中共中央文件选集》第11册，中共中央党校出版社1991年版，第323页。

[3]　《关于向国民党解释"独立自主的山地游击战争"的作战原则问题的指示》（1937年9月12日），载中央档案馆编：《中共中央文件选集》第11册，中共中央党校出版社1991年版，第336—337页。

[4]　于化民：《中共领导层对华北游击战场的战略运筹与布局》，载《历史研究》2015年第5期，第13—14页。

[5]　中共中央文献研究室、中国人民解放军军事科学院：《毛泽东军事文集》第2卷，军事科学出版社·中央文献出版社1993年版，第53—54页。

战，且整个战线尚不确定，八路军还没有固定的作战区域，大部分散开来做群众工作事实上可能性很小。因此，八路军此时只是以少部兵力在山西的山地地区进行初步的群众发动与组织工作。[1]

9月25日，受平型关战役胜利的鼓舞，毛泽东开始改变坚持将部队小心翼翼地置于敌之"外翼"的观点，同意八路军派主力向"敌后"发展，把"敌后"作为自己独立自主地进行游击战争和创造新的根据地的主要区域，提出不论蒋介石和阎锡山愿意接受与协助上述计划与否，八路军主力都应当准备深入敌后。于是，在敌后建立根据地，逐渐成为中共中央重要的战略考虑之一。

但是，直到1938年初，毛泽东所设想要建立根据地的"敌后"其实主要是指山西境内，毛泽东尚未敢想像把大部队投入失陷的华北平原，其主要目标是在多山的山西境内借助山地建立根据地，以得心应手地进行游击作战。1937年11月8日太原陷落当天，毛泽东迅速做出反应，电告周恩来、朱德、彭德怀："太原失后，华北正规战争阶段基本结束，游击战争阶段开始……应该在统一战线之原则下，放手发动群众，扩大自己，征集给养，收编散兵，应照每师再扩大3个团之方针，不靠国民党发饷，而自己筹集供给之。"[2]此后几日，毛泽东又连续致电八路军及北方局负责人，要求八路军进一步独立自主，抓住稍纵即逝的时机，以大部力量分散组织民众武装，进行迅速扩展，放手创建根据地。11月9日，毛泽东致电指出"各军大溃，阎亦无主。红军应在统一战线基本原则下，放手发动人民，废除苛捐杂税，减轻租息，收编溃军，购买枪支，筹集军饷，实行自给，扩大部队，打击汉奸，谅纳左翼，进一步发挥独立自主精神"[3]。11月13日，毛泽东又致电强调：要与日军"力争山西全省的大多数乡村，使之划为游击根据地，发动民众，收编溃军，扩大自己，自给自足，不靠别人，多打小胜仗，兴奋士气，用以影响全国"，还指示八路军总部、林彪在扩大军队方面注意及时抓一把，再迟将不可能。[4]

于是，在太原失守至1938年4月期间，八路军各师主力根据毛泽东的这些部署，迅速向晋东北、晋西北、晋东南和晋西南四个角分散扩军，建立政权机关、群众组织和民兵武装。但八路军此时尚未敢脱离山西边境挺进更远的华北平原，具体

---

[1] 杨奎松：《抗日战争期间中共对日军事战略方针的演变》，载《历史研究》1995年第4期。

[2] 《毛泽东军事文集》第2卷，军事科学出版社、中央文献出版社1993年版，第111—112页。

[3] 中共中央文献研究室：《毛泽东文集》第2卷，人民出版社1993年版，第65—66页。

[4] 中共中央文献研究室：《毛泽东文集》第2卷，人民出版社1993年版，第116—117页。

说是平汉铁路线以东地区（简称"路东"地区），毛泽东反而特别谨慎地注意让八路军守卫撤回陕甘地区的退路，11月17日毛泽东致电贺龙等强调要巩固黄河河防，以确保黄河东岸八路军"必要时能迅速安全的西渡"[1]。1938年初毛泽东又担忧日军会对西北有大动作，判断"敌之企图在一面攻陕北，一面攻潼关"[2]。

因此，在1938年4月之前，毛泽东的战略意图停留在以山西作为战略展开地区，通过游击战与日军争夺山西控制权，因为山西山地纵横，最符合毛泽东实施山地游击战的战略，且山西背靠陕甘，进可攻退可守，使中共部队在形势不利时随时可以退回陕北。

在这一思路下，中共部队也的确获得了快速扩充。据任弼时1938年2月向中共中央的报告，八路军自1937年10月开始扩兵，两个多月的时间内兵员即增加近三倍。报告中说道："部队出发时约三万四千（人），在最初时期九、十月部队减员，主要是战斗减员。十月后，便开始布置扩兵工作，特别是在太原失守后更积极进行扩兵……经过十一、十二月，便收到大的成效……到十二月底，共扩大约九万二千余人（新老在内）。"此外，"总共游击队约有两万五千余人"[3]。同时，八路军在枪支弹药上也收获颇丰，其来源主要是国民党军溃败后散落民间的大量枪支弹药，甚至直接从国民党军处获取许多，因太原失守前后，阎锡山、傅作义见战局不利，不得不以"顺水人情"将一时难以后运的大量军需弹药送给八路军。这样，在四五个月之内，八路军各部队便实现了实力的快速膨胀，并创建了以晋察冀为代表的几个抗日根据地。

（二）平原游击战战略的形成

但中共部队更大的、决定性的实力膨胀发生在此后。进入1938年，日军开始向华中地区进犯，2月徐州会战开始，6月规模空前的武汉会战开始。在抗日正面战场难解难分之际，毛泽东开始命令中共部队向敌后的华北地区进发，1938年4月后甚至挺进到理论上由日军控制的路东地区。在此过程中，中共不仅开创了一些有山地依托的根据地，如冀东、大青山，而且建立起冀中、冀南等平原根据地。在广阔的

---

[1]　中共中央文献研究室：《毛泽东文集》第2卷，人民出版社1993年版，第121页。

[2]　中国人民解放军历史资料丛书编审委员会：《八路军·文献》，解放军出版社1994年版，第148页。

[3]　任弼时：《关于八路军情况向中央的报告》（1938年2月18日），《党的文献》1994年第2期。

华北平原地区，中共部队实现了新的战略扩展，由此也获得了更惊人的发展。

毛泽东为什么会提出进军平原，将山地游击战战略更改为山地和平原游击战并行的战略？抗战之初，毛泽东曾谨慎地强调将八路军主力部队布置在日军之侧翼，随着日军更深入山西，毛泽东将思路更正为进行敌后游击战，但具体限制在山西境内，这使其山地游击战的战略得到完善。然而，太原失守后，华北地区广阔的发展空间使得这一战略陷入矛盾状态。一方面，中共逐渐看清日军无力统治全华北尤其是华北乡村，后者便成为中共扩张力量、实现"独立自主"发展的良机。另一方面，山地游击战战略却要求必须依傍山地，以为游击战不能离开山地，这就使中共无法去有效把握在华北出现的良机。

1937年底，毛泽东看到平汉路东甚为空虚，曾下令派出小支队进入冀中、冀南地区活动。[1]但毛泽东此举主要是一种战术上的试探，远未达到改变其山地游击战战略的高度。实际上，到1938年初，毛泽东对于是否派遣八路军主力到更远的敌后——华北平原，仍无真正想法。因为历史上中共部队从无在平原地区持久作战的经验，中共的党政军领导人也大多对平原没有了解，游击战必须依托山地在中共党内、军内早已成为定见。例如，徐向前回忆说，在1938年3月时，尽管129师已派兵到冀南开辟根据地，但"平原游击战争能不能长期坚持下去，大家脑子里有问号。因为从红军时代起，我们就是靠山起家，靠山吃饭的"[2]。

华北平原上不仅没有山地依托，而且其铁路网、公路网是当时中国最发达的，这使得日军拥有较强的机动能力，对于中共开展游击战则很为不利。徐向前在1938年曾刊文承认，"如果单从战术上的眼光看来，游击队在平原上的活动，自然没有象山地那样多的地形上的便利，相反的，敌人的机械兵种或骑兵，倒有较便利的条件了。有些人说游击队既无山的依托与荫蔽，自然地形上的帮助是很少的，而人的两条腿又哪能跑过机器的汽车或坦克车呢？"[3]由于没有找到一条能在华北平原地区坚持抗战的道路，毛泽东虽然在1937年8月的洛川会议上已提出可以派"小游击队去发达平原"[4]，但在1938年4月前他始终未敢想象派大部队去平原进行长期抗战

---

[1] 王焰：《彭德怀年谱》，人民出版社1998年版，第189页。

[2] 徐向前：《历史的回顾》，解放军出版社1987年版，第606页。

[3] 徐向前：《历史的回顾》，解放军出版社1987年版，第607页。

[4] 转自金冲及：《从十二月会议到六届六中全会——抗战初期中共党内的一场风波》，载《党的文献》2014年第4期。

的可能性。1938年3月17日，毛泽东还在电文中告诫说，"在敌人后方创设许多抗日根据地是完全可能的，是十分必要的。国共两党均须用极大努力去干，对此不应有任何猜疑。但不要把此事看得很容易，不要以为数十万正规军能在华北一隅长期作战"[1]。

然而，1938年3月后，八路军挫败了日军对临汾、长治及晋西各渡口的侵犯，由此巩固了在山西境内的四个山区根据地。这使得中共在华北地区有了可靠的立足点，不再需要时时顾虑后路安全。在此情势变化下，毛泽东和中共中央得以放松紧张，开始有余裕筹划向华北地区做更大的战略扩展。

而在此时，八路军在华北前线指挥人员根据情报侦察，对华北平原地区的人力物力开始有了直观感受，同时也看到了平原地区做游击战的可能性。例如，聂荣臻1938年3月13日在致朱德、彭德怀的电报中称，"前不久到完县、唐县，见到平汉路以东平原地区村庄极稠密，树木也多，敌人便于运动，我们也极易隐蔽，适合开展游击战争"[2]。

在华北平原，八路军还发现该地区的民间存有大量枪支弹药，这是华北平原农村在近代长期的军阀混战为了自保而逐渐积累的，无论是河北、山东、河南，这些地区都有私自购买、储藏火器的传统，军阀混战也导致大量枪支遗落民间。日军进攻之下，国民党军队败退中又遗落了相当数量的枪支弹药在民间。因此，当八路军进入华北平原地带时，不仅发现人口稠密易于扩军，而且枪支弹药来源也易解决。例如，冀中的中共部队后来报告说，"冀中农村存留着大量武器，有地主、富农的自卫武装，有土匪溃兵抛弃的武装，一般100余户的村庄，新式武器（即大枪、手枪等）一般的最少10户平均1支，有的较大地主并有自溃兵买到的轻重机枪"[3]。这一情况使得八路军总部与远在延安的中共中央对于在华北实现快速扩军开始充满信心。

另一方面，因日军在华北占领区的防备空虚，八路军前期向河北所做的试探性小规模进军开始向中共后方传回出乎意料的成功消息。1937年底，在华北地区

---

[1]　中共中央文献研究室、中国人民解放军军事科学院：《毛泽东军事文集》第2卷，军事科学出版社·中央文献出版社1993年版，第197—198页。

[2]　周均伦：《聂荣臻年谱》，人民出版社1999年版，第226页。

[3]　中共河北省委党史研究室，冀中人民抗日斗争史资料研究会：《冀中抗日政权工作七项五年总结（1937.7—1942.5）》，中共党史出版社1994年版，第6页。

的正规战阶段结束后，日军主力开始离开山西，向华中地区挺进，在从河北到河南的广阔平原地带，日军基本上没有留下什么驻兵，日军甚至对一些县城根本就没来得及去。由于原有的国民党的军政力量也已溃退，许多县城处于无人管理的状态。了解到这一情况后，毛泽东虽然坚持山地游击战，但也做出了灵活决策，指令八路军可向华北平原地区做一些试探性的游击，一则可以扩军，二则可为山西根据地的稳固提供支援。于是，八路军在1937年底派出了几支小部队向华北平原做试探性游击，其中一支是陈再道的东进纵队。这支队伍向华北平原挺进出发时只有500人，但去到冀南后对当地的各种民间武装形成威慑和虹吸效应，很快壮大起来，四五个月（从1937年底到1938年4月）就发展到三四万。而在山东地区，中共山东省委甚至在未获八路军派兵支援的情况下，1938年初抓住韩复榘部溃逃、日军尚未到达或立足未稳的时机，独立拉起武装。随后韩复榘又遭处决，这支武装借助山东群龙无首的环境，迅速扩展到约4万人，统编为7个支队和两个人民抗日义勇军总队。

短短几个月内，中共用极少的人力、物力就在河北、山东获得了很大发展，这完全出乎包括毛泽东在内的中共中央的意料，使他们切实看到了路东地区的巨大机会及建立平原根据地的可能。在平原游击战争取得一定成绩的基础上，1938年3月11日，刘少奇与杨尚昆又在给中共中央的关于发展华北的意见中提出："太行山脉、晋冀边各得力游击队，似应更多地到平汉路以东去行动，更大发展河北平原的游击战争；如有可能，目前即组织一支得力游击队到山东去。"刘少奇还明确提出，华北平原地区"虽然地形条件便利敌人不便利我们，但有其他条件也能坚持游击战，也能建立根据地。在华北，我们看到日寇并没有兵力把冀鲁大平原都占领。因为中国是一个大国，日兵并不多，不够分配，全中国的坚持抗战，使日兵大都到前线去，后方更加空虚，所以在平原坚持几年的游击战争与建立不大稳固的抗日根据地还是可能的"。"只要我们在那边的工作好，有好的军事家游击战家的领导，有好的群众组织与武装，我们是可能长期坚持游击战争的。所以在今天，不管山地也好，平地也好，最重要的任务就是：最广泛地发动华北民众走上抗日战场，拿起武装和日寇拼命，并建立坚固的抗日根据地。"[1]

冀南的活动也引起了毛泽东的高度重视，他曾在1938年3月25日的一封电报中

---

[1]　中共中央文献研究室：《刘少奇传》，中央文献出版社1998年版，第313页。

表示过他对该地区平原游击战的关注。电报中写道："铁路以东冀鲁豫地区工作十分重要，我们所得该处情况甚少。陈宋活动情形如何，望经常详细电告。"[1]在了解到冀南、山东等地的发展情况后，毛泽东逐渐形成新的战略方针，决定以八路军主力挺进华北平原开展游击战争。

1938年4月21日，经过一系列实践与理论的准备之后，毛泽东主持中共中央、中央军委向八路军下达《关于开展平原游击战的指示》，指出"根据抗战以来经验，在目前全国坚持抗战与正面深入群众工作两个条件之下，在河北、山东平原广大地区的发展抗日游击战争，坚持平原地区的游击战，也是可能的"，提出"党与八路军部队在河北、山东平原地区应坚决采取尽量广泛发展游击战争的方针，尽量发动最广大的群众走上公开的武装斗争"等。[2]这一指示是中共的一个战略性的重大变化，标志着中共开始从局部的山西境内的山地游击战向整个华北平原的游击战转变。这样的变化使得中共能够在华北平原拓展大批区域，在日军侵袭后留下的河北、山东等大片真空地区抢得先机。

1938年5月，毛泽东在《抗日游击战争的战略问题》中进一步对此做出理论论述，将根据地分为山地、平地和河湖汊地三类，认为"平地较之山地当然差些，然而绝不是不能发展游击战争，也不是不能建立任何的根据地。河北平原、山东的北部和西北部平原，已经发展了广大的游击战争，是平地能够发展游击战争的证据"，并分析指出"主要是须有游击队回旋的余地，即广大地区。有了广大地区这个条件，就是在平原也是能够发展和支持游击战争的"[3]。

在开展平原游击战的方针确定后，八路军总部很快做出具体部署，调派129师、115师、120师各部东进，进入大部区域已成敌后的冀鲁平原，开始以主力正规军来负责开拓华北根据地，形成了冀南、冀东、冀中、冀鲁边等游击根据地。广阔而空虚的敌后地带，使得中共在1938年11月甚至敢于冒着孤军远出的风险，做出"派兵去山东"的战略决策，派出两个主力团以上的力量远出到山东、淮北，开辟出鲁南根据地。

---

[1] 中共中央文献研究室、中国人民解放军军事科学院：《毛泽东军事文集》第2卷，军事科学出版社·中央文献出版社1993年版，第210页。

[2] 中央档案馆：《中共中央文件选集》第11册，中共中央党校出版社1991年版，第505页。

[3] 《毛泽东选集》第2卷，人民出版社1991年版，第419—421页。

（三）八路军在华北地区的快速扩展

平原游击战战略的提出是中共发展过程的一大分水岭，它将中共的战略重心由山西一隅推向整个华北，毛泽东及中共中央不再局囿在要求依托山地以及保守渡河西撤退路的思路中，开始大胆地将军队主力推向路东，经营华北大平原。这一决策使中共真正得以落实在洛川会议上所确立的"独立自主"作战的精神，可以抓住千载难逢的机会在辽阔的以冀鲁豫平原为核心的华北地区上迅猛扩展。

这一决策的效果是巨大的，甚至超过中共自己的意料。华北大平原富庶的人力物力使八路军短期内即在山西扩兵的基础上取得兵力翻番。从1937年9月至1938年10月，经一年作战，八路军发展到15万人，创建了晋察冀、晋绥、晋冀豫、晋西南、冀鲁边、山东等抗日根据地。其中，中共在华北平原的发展最为迅速，上述冀南平原是典型例子，除此之外，中共在冀中平原的发展也是这种情况的一个典型。

在冀中地区，中共有两支武装力量，一支是由当地党组织组建的河北游击军，另一支是由中共地下党员吕正操率团脱离国民党军队所成立的"人民自卫军"，实为中共领导下的武装，1937年底曾拉到平汉路西接受中共正规军整训，1938年春节后返回冀中。1938年4月，中共北方局派黄敬到冀中省委工作，5月八路军总部又下令将冀中河北游击军和人民自卫军合编为八路军第3纵队和冀中军区。这支部队随后与东进过来的八路军主力一起大举编并国民党军队残部、联庄武装、会道门武装等各类武装，迅速壮大冀中根据地。到1938年10月，冀中部队控制的范围扩大到冀中44个县（其中有24个完整县），覆盖约800万的人口，部队规模也从几千人发展到号称十万人。[1]

1939年八路军在冀鲁豫地区的开拓也是一个快速壮大的典型例子。1939年2月，为了缓解日军对太行山地区加强"扫荡"带来的兵员压力，八路军总部派杨得志领着100人规模的小支队从山西东进到冀鲁豫地区扩军，然后待命回山西。这块地区在日军进袭后处于没有驻军和地方政权的状态，到1939年底时，杨得志带领的冀鲁豫支队就将部队扩大了1.7万人。据此，中共中央军委干脆改变了原来的指令，电告杨得志留在冀鲁豫创建、扩大根据地。

总体上，到1940年，中共领导的敌后抗日根据地增加到16块，根据地人口近1

---

[1] 《吕正操回忆录》，解放军出版社1987年版，第122页。

亿，八路军则扩大至出师之初的10倍之巨，坐拥40多万兵力。相较之下，同样在抗战初期，中共在华中地区的发展就要逊色一些。八路军与新四军在抗战时期虽然兵力都有很大增长，但如图3.1所示，八路军的发展更大，尤其是在1940年前八路军经历了迅猛的扩张。这与八路军更好地抓住了华北地区的政治机会紧密相关。[1]

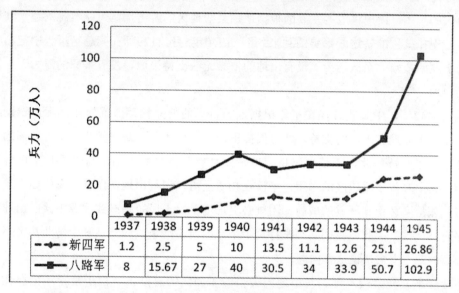

图3.1　1937—1945年八路军与新四军的兵力增长（单位：万人）

资料来源：根据叶剑英1944年与中外记者团谈话时所公布的数目，加上1945年的材料。转自北京大学国际政治系编：《中国现代史统计资料选编》，河南人民出版社1985年版，第316、317页。

平原游击战战略不仅为中共带来了兵力、党组织的快速扩充，而且还强化了

---

[1]　班国瑞（Gregor Benton）曾对中共在华北、华中两个地区的发展差异进行过比较分析，他认为八路军在华北的政治机遇明显优越于新四军。首先，抗战时期国民党军队对华中地区的控制要比对华北地区的控制强得多，华中地区尽管也存在不同的国民党派系，但主要由忠诚于蒋介石的CC系控制，新四军试图利用不同派系的矛盾来发展自己，但终究未能像八路军利用阎锡山那样成功。其次，新四军进入华中地区时，日军在当地已经停止了攻势，国民党与日军都在对华中进行权力控制，新四军因此已错过了最佳时机，在华中农村的控制上不得不与国民党进行激烈争夺；而八路军在华北的扩张时机要好得多，日军一击溃国民党军队，八路军就挺进"敌后"，既得到了抗日热情高涨的民众，又收获了国民党军队遗弃的武器，也很容易地从逃亡的国民党官员手中接过地方政权。——参见班国瑞（Gregor Benton）：《华中与华北抗日根据地之比较》，载冯崇义、古德曼编：《华北抗日根据地与社会生态》，当代中国出版社1998年版。

此前建立的山地根据地，使中共在华北的山地根据地与平原根据地形成了互补互倚的一体化格局。1938年9月，毛泽东在中共六届六中全会上发表《论新阶段》的报告，明确筹划以山地根据地作为平原武装遇到日军进攻时的退路："在某些重要战略地区，例如华北与长江下流一带，势将遇到敌人残酷的进攻，平原地带将难于保存大的兵团，山地将成为主要的根据地，某些地区的游击部队可能暂时的缩小其数量，现在就应准备这一形势的到来。"[1]1940年5月，129师在其总结报告中把山区与平原的依赖关系概括："没有山地的依靠无法支持平原，没有平原的财力无法养活山地。"[2]

1942年，中共北方局在平原根据地因日军的严酷扫荡濒临崩溃之际，特别强调山地不能没有平原的支持。北方局提出："坚持华北，是我党我军不可动摇的方针，为了坚持华北，不仅要坚持山地，而且要坚持平原。山地与平原是不可分离的。冀中对晋察冀边区的作用，不仅在物质上给以调剂山地，而且，冀中如不能坚持，北岳区必受到严重的威胁，困难必更加增多，人民负担必致因冀中兵向山地转移而感严重，因此，我们必须坚持冀中平原的游击战争，应当从冀中与北岳区不可分离的观点上来认识这个问题。"[3]

后来，聂荣臻对平原与山地的关系做了如此的总结："由于紧紧地把握住了发动群众这一条，我们不仅在山地站住了脚，而且在平原地区扎下了根。冀西、冀中、平西、平北、冀东，几个地区连成一片，相互支援，互为依托。山地是后方，平原是粮仓。平原上的斗争不好坚持的时候，部队可以撤到山岳地区休整，山地需要粮食和布匹的供应，平原地区给予大力支援。"[4]

从晋察冀边区的实际发展过程看，冀中平原的确扮演了调剂北岳山区的作用。具体地讲，冀中地区公署在抗战前几年每年都将调剂、补充边区列为自己的财政任务，在1940年向边区调剂公粮1 900万斤，1941年向边区运布10余万匹，约300万元。日军加强分割"扫荡"后，冀中向边区运输实物变得困难，边币缺乏，于是又改由贷款给贸易局、合作社，一则活跃金融，二则由此逐渐可以倒买外汇调剂边

[1]　中央档案馆：《中共中央文件选集》第11册，中共中央党校出版社1991年版，第593页。

[2]　《军队政治工作历史资料》第5册，解放军出版社1982年版，第190页。转自张国星：《平原游击战战略方针的制定及其意义》，载《中共党史研究》1988年第3期。

[3]　中国人民解放军政治学院党史教研室：《中共党史参考资料》第九册，第55页。

[4]　《聂荣臻回忆录》，解放军出版社1986年版，第411页。

区，计汇票30余万元。[1]

可见，在华北地区，山地根据地与平原根据地形成了一个有机整体。山地与平原之间的相互依赖与支援关系，使得对山地与平原兼而有之的中共在华北地区获得了更加有力、持久的战略基础。华北地区由此也成为了中共迅速由弱转强、奠定革命胜利基础的决定性区域。

二、村庄动员模式的初步探索：村合理负担的设计

不过，将大胆的平原游击战战略落到实处并不是一件容易的事情。中共要实现这一战略所设想的发展宏图，还必须解决如何进行资源动员的基础问题。从苏维埃时期以来，中共军队一种常见的动员模式是"抓一把"就走。在资源丰富而守备空虚的华北地区，这一模式实施起来能轻易地获取所需人力、物力，因此它最初在中共派出到华北地区的各路兵马中有很强的惯性。然而，中共中央及华北前线将领很快看到，"抓一把"在平原地区得手易，失败也快。

这方面的一个突出例子是中共派出正规军支队到冀东开展的游击战在1938年急起急落，虽形成了大暴动，但站不住脚，很快兵败撤离冀东。晋察冀军区负责人聂荣臻在1939年1月晋察冀第二次党代表大会上不得不宣告"冀东游击战已根本失败"，并因此总结说，"冀东的教训是：'创造新的根据地是不容易的，是长期性的，不是一下子就可以干好的事情，特别是不能有抓一把就走的思想，而要着眼于在激烈的斗争中建立根据地'"。[2]

有这样的反面教训以及对苏区失败的记忆犹新，毛泽东因此在1939年写作的《抗日游击战争的战略》中，一开始便提出了经济政策的重要性。他指出：

> 经济政策的问题，这一点对于建立根据地是带着严重性的。游击战争根据地的经济政策，必须执行抗日民族统一战线的原则，即合理负担和保护商业，当地政权和游击队决不能破坏这种原则，否则将影响于根据地的建立和游击战争的支持。合理负担即实行"有钱者出钱"，但农民亦须供给一定限度的粮食与游击队。保护商业应表现于游击队的严格的纪律

---

[1]　中共河北省委党史研究室，冀中人民抗日斗争史资料研究会：《冀中抗日政权工作七项五年总结（1937.7—1942.5）》，中共党史出版社1994年版，第107页。

[2]　周均伦主编：《聂荣臻年谱》上，人民出版社1999年版，第275页。

上面；除了有真凭实据的汉奸之外，决不准乱没收一家商店。这是困难的事，但这是必须执行的确定的政策。[1]

在这样的认识下，如何形成一套合理的资源汲取和动员模式，便成为中共在华北经营根据地所思考的一个基本问题。

实际上，中共很早就认识到资源动员的基础性。中共在成立的初期，主要依靠共产国际的财政援助。正是这种资源依赖的关系，基本上决定了当时中国共产党对共产国际的服从，这种服从并不是简单地因为中共将共产国际奉为理论和精神权威的缘故。在中共开始独立从群众中获取资源后，中共才逐渐摆脱了对共产国际的依赖。事实上，当毛泽东率领秋收起义的部队转进井冈山后，首先考虑的也是革命队伍如何生存的问题，然后才考虑革命目标应当如何实现的问题。因此，可以理解税收同样是中共社会动员的一个基本目标，应当重视对它的研究。

抗日战争开始后，国民政府不允许中共自行征税。为了换取中共对国民政府领导权的接受，后者答应每月向中共提供60万法币的资助，其中10万法币给陕甘宁边区作教育和重建经费，另外50万用作八路军军费。[2]这些经费使得中共中央所在的陕甘宁边区得以免除税收的重任，抗战头几年一直实行很低税率的税收，对边区社会实行休养生息。直到皖南事变国民党停发这笔巨额资助后，陕甘宁边区才开始面临税收的沉重压力。

而在新开辟的华北抗日根据地，税收是其从创建伊始就必须首先解决的基本问题。抗日战争期间中共在华北地区建立的第一个抗日根据地是晋察冀根据地，1937年11月晋察冀军区成立，边区根据地初步形成。1938年1月11日晋察冀边区临时行政委员会于在河北阜平县成立，宣告晋察冀边区正式形成，其辖区包括了山西、察哈尔和河北省的40多个县。此后，晋察冀边区发展到控制了将近三分之二的河北地区。到1944年底，晋察冀边区已经控制有110个县，管辖人口超过1 900万。

晋察冀边区主要由北岳与冀中两大地区组成，兼具山地与平原，属于中共理想上的抗日根据地，恰为我们研究中共在华北地区的社会动员提供了一个典型范

---

[1]　《毛泽东选集》第2卷，人民出版社1991年版，第425页。

[2]　转自[美]马克·塞尔登：《革命中的中国：延安道路》，社会科学文献出版社2002年版，第139页。

例。[1]我们对中共在华北地区的社会动员机制的研究，将以晋察冀边区为主要案例，再结合晋绥、晋冀鲁豫等华北根据地的一些资料来展开。

（一）富户捐：游击状态下的临时筹募

八路军进入华北地区的初期，尽管根据国共合作协议可以从中华民国国民政府获得与其编制相应的给养、军需和弹药，但在八路军采取游击作战形式、又不断扩大队伍之下，就很难依靠国民政府的拨付供给。因此，八路军出征伊始，中共中央为八路军及时取得补给考虑，即电告后者在进入敌后地区直接采用"没收大地主"方式进行补给和群众发动。1937年9月25日，毛泽东就华北作战的战略致电朱德、彭德怀、任弼时和周恩来，指出"如出至敌后，须采取没收大地主政策，广泛发动群众，红军便不孤立"[2]。

然而此方法实施中导致了近战区的富户纷纷逃亡，八路军负责人朱德、彭德怀、任弼时由此于1937年10月11日回电毛泽东、张闻天提出修改意见，称："应以没收当汉奸之地主为妥。因为在事实上并非全部大地主均为汉奸。据我们调查，接近战区富户多向敌区逃走，如均实行没收，反促其倾向汉奸"，"关于我军给养，可实行战地动员会合理负担，即加重富有者负担，及打汉奸解决之"。[3]这一意见为中共中央所接受，中共中央随后回电同意"大地主而未为汉奸者，当然不在没收之列"，并指示在汉奸之中做阶级区分，对其中的大地主坚决没收，"而对中层分子之为汉奸者，在未取得民众同意以前，不应急于没收。工农中有被迫为汉奸者，应取宽大政策，以说服教育为主"。[4]

10月29日，中央军委总政治部在向八路军布置扩军任务时，在提出以"汉奸"名义进行没收外，还提出以"募捐"、"借款"的办法，指示电称："目前我军经济异常困难……必须立即开始采取各种方式进行筹粮、筹款，方能解决这一困难。

---

　　[1]　事实上，晋察冀边区曾被中共中央誉为"敌后模范的抗日根据地及统一战线的模范区"，而且晋察冀边区行政委员会还曾得到国民政府行政院和军事委员会正式承认，这是中共抗日后成立的诸多边区政府中的唯一一个。

　　[2]　中国人民解放军历史资料丛书编审委员会：《八路军·文献》，解放军出版社1994年版，第46页。

　　[3]　中国人民解放军历史资料丛书编审委员会：《八路军·文献》，解放军出版社1994年版，第65页。

　　[4]　中国人民解放军历史资料丛书编审委员会：《八路军·文献》，解放军出版社1994年版，第70页。

筹集办法如下：（甲）抓住我军胜利的消息及坚持华北抗战的宣传，到处组织募捐队募款、粮。（乙）已失地区则应直接向富有者筹粮筹款，但仍尽可能以劝募方式进行。（丙）没收汉奸财产粮食……（丁）在估计可能失掉的接近战争的区域，实行向富有者借款，各部队筹集的粮食，特别是没收的财物，可能时发一部给难民。"[1]根据此指示，11月4日，八路军总部相应地在向下属部队的扩军指示中指出，"部队扩大，用费必增，在我们恢复政权地区，应有计划的进行筹款工作，除没收与罚汉奸的款外，须向富户进行救国的募捐，捐款，（物）品将（折）现金与法币"[2]。

因此，中共军队在未建立抗日根据地前，采取的是临时筹款的办法，在华北地区是走到哪里就在哪里就地筹粮筹款，没有什么制度性的征收程序。须注意的是，这种临时筹款并不是通过村庄进行，而是直接找村庄中的富户，实质上是富户捐。刘少奇在1937年10月16日发表的《抗日游击战争中各种基本政策问题》中，甚至特意强调中共的游击队在筹措给养时必须绕开当时的村政权，以避免旧的村庄摊派模式不利于穷人的弊病。他提出："这时候游击队的给养，主要是以没收敌人的资财与汉奸的财产，及向富户募捐来维持。只有在十分必要时才向一般群众募捐。向富户募捐也应尽可能不采用强迫摊派的办法，应该说服富户自愿捐助，只有在不得已与说服无效时，才可以指定富户摊派若干金钱粮食"，"游击队绝对不应该经过村长区长或商会等去摊派捐款粮草，必须直接向富户募捐或摊派，或者指定某家富人要出多少东西。因为经过村长等摊派就必然要派到穷人身上，引起大多数人民对游击队的不满，这是十分值得注意的"。[3]

于是，中共各部队在华北建立根据地之前，普遍采取了"打汉奸"、"向富户募捐"等临时筹募办法，以解决游击作战的粮款供给问题。譬如，在晋察冀边区成立前，晋察冀军区因日军的阻隔无法从八路军总部处得到接济，因其成立未经所在第二战区司令长官阎锡山的批准，也无法领取国民政府的军饷；另一方面，晋察冀边区政府此时尚未成立，只有各县临时成立的半群众性半政权性的战地动员委员会

---

[1] 中国人民解放军历史资料丛书编审委员会：《八路军·文献》，解放军出版社1994年版，第88—89页。

[2] 中国人民解放军历史资料丛书编审委员会：《八路军·文献》，解放军出版社1994年版，第96页。

[3] 中共中央书记处：《六大以来》上，人民出版社1981年版，第877页。

（冀中称"救国会"，冀西称"自卫会"），其组织规模和能力有限，无法为八路军承担大规模的税收工作。所以晋察冀军区在此阶段的资源筹集与游击状态下的富户捐方式没有多少差异。

具体地讲，晋察冀军区最初实施的是一种"县合理负担"的办法。形式上，这一办法借用阎锡山所提出的"合理负担"之名，宣布废除旧的田赋和摊派，根据"有钱出钱，钱多多出，钱少少出"的笼统原则进行负担分配。但晋察冀军区只在县一级组织了半政权半群众性的"战地总动员委员会"（简称动委会），无法对县以下进行规范。因此，"县合理负担"在粮饷筹集上是由各县自主决定，没有统一的财政计划，"县区动委会毫无例外的都有几口大锅，吃饭不知人数，花钱不知多少"[1]。此时也没有统一的税收制度，各部队机关可以直接向社会摊派筹款，广泛发生部队机关在抗日救国名义下随便寻找富户进行募捐、开条子"借款"、押人罚款乃至乱打汉奸的现象。晋察冀边区的财经干部后来总结此时期的特征时说，"游击队组织起来，就要吃饭穿衣，家属要优待，于是到处'游击'一下，'动员'一下，游击主义严重的发展起来"[2]。可见，晋察冀军区最初搞的"县合理负担"实质上主要是一种富户捐的办法，既与村庄无关联，也不合理。

这种资源动员模式并不只是晋察冀特有，晋绥、晋冀鲁豫都曾在初期采取过类似的办法。一定角度看，这种模式乃是中共在华北地区急速扩张必经的阶段。但这一模式的负面后果又很明显，它不仅导致地主、富农的惊慌逃跑或激烈反应，而且也很难获得普通农民的支持。以晋察冀为例，抗战初期晋察冀地区内各色武装纷起，形成"司令赛牛毛，主任遍天下"的局面，这些武装大都巧立名目，滥行征税，随意派粮，甚至还押人罚款，使农民苦不堪言，对外来摊派普遍反感。临时性的"县合理负担"使晋察冀的军政机关很难与这些武装的摊派区别开来，甚至因在扩编中吸纳了一些这类武装，使自己的名声直接被后者的摊派做法损害。

1938年春，在夹杂着混乱的急速扩张期过去之后，中共领导层开始有意识地强调以长远打算来经营华北。此时毛泽东预见未来日军会回兵华北，华北各抗日根据地随之将遭遇一个严重的困难期。毛泽东在《抗日游击战争的战略问题》一文中

---

[1]　魏宏运：《抗日战争时期晋察冀边区财政经济史资料选编》第四编，南开大学出版社1984年版，第71页。

[2]　魏宏运：《抗日战争时期晋察冀边区财政经济史资料选编》第四编，南开大学出版社1984年版，第70页。

说，"大抵当敌人结束了他的战略进攻，转到了保守占领地的阶段时，对于一切游击战争根据地的残酷进攻的到来，是没有疑义的，平原的游击根据地自将首当其冲。那时，在平原地带活动的大的游击兵团将不能在原地长期支持作战……"[1]为此，毛泽东给出的应对策略之一是实施战略转移与"根据地搬家"，让平原地区的部队"按照情况，逐渐地转移到山地里去，例如从河北平原向五台山和太行山转移，从山东平原向泰山和胶东半岛转移"，"但是保持许多小的游击部队，分处于广大平原的各县，采取流动作战，即根据地搬家，一时在此一时在彼的方法，在民族战争的条件下不能说没有这种可能。至于利用夏季的青纱帐和冬季的河川结冰之季候性的游击战争，那是断然可能的。"[2]

然而，毛泽东等中共领导人认识到，要在华北地区尤其是基本无地形依托、敌强我弱的华北平原上生存下去，更重要的应对策略是进行深入的根据地经营和社会动员。这意味着须确保人力、物力、财力的持久供给，而不是实行临时的、短期的做法。中共领导人在此时期对苏区失败经历的一个反思是认为"过去在苏维埃运动时代，我们学会了创造根据地，但那时重大缺点是没有长期打算的明确观念，因此根据地的人力、物力、财力就不免迅速枯竭了"[3]。为了避免重蹈覆辙，1938年初开始，中共领导层不断催促华北各抗日根据地建立正规化的税收制度。

1938年2月5日，刘少奇根据半年来中共军队在华北进行抗日游击战的经验与进展，修正了其在财政政策上实施富户捐办法的原有主张，改而提出"政府的财政，应该尽可能由经常的捐税征收中来取得。临时的捐款或派款，只有在十分必要与人民不反对时，才可实行。而且一次不能派款太多"[4]。

1938年4月20日，中共中央致电聂荣臻、彭真等人，告知应"纠正某些过左的

---

[1] 《抗日游击战争的战略问题》，载《毛泽东选集》第2卷，人民出版社1991年版，第420页。

[2] 《抗日游击战争的战略问题》，载《毛泽东选集》第2卷，人民出版社1991年版，第420页。

[3] 中共冀鲁豫边区党史工作组办公室、中共河南省委党史工作委员会：《中共冀鲁豫边区党史资料选编》第2辑（文献部分，上），河南人民出版社1988年版，第321页。

[4] 中央档案馆：《中共中央文件选集》第11册，中共中央党校出版社1991年版，第842页。

行动与行会倾向，和缓地主富户对于我们的恐惧与反对"[1]。在中央强调统一战线的大背景下，晋察冀负责人纷纷检讨前一阶段筹募方法的问题。军区负责人聂荣臻说，"我们的粮款，因为后方没有供给，不得不向地方筹募。但有许多地方也采取了不正确的方式，使我们政治上受了某种损失，甚至有的富户因惧怕被抽募而逃亡平津，结果我们财政上也受了损失。这也是由于方式的不当，许多新的干部没有受过长期的训练，乱干一阵，引起了许多坏的影响"[2]。黄敬（冀中区党委书记）说，"过去我们对于筹粮款方法非常紊乱，没有正规的办法，钱收得并不多，而引起许多不满……过去合理负担等，因为没有法律的规定，办法不统一，致使地主说我们是实行'和平共产'，甚至春耕也不愿耕了，甚至少数有钱的人不是把钱埋起来，就是逃跑，这在政治上实在是一个损失"[3]。彭真（时任晋察冀中央分局书记）也反思说，"过去边区'没有正确的财政政策，规定正常的税收制度；财政的来源专靠向富有者征收或募捐……而说服工作又十分不够'，因此才筹款极少而摩擦极多"[4]。冀中的吕正操后来也承认："冀中初期财政经济，专靠打汉奸及国家财产来解决。因此，曾发生一些严重的问题。"[5]

于是，晋察冀的领导层总结认为，"（一）漫无限制的、零碎的、频繁的、随征随用的办法，是最糟糕的办法，是使人民不胜其苦，而公家却收入无几的办法。（二）打汉奸不能列入财政计划，否则流弊之极，会变成变相的打土豪，影响统一战线极大"[6]。由此，晋察冀领导层提出要推动财税工作的正规化，结束"无标准

[1]　中央档案馆编：《中共中央文件选集》第11册，中共中央党校出版社1991年版，第503—504页。

[2]　《晋察冀抗日根据地》史料丛书编审委员会：《晋察冀抗日根据地》第一册（文献选编，上），中共党史资料出版社1989年版，第113—114页。

[3]　《晋察冀抗日根据地》史料丛书编审委员会：《晋察冀抗日根据地》第一册（文献选编，上），中共党史资料出版社1989年版，第127—128页。

[4]　《晋察冀抗日根据地》史料丛书编审委员会：《晋察冀抗日根据地》第一册（文献选编，上），中共党史资料出版社1989年版，第159页。

[5]　吕正操：《冀中平原游击战争——吕正操在十八集团军总直属队干部会上的报告》，中共河北省委党史研究室编：《冀中历史文献选编》上，中共党史出版社1994年版，第115页。

[6]　魏宏运主编：《抗日战争时期晋察冀边区财政经济史资料选编》第四编，南开大学出版社1984年版，第54页。

无限制的、强迫的向地主富户去勒索，或按摊派那样办法"[1]，"财政方面，要力求稳固，使有正规的合法的计划与政策，能够解决财政上的困难"[2]。

（二）村合理负担的设计：村庄本位与分数制

1938年1月，晋察冀边区委员会成立，开始建设自己的政权组织，这为晋察冀在财税工作上的统筹化与正规化提供了组织条件。

1938年3月，晋察冀边区政府刚成立两月，"边区行政委员会"就通令各县"停止县区合理负担，实行村款合理负担"，其中称"查本边区各县有径事变以来，财政迄在紊乱之中，今年局势初定，社会稍安，欲为长久之计，对于目前紊乱之财政自不能不以速加以有效之整理"，"各县合理负担办理未善，流弊滋多，限文到20日内将尚在进行之县区合理负担用最温和合理之方法，迅作结束，以后合理负担可暂由村先行试办，以为县区合理负担实行之基础"。[3]

这一命令还规定，"县地方款得由粮银附加，区款由县统一开支不得自行筹集，但应指定项目造县预算，呈报本会备案"，"除粮银外，一切其他税捐在未奉本会命令前，一律不得征收"。[4]据此，晋察冀边区明确取消了除县政府、村公所之外的机构、团体的摊派权力，试图纠正"富户捐"和"摊派制"的偏向，克服边区在财政税收方面存在的混乱问题，在边区内统筹统支。

同时，边区行政委员会颁布《晋察冀边区村合理负担实施办法》，作为财税征收的新规定。该办法首先一个变化是不再将县作为合理负担的实施单位，其中规定"实行合理负担以旧村为本位"，明确将行政村指定为边区征税的基础单位。

根据这一规定，晋察冀边区在资源动员上继承了将村庄作为集体单位进行征收的传统，县政府将只需与村公所打交道，不再与村中的农户直接交涉。这一做法尽管并非中共首先发明，但中共在村庄动员的思路上最为清晰和坚决，并真正实现了

---

[1] 《晋察冀抗日根据地》史料丛书编审委员会：《晋察冀抗日根据地》第一册（文献选编，上），中共党史资料出版社1989年版，第160页。

[2] 《晋察冀抗日根据地》史料丛书编审委员会：《晋察冀抗日根据地》第一册（文献选编，上），中共党史资料出版社1989年版，第160页。

[3] 财政部农业财务司：《新中国农业税史料丛编》第2册，中国财政经济出版社1987年版，第26页。

[4] 财政部农业财务司：《新中国农业税史料丛编》第2册，中国财政经济出版社1987年版，第27页。

对村庄的有效控制，可以保证村庄对中共指令的服从。关于这一点，我们将在后文再详述。

其次，《晋察冀边区村合理负担实施办法》提出了一套分数制的村内分配负担的办法，这是晋察冀边区在村庄动员上与以往华北控制者的摊派做法的更基本的区别。晋察冀边区没有像以往华北控制者那样，停留在将资源征收任务分配到村庄、然后由村庄自行进行内部分摊之上，它开始介入到村庄内部的分配过程，对村内分配方法做出具体规定。

这一分配方法就是"分数制"。根据《晋察冀边区村合理负担实施办法》规定，"村中一切负担皆按分数分担，未得分者，概不负担"。所谓"分数"，是一种中共设计的计税单位。村户"分数"的确定，是根据各户财产、收入的总和折算成分。资产，包括土地、房屋、林木、畜养、工商业资金等项；收入，包括地租、土地年收入、房租、存粮、放款利息等。资产的计算方法是村户平均每口不及50元者不计，在50元以上者，每50元作1厘，每500元作1分，以此类推。收入的计算方法是按照设计的一个《合理负担累进表》进行，每人每年平均收入不到30元者免征，30元以上每5元作1厘，每50元作1分，以此类推。

这种"分数制"倘若得到实现，就意味着村中负担的分配有了确定的规则，问题只剩下如何进行资产、收入的调查统计与折算。"分数制"对于"村合理负担"至关重要，因为它是将中共的资源需求与村内的有序分配相结合的关键，没有"分数制"，不是村内的负担分配缺乏一定之规，就是中共的资源需求得不到保障。

"分数制"之所以能起到将二者结合的效果，其奥妙在于"分"是一种虚拟缴纳单位，[1]与传统税收使用的"石"、"斗"等实际缴纳单位不同，后者的数值与最终缴纳的数值是一致的，而前者则不需一致。晋察冀边区财经工作的负责人姚依林在后来的一份报告中提到，1941年之前晋察冀边区的财税征收中，每分的负担是"决定于一村分数之多寡"[2]。之所以如此，是因为在分数制下，村庄

---

[1] 分数制的思路可能来自民间凑份子的做法，例如一篇中共内部交流文章中，使用的就是"份数"而非"分数"一词，其中称合理负担的分配取决于"定份"，所谓"定份"就是指确定每户承担的份数。这就使得"份"是一个弹性单位，实际数值可以变动。参见震原：《谈谈合理负担累进税的分配与定份问题》（原载《战斗》1940年8月20日），载《山西档案》1994年第6期。

[2] 魏宏运：《抗日战争时期晋察冀边区财政经济史资料选编》第四编，南开大学出版社1984年版，第322—323页。

的负担总和是既定的，由边区分配到县区、县区再分配到村而得。这样，村庄内的分数越多，每分的负担值也就越少，反之则越多。而农户的实际缴纳量因此与其所得的分数值不一定一致，它是由每分的负担值乘以农户所得的分数值得到。具体计算公式如下：

$$农户负担量 = (全村负担量 / 全村总分数) \times 农户分数$$

由于发明了这种分数制，晋察冀边区的"村合理负担"便找到了摆脱富户捐、摊派制的弊病，形成一种新的高效而合理的村庄动员模式的路子。一方面，中共可以像在摊派模式下那样量出为入，确保全边区的资源需求，然后根据自己所需资源的大小来确定各村的负担任务。另一方面，中共对村庄内的负担分配可以通过分数制进行规范，避免摊派模式下的混乱无序。

鉴于分数制的优点，晋察冀边区率先使用的村合理负担模式此后成为华北各根据地的通行模式，太行、山东、晋绥都采取了相似办法。例如，山东根据地在1940年颁布的公平负担甲种办法中规定，"公平负担以户为单位负担，以村为实行单位，村中遇有一切负担（给养公费），均以本办法分配负担之"[1]。冀鲁豫边区在1940年也采取了初步的"村公平负担"办法，规定："为了适合于改善广大人民生活的政策，我们号召了以公平负担办法来囤积公粮，规定的原则是：a．每人平均在亩半地以下不出公粮；b．公粮负担最高额不得超过净收入百分之三十（这是在七月间提出来的）；c．根据各村地亩的数量，来分配该村负担数字，然后以村公平负担办法分担之。"[2]

当然，华北各根据地在具体的分数计算方法的设计上并不一样。即使以晋察冀边区内部看，冀中地区的设计也不一样。冀中地区是在晋察冀边区的办法的基础上进行的设计，1939年1月公布《暂行村合理负担实施办法》，其具体办法是：每人除去一亩半（抗日军人除去三亩）的免税点，超过的亩数按累进法计算，负担税每五亩为一级，共分六级，六级以上的土地均按六级计算，税率按二分累进，最高累进率为二亩，出租土地由地主负担，典当地由承典人负担。

---

[1] 财政部农业财务司：《新中国农业税史料丛编》第2册，中国财政经济出版社1987年版，第91页。

[2] 中国人民银行金融研究所，中国人民银行山东省分行金融研究所：《冀鲁豫边区金融史料选编》上，中国金融出版社1989年版，第40页。

此外，"分数制"最初的设计缺乏实践经验，缺陷在所难免，因此华北各根据地在实施中都不断对"分数制"的设计进行调整和完善。仍以冀中地区为例，其1939年1月颁布的"分数制"只考虑了土地亩数，疏忽了土地质量的差异可以使同等数量的土地在产出上明显不同；此外，它也忽略了对动产的统计。所以，为了使负担更加合理，冀中地区在1940年1月又颁布了土地分等与动产合理负担两种办法。土地分上、中、下三等（年收两季每亩产量在20市斗以上者为上等地，只收一季产量在12～20斗者为中等地，产量在12斗以下者为下等地），上等地每亩折合中等地1.5亩，下等地1.5亩折合中等地1亩。

总体上看，通过自觉地以村庄本位，并发明出分数制的办法，中共在晋察冀边区为主的华北根据地形成了一种理论上更加合理的村庄动员模式。在此后，中共在华北地区的资源动员尽管形式上有变化，但一直坚持村庄本位与分数制相结合的框架。例如，晋察冀的村合理负担实施不久就发生了从征收货币到实物的调整，改行"救国公粮"。原因是原有的方式是边区政府在收到钱款之后再拨发机关、部队购粮，这一方式在1938年秋反扫荡中被证明行不通：第一，敌后战争频繁的环境，粮食难以买到，现金供给制度要使部队挨饿。第二，现金大量购粮，一来使农民吃亏——农民卖粮纳税，卖出时粮价低，纳税额就得高；二来容易使奸商操纵市场；三来增加通货，易使通货膨胀物价高涨。第三，边区处于农村山地，交通工具落后，运输很不方便，购粮多的部队感到困难很大。所以，晋察冀边区从1938年11月开始（冀中是从1939年6月开始）改为征收救国公粮。但即便有这样的调整，晋察冀边区通过村庄集体与分数制进行征收的动员框架并未改变。

（三）村合理负担的落实："民主评议"

然而，尽管村合理负担最大的发明是"分数制"，但"分数制"在实施上尚欠缺必要的技术基础。调查农民资产与收入的多少，是分数制实施的基础，而这项工作是非常烦琐、耗时费力的。农业生产的空间分散性、产出的非标准性等因素，使得对农村财产收入的调查在中国历史上一直是一个老大难问题。在晋察冀边区建立初期，村政权尚未完善，农村文化水平又低，又无良好的历史资料积累，完成这样的调查统计显然缺乏条件。更重要的是，区村干部往往缺乏动力和耐心去做此类调查，甚至晋察冀边区行政委员会也没有推动调查的紧迫性，上下都以完成征收任务为满足。

晋察冀边区行政委员会本身也没有调查经验，只能劝说基层干部多做调查。例如1938年11月晋察冀边区行政委员会在动员征收公粮的指示中指出，"要调查统计折合计算，这不只需要许许多多的事务工作；并且需要许多的公务工作：制表式、量粮食、秤东西、打算盘……这些工作虽是枯燥乏味，可是离开这些工作或不去认真的做这些工作，则动员公粮的事情不知道会出多少岔子。"指示中还为此提出动员口号——"为完成公粮的动员提高事务技术而斗争！"[1]

由于数目字的匮乏，晋察冀边区行政委员会在征粮时只是以笼统估计的方式确定征粮数字。[2]例如1938年11月的动员救国公粮指示中，晋察冀边区行政委员会称，"16万石的数目字，是我们估计晋东北与冀西的人口，推断到产粮的概数，平均征收4%而得出的。具体地说，我们估计晋东北与冀西我们行政力量能够达到并且可以动员粮食的地区，人口总数为267万；这么多的人口，每人每年平均消耗（衣食住用行）折合小米计，可有2石。而晋东北与冀西每年产量，丰年足三年用，中年足二年用，歉年亦可勉强支持，今年晋东北与冀西各县，一般都是丰收。所以估计产粮折合小米，至少不下400万石。16万石是其4%。问题是这样的估计，当然不会科学；需要各级政府各群众团体用尽可能的调查统计予以衡量，就是说，16万石的数目字是多是少？平均征收4%的数目字是大是小？这两个问题的答复，就是各县调查统计计算所得的数目字的总和，这就是说16万石的数目字，不是一个固定的东西，根据事实是可多可少的"[3]。

这样的估计推算堪称巧妙，但毕竟是笼统的数目字。到1939年7月，晋察冀边区行政委员会逐渐感到缺乏准确数目字的不便，向各村公所提出了"一切要有数目字"，"一切要具体"的口号，检讨说村政权的机构最薄弱，只停留在消极接受命令执行的程度，尚未能调查好数目："可是一直到现在，我们对于具体的事实知道的还十分不够。村公所还没有把村里边的人口数目，人的好坏，耕地面积，土地分

---

[1] 财政部农业财务司：《新中国农业税史料丛编》第2册，中国财政经济出版社1987年版，第39—40页。

[2] 在晋绥边区，数目字的匮乏使得县区对各区村的公粮任务分配甚至并不完全根据产量估计，而提出要注意看干部的强弱，干部强的就分多一些，弱的就分少一些。参见晋绥边区财政经济史编写组，山西省档案馆：《晋绥边区财政经济史资料选编（财政编）》，山西人民出版社1986年版，第156页。

[3] 财政部农业财务司：《新中国农业税史料丛编》第2册，中国财政经济出版社1987年版，第36—37页。

配情形，产粮数量种类，村中副业，消费与运销，参加部队的人数，抗属人数，负担人数，文盲数目，学生数目……具体的知道。"[1]

没有确切的财产收入调查，村合理负担在村内如何执行呢？这就需要我们看到村合理负担的第三个要素——评议制。

晋察冀边区在推行村合理负担伊始，即颁布了《村合理负担评议会简章》，规定在各行政村组织评议会，评议会的构成包括村长、村中的农工商会各一名代表以及村中闾邻组织各一名或两名代表。《村合理负担实施办法》中规定，民户的财产收入情况是先由民户填表自报，再经由评议会核定。

这一规定没有提及村民是否能参与分数评议，仅仅要求村民要填表自报，评议过程看起来只由少数评议员参与。这样的评议机制是否能解决村公所在财产收入调查上的不足？由于评议会规定应由村中各闾的代表及农工商会代表参与，其代表性增强，在信息的搜集、确定能力上应当是增强了。但调查全村财产收入的难度依旧会很大，少数几个人组成的评议会要自己评议出让多数村民接受的分数结果，没有大量的成本付出是不可能的。而按照规定，评议员是临时选出的无薪职务，仅提供参与评议会时的饭费。让他们去承担繁重的调查工作，明显不现实。晋察冀边区的财经领导人宋劭文1939年3月承认，评议会的效果并不明显，合理负担实施办法"除过唐县平山两县试办还略有成绩外（困难的问题也还是非常多），边区的其余县份没有能够执行通的"[2]。

因此，晋察冀边区在实践不久后对此制度进行了重要调整，将召开村民会议讨论纳入到评议流程中，由此形成"民主评议"。例如，在1939年11月晋察冀平山县制定的村合理负担办法中，明确规定"评议会完竣后，将评议分数公布示众，召集村民大会通过后施行"[3]。这种调整在中共的华北各根据地带有普遍性，合理负担的实施都逐渐将村民引入到分数评议的过程中，形成"民主评议"的操作模式。例如，与冀中毗邻的冀南地区，在1938年8月成立冀南行政主任公署后，10月颁布了与晋察冀的村合理负担办法基本一样的公平负担法令，但1940年9月又颁布修正办

---

[1]　《晋察冀边区政权工作检讨总结》（1939年7月），载河北省社会科学院历史研究所，河北省档案馆等：《晋察冀抗日根据地史料选编》上册，河北人民出版社1983年版，第154—155页。

[2]　宋劭文：《关于县村合理负担办法的商榷》，载《抗敌报》1939年3月18日，第2版。

[3]　财政部农业财务司：《新中国农业税史料丛编》第2册，中国财政经济出版社1987年版，第53页。

法，其中也加入了评议分数要召开村民会议征集正反意见，最后再经村民大会或代表会通过的规定。[1]概括起来，华北各根据地的"民主评议"虽程序不一，但一般都是将各村村民按照闾邻分成小组，先在各小组中讨论酝酿各户的应负担分数，评议员再根据各小组的意见评议分数，然后把初步评议结果向群众宣布，最终经村民大会或代表会通过。

采取"民主评议"来确定村民负担分数，最直接的好处是可以让根据地的区村干部、评议员省去大量烦琐的调查统计工作，通过村民们的小组会直接提出各户的分数，从而使中共发明的"分数制"得以运行。在"民主评议"办法实施之前，区村干部与评议员须靠自己对农村每户的财产收入进行调查，而农民们历来存在通过隐瞒自己的收入以减轻税负的自然倾向，不会如实向区村干部、评议员报告准确数目。更重要的是，在这种垂直关系下，村中农民也不容易感受相互之间的利害关系，反而往往相互包庇、集体隐瞒。这就使得单纯自上而下的评议分数难度很大。

而"民主评议"通过组织村民集体开会，将每个村民的评议分数置于街坊四邻的监督下，使其虚实难以隐藏。尤其是集体开会将分数制所设计的村庄集体责任凸显出来，村民们得以看到大家是共同负担已确定好的粮款数量，所谓每户的"分数"其实就是在集体任务中所占的"份数"，别人家的"分数"少，自己家所要承担的份额就要增多。在这一直接的利益矛盾之下，村民们不复有相互包庇的动力，反而有了相互推挤和检举的需要，以防止别人的分数减少而导致自己的分数增加。在这样的会议上，倘若有村民推诿自己的分数太重，便可能引起分数和他相等的人提出与之换产业，最终逼得前者闭口无言。[2]

这样，通过"民主评议"，中共在华北各根据地就可以使各村庄方便、快速地完成对各农户分数的确定，形成一个大体上能让多数人接受的评议结果，从而保证村合理负担的实行。所以，包括晋察冀在内的华北各根据地大都在合理负担的实施过程中逐渐引入了"民主评议"的元素。例如，李雪峰1940年在冀豫晋边区任职时，提出合理负担要用突击来征收，最要紧的是调查与定分，要注意使群众相互揭

---

[1]　赵秀山：《抗日战争时期晋冀鲁豫边区财政经济史》，中国财政经济出版社1995年版，第101页。

[2]　1948年时，晋察冀又将已成熟的"民主评议"推广到新区，使村民们在会上进行相互挤分。参见《发动群众评议负担　大阳新区争先缴粮》，载《人民日报》1948年11月11日。

发，而不是打伙隐瞒。为此，就必须运用"民主"。[1]太行区平北县在1941年总结实施合理负担的经验时，强调了"民主"在调查评议中的作用，报告称："要想整理真实，必须发扬民主精神，使群众发表意见才行，如石城赵丕玉土地打埋伏，群众提出来了，崔家庄土地打折扣也被群众提出，其余这种情形也很多。"[2]晋冀豫区党委1942年时也强调，"要把评议会的工作放在群众的督促之下，评议员必须民选，必须与自己所代表的群众保持经常联系，评议结果要及时公布，并由群众大会审查通过，那种只委之于'财政委员会'，由他们决定一切的错误必须改正"[3]。

不过，"民主评议"要达成预期效果也不是一件轻松的事，村民小组会议或村民大会上也可能出现村民们吵翻天，甚至发生暴力的失控场面。在既定的分配数字"不摊于彼，则摊于此"[4]的压力下，华北根据地的农村广泛发生着"有许多群众生气吵闹，有许多干部数夜不睡，甚至有因工作而牺牲者"[5]的情况。民主评议能否顺利进行，方法是否妥当就成为备受关注的问题。为此，华北各根据地都在摸索组织民主评议的技巧。一种普遍的技巧是在村民评议会议前事先安排好多位积极分子与干部率先响应输捐粮款的号召，从而在会场制造出让全村村民不好意思低报数目的氛围。例如，晋绥边区曾就如何开好评议负担的村民大会，特别叮嘱基层干部说：

> 准备好最积极最慷慨的分子与能起模范作用的村级干部后，再开村民大会提出本村分担的数目，民主的方式大家讨论，千万不要开没有准备的会议……在一切准备工作就绪后，主要的成就要依靠每个村的村民大会，开大会时提出本村应分配的数目，根据每家的产量与行署规定的办法，提到群众中民主的讨论，村干部与积极分子应在大会上自告奋勇，多纳公

---

[1]　李雪峰：《征收合理负担累进税的几个问题》，载《战斗》第41期，1940年9月5日。

[2]　《平北县合理负担总结》（1941年），晋冀鲁豫边区财政经济史编辑组等：《抗日战争时期晋冀鲁豫边区财政经济史资料选编》第一辑，中国财政经济出版社1990年版，第828页。

[3]　《晋冀豫区党委关于执行负担政策的指示》（1942年8月10日），太行革命根据地史总编会：《财政经济建设》下，山西人民出版社1987年版，第423页。

[4]　晋绥边区财政经济史编写组，山西省档案馆：《晋绥边区财政经济史资料选编（财政篇）》，山西人民出版社1986年版，第195页。

[5]　《平北县合理负担总结》（1941年），晋冀鲁豫边区财政经济史编辑组等：《抗日战争时期晋冀鲁豫边区财政经济史资料选编》第一辑，中国财政经济出版社1990年版，第823页。

粮，以提高激励大家的积极性。[1]

总体上，"民主评议"在华北农村根据地的实施是成功的。鉴于此，中共后来甚至将之复制到对根据地内工商业的征税中。相比起来，商户保守收入秘密的能力比农户强许多，要对商户进行充分征税的难度势必更高。但中共通过将商人分行分组编成一个集体单位，再实施评议定分的娴熟办法，同样轻易突破了商人的保密防线。例如，晋绥边区后来总结对工商业征税的做法时说：

> ……工商业者顾虑最多的是怕知道他的实底，而一般商人又都没有账，而我们也很难调查出他们的实际纯利。所以过去每次征收时花的时间很长，同时按比例直接征收，商人中互无关系，彼此不揭发，不斗争，结果负担轻重不一。因此，改为"固定任务"（但每次征收前应根据典型材料适当分配任务）、"评等定分"、"自报公议、民主摊派"办法，如此商人就认为这是大家应完成的任务。他们就会以实际情形相互对比，做到负担公平合理，各地商人都欢迎这种办法。
>
> 至于具体作法一般的是经过调查，首先在各行各段（街）中研究确定了典型户的分数，作为标准户，然后分行分组根据标准户的分数民主讨论，对比确定各户的分数，这样反复的经过大会小会及征收委员会的讨论审查决定，工商业者认为既民主又公道，又简便。[2]

"民主评议"除了对中共的资源动员任务起到有力的推动之外，还有一个基本的作用就是将中共的阶级路线贯彻其中。在评议过程中，"民主评议"改变了过去由村中少数富户决定村庄负担分配、从而有利于少数富户自身的做法，将在村中占多数地位的穷人吸纳进去，使后者开始对评议结果产生决定性影响。无论在评议会或村民会议中，贫雇农与中农都占据了多数。这一新的结构势必使村庄的负担分配开始转向有利于贫雇农和中农。实际上，中共一开始就宣传在负担分配上要实行"有钱出钱，钱多多出，钱少少出"的原则，其精神实质原本也是要保护贫雇农，将主要负担加在富户之上。

---

[1] 晋绥边区财政经济史编写组，山西省档案馆：《晋绥边区财政经济史资料选编（财政编）》，山西人民出版社1986年版，第157页。

[2] 晋绥边区财政经济史编写组，山西省档案馆：《晋绥边区财政经济史资料选编（财政编）》，山西人民出版社1986年版，第566页。

于是，"民主评议"在实施中普遍发生贫雇农在中共干部的引导下进行'挤分'的现象，贫雇农通过检举富户的财产收入来增加富户的负担分数，甚至直接以多数表决强制富户承担更多负担分数。例如，晋冀豫区党委1942年时明确指示要发动穷户开展"挤分"，称"1942年要以发动穷户对大户挤分数反隐瞒的斗争为负担工作关键，要先帮穷户算分，向他们讲清不挤出大户就减轻不了自己的道理，给他们计算在互相包庇之下，他们并没有占便宜，而是吃了很大的亏，要他们尽量揭发大户资产与收入上的各种隐瞒，必要时重新丈地和评定土地等级，调查各种副收入"[1]。

三、村合理负担的缺陷：公平与激励问题

"村合理负担"及类似的办法使得中共在华北建立起了一种相比以前军政力量更高效且更合理的村庄动员模式，既能满足自上而下的资源征发，又能避免华北村庄的无序化。但"村合理负担"也有明显的缺陷，它在各地的做法很不一致，这本身是一种混乱。而一般地看，各地的"村合理负担"都存在税种的不统一、征收权的不集中、数目字的缺乏等问题，在村庄动员的框架上尚有诸多未理顺的地方。

首先，"村合理负担"时期的税制并不统一，处于混乱状态。"村合理负担"主要被用来征收钱款，虽然不久被扩展到公粮征收上，但还有许多其他税种在征收，这使得晋察冀边区的税制颇为混乱。例如，冀中地区在1939年开始村合理负担后，依然继续开征田赋、工商业税、烟酒税、烟酒牌照税、印花费、契税、出入口税等税种。与村合理负担和公粮实行摊派模式的征收不同，其他的税种大多采取的是比例制。而比例制不符合中共通过累进原则改变农村阶级结构的意图，也难以满足中共快速便利地进行资源征收的要求。因为比例征收是纳税个体与根据地行政机构直接联系，个体之间并无紧密的横向利害关系，每个个体缴纳的多少一般与他人无关。这就使根据地行政机构无法通过个体之间的相互挤推来调查每个个体的收入情况，而必须依靠专业化的税收机构、使用更大的成本去完成征收任务。[2]因此，这些税种就需要被归并到村庄动员的模式中，否则就无法确保中共战时财政需要的

[1]　《晋冀豫区党委关于执行负担政策的指示》（1942年8月10日），太行革命根据地史总编会：《财政经济建设》下，山西人民出版社1987年版，第423页。

[2]　周祖文：《封闭的村庄：1940—1944年晋西北救国公粮之征收》，载《抗日战争研究》2012年第1期。

快速增长。此外，多个税种同时征收的混乱情形，也不便根据地对辖区纳税户的综合负担能力进行考核。

其次，"村合理负担"没有完全解决征收的集权化与正规化。晋察冀边区成立不久发布了《关于统筹部队给养与生活费的通令》，规定各部队一律停止就地征粮募捐，部队所需要的粮款，统一由边委会统筹统支。[1]但其后，晋察冀边区各层行政机构都拥有派粮派款的权力，一些机关或者巧立"献金"等名目进行派款。例如，宋劭文1940年时提到，"冀中的献金，不是献的，是派的，这样是不好的"[2]。在军需迫切之下，财政管理的不集中、不统一导致了晋察冀边区在粮款征收上的频繁和漫无计划。1939年晋察冀边区平山县制定的村合理负担办法中，还明确规定"按村中所需款项得随时依据分数摊派"[3]。这种松弛的管理使得村款不断膨胀、名目繁多，以至许多地方的村款负担超过边区款或公粮负担，成为农民最为抱怨的问题。

再次，"村合理负担"也未解决好跨区村财产收入的归属管理问题，偏向于属人主义的原则，与村庄动员的框架存在不适应。1938年3月的《晋察冀边区村合理负担实施办法》在个人资产收入跨县、跨区、跨村的问题上规定："土地房屋其他财产无论其在何处，一律须将其总值及收入分别算归本主之资产及收入内，向本主所住在之村庄交纳合理负担。"[4]这一规定体现出"属人主义"计算和征收的思路，冀西地区完全遵照这一办法执行，在以村庄为单位进行负担摊派的过程中，造成了各村庄因村民占有土地的不同而苦乐不均。对于那些地主多的村庄，这种属人主义的管理方式十分有利，相反，它却会"使那些多数或完全为佃户的穷苦村庄，村款无法摊派"[5]。冀中地区则多采取"属地主义"，一些村庄为了防止本村土地

---

[1]　《晋察冀边区行政委员会关于统筹部队给养与生活费的通令》（1938年6月16日），北京军区后勤部党史资料征集办公室编：《晋察冀军区抗战时期后勤工作史料选编》，军事学院出版社1985年版，第19页。

[2]　魏宏运：《抗日战争时期晋察冀边区财政经济史资料选编》第四编，南开大学出版社1984年版，第17页。

[3]　财政部农业财务司：《新中国农业税史料丛编》第2册，中国财政经济出版社1987年版，第52页。

[4]　财政部农业财务司：《新中国农业税史料丛编》第2册，中国财政经济出版社1987年版，第30页。

[5]　刘澜涛：《论晋察冀边区财政建设的新阶段——统一累进税》，魏宏运：《抗日战争时期晋察冀边区财政经济史资料选编》第四编，南开大学出版社1984年版，第294页。

卖给外村人后，导致本村负担分摊的分母变小，便规定"本村土地不出村，去地、当地不拨差"[1]。晋东北地区由于实行的是第二战区的（即阎锡山的）"抗战时期内县村合理负担"办法，也采取了"属地主义"的做法。[2]不过，在村合理负担的设计下，这些地区虽然避免了冀西地区的问题，但在缺乏属人计算的原则的配合下，由于各村负担率的不均，则会导致许多村民试图向负担率较低的村庄迁移。

最后，"村合理负担"最大的问题恰恰也出在其成功的地方——通过"民主评议"绕过详细调查。由于缺乏详细调查获得的数目字，"村合理负担"隐含着严重的村际、村内不公平与矛盾，以至对生产积极性产生明显的消极影响。

"村合理负担"在村内鼓励贫雇农和中农进行"挤分"，导致村中负担面很小，富户承受着主要的负担。以冀中地区饶阳县的五公村为例，村合理负担之下，全村约有40%的农户免税，其中包括了全部的佃农和20%的自耕农。相反，五公村中25户较为富裕的自耕农，特别是雇用长工或租出相当数量土地的5户，则承受了五公村税收负担的主要部分。[3]五公村的情形是冀中地区和晋察冀边区按阶级分配负担的缩影，总体上晋察冀边区的负担面此时只有30%～50%。

其他的华北根据地也大致相同，太行区在民主评议之下广泛发生"挤分"现象，各阶层、各户为减少本身的负担，都极力揭发其他户的少报及隐瞒以增加负担总分，从而使每分的负担额相应减少。这就导致太行区农村负担面过分缩小。例如辽县一个182户的村，"挤分"的结果使得全村只有102户负担，就是说45%的居民不负担粮款，不仅贫农不出负担，若干中农也不出负担。相反，而被定为地主、富农的农民则背负着大部分的负担，再加上被揭发后的罚款，其日子过得很艰难。[4]

"村合理负担"尽管宣称同时依据财产与收入确定负担分数，但由于收入调查困难，评议的过程中实际上往往演变成简单地以土地数量为依据确定分数。在这样的操作下，华北各根据地的农村富户普遍被迫通过大量的典当、出卖土地来回避负

[1]　中共河北省委党史研究室，冀中人民抗日斗争史资料研究会：《冀中抗日政权工作七项五年总结（1937.7—1942.5）》，中共党史出版社1994年版，第98页。

[2]　刘澜涛：《论晋察冀边区财政建设的新阶段——统一累进税》，魏宏运：《抗日战争时期晋察冀边区财政经济史资料选编》第四编，南开大学出版社1984年版，第294页。

[3]　[美]弗里曼，毕克伟，塞尔登：《中国乡村，社会主义国家》，社会科学文献出版社2002年版，第70页。

[4]　齐武：《晋冀鲁豫边区史》，当代中国出版社1997年版，第253—254页。

担。于是，冀中地区1942年的一份总结报告中指出，村合理负担造成了"土地过速分散，地主逃亡"，原因是村庄负担向地主的集中会形成不断加速的漩涡效应：

> 因为土地分散太快，没地的或地少的得了一部分土地，依然够不上负担，或负担很少，这样就使负担面更加缩小，负担越发集中，而土地分散就越快，一般人只看到地主去地影响村里拿负担，因而限制当地，致使地主进退两难，被迫逃亡，影响各阶层的团结，并且在动员财力物力上也是一个很大的损失。[1]

除了主要依靠对地亩而非收入进行负担分配的问题之外，"村合理负担"依靠"民主评议"进行"挤分"的做法又造成了村中富户面临税负无固定比例、无定规可依的问题。这种做法就给村中富户制造了很大的压力，富户大多终日忧虑，以至烦躁易怒。冀中地区有干部在此时期的日记中记载道："统一战线的秩序未建立好，人心不安，情绪反常，所以富农家常常打架，将内心的痛苦，外来刺激的郁愤、迁怒，动不动就发作起来。例如某家父要去地，子不愿，遂打起来。这本不是值得打架的事，然而竟打起来了。这表现了富农心情不安、情绪不正常。"[2]而中农群体目睹富户的遭遇，亦惴惴不安。事实上，许多地方在地富缩水、总分数逐渐减少之下，也确实转向冒评中农的产量，以提高其负担分数。谁的余粮多、收入多，就将分数挤到他身上。这一情况对占多数地位的中农的生产积极性自然就造成了消极影响。

晋察冀边区1948年进行的一项调查从事后反映出了村合理负担的这一问题。这项调查是晋察冀中央局在土地改革后为制定新税制而做，一支由多达20人组成的工作组被派到河北定县西南角的吴家庄。工作组经过调查了解到，占多数地位的中农在公粮征收上的一大意见便是认为不能再搞"活办法"，即通过群众民主评议税额，要求必须实行"死办法"，即按人口、土地等确定标准计算税额。中农们之所以持如此意见，原因是他们认为"民主评议没准头，'捉大头'，多生产多负担，会打击生产情绪"[3]。

---

[1] 中共河北省委党史研究室，冀中人民抗日斗争史资料研究会：《冀中抗日政权工作七项五年总结（1937.7—1942.5）》，中共党史出版社1994年版，第99页。

[2] 王林：《王林文集（第5卷）：抗战日记》，解放军出版社2009年版，第201页。

[3] 李成瑞：《农村调查的一段回忆》，中国青年出版社编：《红旗飘飘》（第15集），中国青年出版社1961年版，第171页。

　　显然，村合理负担的这种无定规的特征引发了大多数农民的担忧，挫伤了后者的生产积极性。对此问题，农民的反应主要是提出了强烈的公平要求。抗日战争时期，中共在华北各根据地的施政中，都清楚地看到了农民对公平负担的异常看重。例如，冀中地区的财经干部提到，老百姓在负担上的态度是"不怕拿，只怕乱"[1]。晋冀鲁豫区的财经领导人戎伍胜在1942年的报告中，也提到"现在有些群众已经在说'不怕多只怕不均'"[2]。

　　中共进一步洞察到，农民们对于个人负担的多少不敢直接反对，但若抓到负担分配有不公平，就敢于天天来找干部们吵闹、打官司。太行区的平北县在1941年的报告中，指出村民们虽不敢公开反对政府征粮款，但会抓住负担不公平的问题进行抵抗：

　　　　……合理负担是测验政府威信的寒暑表，是各种工作的重要关键。因为在掌握这一政策上如果不能适应各阶级利益，使其负担平衡，那么任何一个阶级的利益遭受损失，它都会对政府表示不满，对政府的各种号召，虽不敢公开反对但却会来一个消极抵抗，使工作遭受不应有的损害，特别是负担不公平时对征收粮款上是一极大困难。[3]

　　所以，公平问题实际是农民对负担压力的一种疏泄出口。而在对不公平的抱怨中，农民对村与村之间负担不公平的表达尤其强烈。在已公布的华北根据地的档案材料中可以看到，农民们对村际负担不公平的抱怨相当普遍。晋绥边区1943年一篇公粮工作总结中，详细地谈到了农民们对村庄之间负担"不公道"的不满：

　　　　有的村子负担到30%多，有的村子却只有7%，同阶级间有的负担10%多，有的却是30%多，这虽然是个别材料，不过一般的说，这次公粮的负

　　[1]　张佳等：《冀中五年来财政工作总结》（1943年4月25日），魏宏运：《抗日战争时期晋察冀边区财政经济资料选编（总论编）》，南开大学出版社1984年版，第679页。

　　[2]　晋冀鲁豫边区财政经济史编辑组等：《抗日战争时期晋冀鲁豫边区财政经济史资料选编》第一辑，中国财政经济出版社1990年版，第861页。这一表达非常普遍，甚至在陕北也可以看到，如1941年《解放日报》一篇文章中，延安中区的一区长也称"'不怕重，只怕不公平'，这是群众的老实话"。见海稜：《延安市征粮工作是怎样进行的？》，载《解放日报》1941年12月9日，第4版。

　　[3]　晋冀鲁豫边区财政经济史编辑组等：《抗日战争时期晋冀鲁豫边区财政经济史资料选编》第一辑，中国财政经济出版社1990年版，第815页。

担是不太平衡的。各地反映也证明这一点，二专署的总结报告说，很多地方可以听到，"咱们说出多出少，只要公道，要重大家重"。同一报告中提到移居岢岚的群众相互议论："河保轻得多，咱们明年回家去。"这说明"公道"是人民的崇高理想，一样家和一样区村，负担不同是最不能心服的事。所以说在一定限度以内，他们所不满的，与其说是重，不如说是不公道。[1]

冀中地区1942年在五年财政总结报告中承认了村庄之间负担不平衡的客观存在，该报告指出：

> 村合理负担没有提高到县，上级对下级的分配多凭估计，因此造成了村与村，区与区，县与县负担不平衡的现象。如在十一专区有的每亩产量140斤，负担只19斤，负担占产量的14%；有的产量83斤，而负担竟达43斤，负担占产量的50%。如此，负担能力小负担倒重，而负担能力大的负担反轻。[2]

也就是说，村合理负担之所以会导致村际不公平，根本原因在于它不是根据调查进行负担分配，从边区到县、区，再到村，整个分配过程都主要靠估计进行。这势必造成华北抗日根据地在县区村各级都存在地区负担不平衡问题。

由于全村的负担任务直接决定着每个村户的负担量，村民们对村庄之间的负担分配自然会特别关注。在这一问题上，各村的村民们形成了共同利益。即使是中共在村内培养起来的干部，也以减轻本村的负担为自身利益。关于此，张闻天1942年对神府县农村的详细调查报告非常值得参考。张闻天在调查报告中指出，农村政治斗争的中心是分配负担，而村与村之间的争吵比村内的要多，在乡政府的会议上，各村的干部都争吵说本村的负担应该少些。他描述说，各村中政治斗争的中心，常常围绕在分配负担的问题上。负担的必要，绝大多数公民都能了解，但负担摊派的公平与否，是时常要发生争论的。这种争论，在村与村之间比在本村内部要多些。在乡政府的会议上讨论摊派时，各村的干部常常站在本村利益的立场上说话，给本

---

[1] 《晋西北公粮工作总结》（1941年12月），晋绥边区财政经济史编写组，山西省档案馆：《晋绥边区财政经济史资料选编（财政编）》，山西人民出版社1986年版，第250页。

[2] 中共河北省委党史研究室，冀中人民抗日斗争史资料研究会：《冀中抗日政权工作七项五年总结（1937.7—1942.5）》，中共党史出版社1994年版，第99页。

村争得更少的负担数目。[1]张闻天还描述说，行政村主任大多对参加乡政府会议并不积极，村内的乡委员去参加了，自己就不去了，但如果乡政府通知是涉及负担分配的"大动员"，跑来参会的村主任就多了，"因为大家怕不出席时，负担分配的太多，'不好执行'！"[2]

在一致的利益下，村干部与村民们往往联合起来，通过隐瞒、叫嚷或行贿来力争减轻本村负担。一个隐瞒的典型例子是晋冀鲁豫边区沁源县二区的下兴居村，该村村内有秦、王、关三姓，平素矛盾很深，但面对中共下达的评议负担分的任务，却因体认到共同利害而一致团结起来，进行集体包庇隐瞒，将全村土地不论好坏一律分数打八折。当有外面的县区干部来视察时，干部和村民们还在评议会上一起配合演戏，故意在小问题上互相攻击、争执不下，以解除县区干部的猜疑，还通过说其他村办的太差以转移视线，欺骗上级。[3]村干们还经常利用村民们的叫嚷向上级施压，晋西北岚县某村1942年在征收公粮时，村干部帮助村民大声叫苦，群众诉苦说"今年收成不好呀，咱们村数字太多呀，今年比去年重，完不成呀……'，遇到村干部时嚷得更凶。"村干部对此不但不进行批评教育，反而主动迎合，"跟着群众也高呼了起来"[4]。通过行贿区干部来减轻本村负担，也是常见的手段之一。晋绥边区的一个基层干部在日记中记载，有的村庄通过杀羊犒劳区公所的干部，想让区里给本村少派一点公粮。[5]

总之，村合理负担还存在许多缺陷，公平问题以及与此关联的激励生产问题尤其突出，这些缺陷与问题使得村合理负担注定难以长久维持。

---

[1]　张闻天：《张闻天晋陕调查文集》，中共党史出版社1994年版，第63页。

[2]　张闻天：《张闻天晋陕调查文集》，中共党史出版社1994年版，第80页。

[3]　晋冀鲁豫边区财政经济史编辑组等：《抗日战争时期晋冀鲁豫边区财政经济史资料选编》第一辑，中国财政经济出版社1990年版，第853页。

[4]　转自董佳：《征粮中的农民与国家关系：观察现代中国构建的一个视角——以抗战时期的晋陕根据地为例》，载杨凤城主编：《中共历史与理论研究》第2辑，社会科学文献出版社2015年版。

[5]　高鲁：《高鲁日记》，内蒙古大学出版社2004年版，第602页。

第四章 村庄动员模式的改进：统一累进税的实施

1938年10月，武汉会战结束，抗日战争开始步入持久战，日军正面进攻基本停止，开始返身加强对占领区的控制。与此同时，腾出手来的国民党也开始采取措施限制中共在华北的快速扩展，国共摩擦频频出现。1939年12月到1940年春，国共摩擦形成第一次高潮，阎锡山在山西发动与中共争夺"新军"控制权的"晋西事变"，胡宗南部队则对陕甘宁边区展开了围困。在这些变化之下，华北根据地在1940年后逐渐进入军事压力严重的时期，不再有抗日初期的宽松环境。

与此相应，中共在华北的资源动员也开始陷入困境。1940年初的国共摩擦期间，国民政府暂时中断了向八路军发放军饷物资。虽然到1940年6月事态平缓后，这些军饷物资得到了补发，但中共中央及八路军负责人已开始感到财经问题的危急。事实上，在1940年8月"百团大战"暴露出八路军的实力后，10月国民政府再次切断对八路军供应，并于12月由国防部长何应钦正式宣布停发延安方面的军饷。

在遭遇国民政府彻底停发军饷之前，八路军内部已经拉响财经危机的警报。1940年2月时，八路军总部就财经工作发出指示称："时局严重，敌后财政经济愈加艰困，关系军队生存问题。现主力部队供应无着。"[1]3月8日，八路军总部又因晋察冀区在灾害下军民粮食困难，不得不电令贺龙、关向应将该部在晋察冀边区及冀中之后方机关及部队调回晋西北。[2]

1940年2月25日彭真致电聂荣臻、吕正操、贺龙、关向应并报北方局、中共中央，称由于对粮食及经费支出缺乏有效的管理，晋察冀边区粮食及财政问题现已极端严重，"长此以往，在敌后根据地中财政首先上轨道之地区财政方面要破

---

[1] 王焰：《彭德怀年谱》，人民出版社1998年版，第225页。

[2] 王焰：《彭德怀年谱》，人民出版社1998年版，第226页。

产"[1]。中共中央也对这一情况深表关切，1940年4月11日，毛泽东就此致电彭德怀，特别提到晋察冀根据地的财经工作存在严重问题。毛泽东强调说："全国十八个根据地工作最差最无秩序最未上轨道的是财政经济工作，许多工作都接受了苏维埃时期的教训，独财经工作至今没有接受过去教训，不说别的就是聂区如不速加注意，必遭破产之祸。"[2]

对于最早实施村合理负担的晋察冀边区，毛泽东何以有如此严重的批评？这与晋察冀边区在村合理负担阶段仍然没有解决统筹管理有关，致使浪费严重、开支浩繁。与此同时，在巨大的财政需要下，由于缺乏明确制度，负担又都集中在农村少数富户身上，富户们积蓄急剧缩小，而且纷纷典卖土地，即便家中还有余资的，也收藏起来不愿投入生产，一些富户在重压下甚至出逃到根据地之外的城市。中农群体在目睹富户群体的遭遇后，也在生产上产生了消极心理。于是，在富户群体缩小、负担能力快速下降之下，粗糙的村合理负担模式面临着难以为继的窘境，确实有遭"破产之祸"的可能。

晋察冀边区由于建立较早，直接威胁日军在华北占领的交通线与大城市，所以更早承受日军的进攻压力，因此晋察冀边区在村合理负担的问题暴露上相对也更早。而晋冀豫、晋绥等根据地实际上稍后也出现了同样状况。最典型的是太行区1941年在其心腹地带的黎城县发生了一起严重的"离卦道暴乱"事件，这一暴乱表面上是出在对"迷信"活动的管理失当上，但深层原因却出在根据地负担问题之上，由于负担沉重而分配不公，村干部又借机贪腐，这使得除富农之外，当地许多中农亦心怀不满，事件中的"离卦道"参与者实际上主要成分乃是中农。[3]

为了克服资源危机、适应持久战阶段的生存需要，晋察冀根据地1940年率先展开改革"村合理负担"的尝试，由此使得村庄动员的模式有了重要的改进。

一、走向数目字管理：统一累进税改革的核心

（一）统一累进税改革的意图与内容

1940年2月，晋察冀边区行政委员会主任宋劭文在边区干部会议上做题为《论

---

[1]　谢忠厚：《晋察冀边区革命史编年》，河北人民出版社2007年版，第343页。

[2]　顾龙生编著：《毛泽东经济年谱》，中共中央党校出版社1993年版，第146页。

[3]　孙江：《文本中的虚构——关于"黎城离卦道事件调查报告"之阅读》，载《开放时代》2011年第4期。

合理负担、县地方款、预决算制度》的报告，认为财政建设是边区在持久战阶段巩固与扩大的决定性条件之一，"过去两年，边区财政，假如说，如同在沙漠地里盖造楼房的打基础的工作一样，今后边区财政是要过日子，就像一个人家过日子一样，它要保证收支平衡。只有这样的条件，我们的日子才会越过越好"[1]。宋劭文在报告承认晋察冀边区当时存在因诸多浪费导致的严重收支不平衡，并指出，"财政收支的平衡，基本上要靠县合理负担，我们希望在开展反浪费的运动之下，可以节省下大量的资金，把节省下的钱拿回来，是要靠了合理负担的；因此要保证收支的平衡，合理负担的动员方法是决定的方法"[2]。而对于所谓起决定作用的"合理负担的动员方法"，宋劭文明确提出，"要把今天的村合理负担，提到县合理负担，使合理负担逐渐成为一个统一的累进税"[3]。

　　1940年8月，中共中央北方分局公布了《晋察冀边区目前施政纲领》（由于其条目共二十条，故被简称为《双十纲领》），对外宣告晋察冀边区将实行"统一累进税"。11月，晋察冀边区政府颁布了《晋察冀边区统一累进税暂行办法》和《晋察冀边区统一累进税暂行办法实施细则》，宣布将于1941年起实施。于是，晋察冀边区在税制上发生了很大的改变，在资源动员模式的建设上进入到第三个阶段。

　　由于统一累进税的推出背景是根据地进入艰苦的持久战阶段、必须独立支撑庞大的财经需求，因此中共中央与晋察冀边区在统一累进税改革上的根本意图是使根据地的财经供给能够持久化。宋劭文在1940年2月的报告中强调说，"持久抗战一切要持久，巩固根据地也是要靠了一切要巩固"[4]。而要实现财经持久化的意图，晋察冀边区在统一累进税的改革上就必须做到开源节流与公平负担。具体地说，"节流"上是要解决征发混乱、缺乏统筹的问题，"开源"上是要解决扩大负担面和鼓励生产的问题，"公平"上则主要是要解决村与村、区与区、县与县之间的地区不平衡问题。

---

[1]　魏宏运：《抗日战争时期晋察冀边区财政经济史资料选编》第四编，南开大学出版社1984年版，第6页。

[2]　魏宏运：《抗日战争时期晋察冀边区财政经济史资料选编》第四编，南开大学出版社1984年版，第32页。

[3]　魏宏运：《抗日战争时期晋察冀边区财政经济史资料选编》第四编，南开大学出版社1984年版，第11页。

[4]　魏宏运：《抗日战争时期晋察冀边区财政经济史资料选编》第四编，南开大学出版社1984年版，第38页。

晋察冀边区"统一累进税"改革的一个方面是进行"统一"，它主要包括两个内容：第一个"统一"，为了进行统筹管理、克服混乱以"节流"，是将税赋征收的权力完全统一于边区政府，通过实行预决算制度进行彻底的统筹统支。改革后，晋察冀边区改变了过去各层级都可随便征税的做法，规定任何机关、团体都不准以任何形式向人民征款派粮，违者依法制裁。同时规定，除村款开支仍由村自筹外，县区以上军政开支、粮草供应全部由边区统筹安排。这样，在税收管理上，也就相应改变了原来救国公粮作边区收入，田赋及其他税收作地方收入的办法。

第二个"统一"则是将对农村同时征收的几种资产税与收入税合并统一于一种税中，按年度缴纳。1940年之前，晋察冀边区征收的税种有田赋、村合理负担、救国公粮、工商营业税、烟酒税、烟酒牌照税、印花税等。改革后，晋察冀将田赋、村合理负担、救国公粮、工商营业税合并为统一累进税，同时取消烟酒税、烟酒牌照税和印花税。从1941年到1945年，边区只保留了三种税收，即统一累进税、田房契税和出入口税。[1]

这一统一的目的是消除多种税种并存的混乱与低效，以村合理负担的办法为基础，实现高效率的、灵活便利的资源征收和动员。同时，改变村合理负担只对农业收入计征、难以满足财政迅速增长需要的状况，将计征范围扩大到土地、房屋、存款等资产上，增加财源。由此，传统的田赋在统一累进税改革中被取消，因为统一累进税对土地资产计征后，与田赋形成了重叠，二者不能并存；相较而言，田赋是一种明显有缺点又低效的土地税。彭真1940年时指出："田赋是有极大缺点的：税率不是按土地的生产量来厘定，没有免征点，也没有累进，没有正确的地亩（钱粮）册子，有所谓'黑地''空粮'及地亩与田赋间各种惊人的偏差。"[2]这些缺点使得田赋一直在制造农村的税负不公，另一方面田赋所能带来的收入又不多。1940年，晋察冀边区的田赋收入已大为下降，所占财政总收入的比重已从1939年时的12%下降到1%，1941年时更低。（见表4.1）所以，晋察冀边区在一开始就准备废除田赋，用统一累进税来征收土地税。例如，宋劭文说"在执行合理负担的前

---

[1]　中华人民共和国财政部：《中国农民负担史》编辑委员会编著：《中国农民负担史》第3卷，中国财政经济出版社1990年版，第309—310页。

[2]　彭真：《关于晋察冀边区党的工作和具体政策报告》，中共中央党校出版社1997年版，第131页。

提下，征收土地税是不十分妥当的。统一累进税成功后，田赋可以取消"[1]。1942年，晋察冀边区落实了对历史悠久的田赋制的废除。

表4.1 晋察冀边区财政收入源比较（单位：石）

	合理负担/统累税	田赋
1938	248 825	36 476
1939	166 998	6 289
1940	485 400	5 097
1941	703 503	1 672
1942	328 523	
1943	242 679	
1944	205 580	

资料来源：河北省税务局等编：《华北革命根据地工商税收史料选编》第一辑，河北人民出版社1987年版，第430页。

（二）对分数制的改进

这两个"统一"对晋察冀边区在财经上进行节流、开源和摆脱混乱是非常重要的举措。除此之外，"统一累进税"还有一个方面是实施"累进"。"村合理负担"阶段虽然已经初步设计了一定的累进方式，但累进的税等少、等距大，对较高税等的花户存在着生产越多而剩余更少的可能，更重要的是此时的累进计算其实缺乏依据与定规，大多靠估计或村内"民主评议"决定，导致负担面狭窄、集中，地区之间也明显不平衡，最终令中共所得不多却滋生矛盾众多。"统一累进税"要克服"村合理负担"的这些问题，通过扩大负担面开源，并提高负担的公平性，就必须改进"累进"方式。

在"统一累进税"的累进方式上，晋察冀边区延续了"村合理负担"的核心发明——分数制，采用虚拟的"分"作为征收单位。但为了改进"村合理负担"阶段简单计算土地数量而不及土地质量的缺陷，统累税设计了新的"标准亩"作为土地计算单位。在1940年11月颁布的《统一累进税暂行办法》中规定，1个"标准亩"是指平均年产谷16斗的土地，不同产量的土地均按此折算为"标准亩"。此后，为了保证负担面的扩大，"标准亩"在土地产量上进行了几次下调，1941年下调为12

---

[1] 魏宏运：《抗日战争时期晋察冀边区财政经济史资料选编》第四编，南开大学出版社1984年版，第28—29页。

斗，1942年又下调为10斗。

在"标准亩"之外，为了适应对多种资产和收入的统一征收，又发明了"富力"作为统一"标准亩"与边币"元"的计算单位。在资产上，自营土地每1标准亩、出租土地每1.5标准亩、佃耕土地每2标准亩等于1个富力；土地以外的资产则以200元为1富力。而在收入上，土地以外的经营收入以40元为1富力，实物以市价折元（边币，下同）再换算为富力。

而"分"则是纳税单位，依旧是虚拟性质、没有固定值，每年的实际值是根据边区每年的财政需要和农业收成情况确定。统一累进税以个人为单位计算分数，按户征收。每人的"分"的数量是参照累进表，根据每户每人平均"富力"的数量来确定。例如，1941年3月修正后的《统一累进税暂行办法》规定，第一等每1富力以1分计算，第二等每1富力以1.1分计算，共设立十二等。（见表4.2）每人的分数就是按照这一累进表累计而得。

表4.2　晋察冀边区1941年统一累进税计算标准

纳税等级	每人平均富力	每级负担分数	累计应纳分数
1	1	1.0	1.0
2	2～3	1.1	2.1～3.2
3	4～6	1.2	4.4～6.8
4	7～10	1.3	8.1～12
5	11～15	1.4	13.4～18
6	16～20	1.5	19.5～25.5
7	21～30	1.6	27.1～34.5
8	31～40	1.8	36.3～46.5
9	41～55	2	48.5～76.5
10	56～75	2.2	78.7～120.5
11	76～115	2.4	122.9～216.5
12	116以上	2.6	219.1

资料来源：魏宏运主编：《晋察冀抗日根据地财政经济史稿》，档案出版社1990年版，第221页。

1942年，晋察冀边区根据统一累进税实施第一年中反映出的税等之间差距过大等问题，又做出了修正，将税等扩增为十六等，第一等每1富力以8厘计算，第二等以8厘5分计算，第五等以1分计算，以后每提高一等增加1厘计算，至第十六等以2分1厘计算为止。（见表4.3）

表4.3　晋察冀边区1942年统一累进税计算标准

纳税等级	扣除免征税后 每人平均富力	单位税率 （每富力折分）	累计税率 （全部税率共折分）
1	0.5	0.8	0.4
2	1	0.85	0.825
3	1.5	0.90	1.275
4	2.0	0.95	1.75
5	2.5	1.00	2.25
6	3.0	1.10	2.80
7	4.0	1.20	4.00
8	5.0	1.30	5.30
9	6.0	1.40	6.70
10	7.0	1.50	8.20
11	8.0	1.60	9.80
12	9.0	1.70	11.50
13	16.0	1.80	24.10
14	31.0	1.90	52.60
15	51.0	2.00	92.60
16	81以上	2.10	155.60

资料来源：魏宏运主编：《晋察冀抗日根据地财政经济史稿》，档案出版社1990年版，第221页。

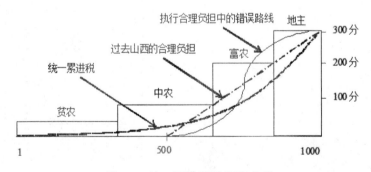

图4.1　统一累进税的税率曲线

资料来源：震原：《谈谈合理负担累进税的分配与定份问题》，载《战斗》第40期（1940年8月20日）。

通过这些设计，统一累进税就形成了一种比村合理负担更加细密、严谨的分数制，由此在理论上形成了一种缓慢上升的税率曲线，改变了村合理负担阶段不合理的斜率与起征点过高的税率设计，与村合理负担实施中形成的陡增而扭曲的税率线更是不同。关于这些差异，我们可以参考太行区1940年8月一篇内部交流文章中所做的比较图来观察。（见图4.1）

二、统累税改革的调查难题：村本位主义

然而，尽管统一累进税在设计上变得更加科学，却不一定能在实践中克服村合理负担的弊病。决定性的因素并不在分数制的设计，而在分数制是否有确凿的数目字调查作为基础，村合理负担的分数制的弊病即在缺乏数目字可依靠。因此，统一累进税能否成功、能否形成更合理的资源动员模式，关键在于通过详细的调查统计为"累进"确立客观、科学的数目依据。做到这一点，中共便可以达到至少以下几个积极效果：

第一，通过调查统计农村财产收入的数目字，中共可以挖掘出许多村庄隐藏的财产收入，而且可以在数目字的基础上扩大负担面，将原来很少或不负担的中下层农民也纳入缴纳税赋的范围，由此实现大量增加财源，缓解跳跃式累进、税负过度集中在富户群体上的问题。同时，依据数目字而非主观估计或评议扩大负担面，也可以防止扩大负担面可能引起的混乱与矛盾，不致令中下层农民出现很大意见。

第二，通过调查获得数目字后，中共从边区开始向县、区、村的负担分配就可以通过数目计算来进行，摆脱缺乏数目基础的估算方法所势必造成的县与县、区与区、村与村之间的税率不一致，实现地区之间的负担平衡。而且，边区在负担分配上也可以绕过地区之间的纷乱争吵、博弈，简便地通过数目字做出决定。宋劭文1940年2月在论述统一累进税的设想时已经提到这一点，他说："只有把统一累进税的合理负担健全的建立起来，财政的动员才会成为一种简单的手续。这就是说，可以从一个计划的数目字的分配过程，到达数目字的现实过程。"[1]

第三，对于中上光景的农民而言，通过数目字进行负担分配是有客观标准的，不像村合理负担阶段的估计或评议分配那样主观无度乃至刻意针对，因此可以放宽紧张或怨恨心理，维持正常的生产动力。这不仅能够缓和村庄内的阶级矛盾，而且

---

[1]　魏宏运：《抗日战争时期晋察冀边区财政经济史资料选编》第四编，南开大学出版社1984年版，第32页。

通过保护农民生产积极性而从根本上巩固着根据地的财经。

正因如此，晋察冀边区在一开始就将对农民财产收入的调查统计列为统一累进税改革的基础，不断强调其重要性。1939年7月时，晋察冀边区行政委员会已经提出了"一切要有数目字"、"一切要具体"的口号。[1]宋劭文在1940年2月的报告中再次强调了数目字对实现合理负担的重要性与必要性，他指出："执行合理负担应知道分配比率，因此必须要找各县的比例数目字来，一个县负担十万元不算多，但没有办法，就分配不下去。这个数字是能够找出来的，这要靠坚决的完成县合理负担。"[2]又说："两年来的经验，如平山，如唐县，证明了我们要作到县合理负担是完全可能的；就是说，边区的财产是能够统计出来的，只有统计出来的数字才是正确。"[3]1943年4月，经过三年的实践后，宋劭文将对实际调查重要性的认识上升到理论上，指出它是统累税的分数制所决定的，因为"每人平均分数决定于每人平均富力，每人平均富力决定于每人平均土地与每亩平均产量。至于负担面是决定于每人平均土地，每亩平均产量与财产集中的程度。可见，问题的基点在于每人平均亩数与每亩平均产量的确实与否"[4]。

（一）统累税改革的调查工作

于是，晋察冀边区在推行统一累进税的过程中，将最大的精力花在了调查工作上。晋察冀的财经领导明确认识到，"在执行统一累进税工作中，调查工作是个重要而又很困难的工作，调查工作不深入，则调查结果必不确实，匿报现象一定严重，因而影响到负担人口的减小与每分实际负担税额的加重。因此执行统一累进税工作中的第一步，是要完成深入的调查工作"[5]。

---

[1] 《晋察冀边区政权工作检讨总结》（1939年7月），载河北省社会科学院历史研究所，河北省档案馆等编：《晋察冀抗日根据地史料选编》上册，河北人民出版社1983年版，第154—155页。

[2] 魏宏运：《抗日战争时期晋察冀边区财政经济史资料选编》第四编，南开大学出版社1984年版，第36页。

[3] 魏宏运：《抗日战争时期晋察冀边区财政经济史资料选编》第四编，南开大学出版社1984年版，第32页。

[4] 魏宏运：《抗日战争时期晋察冀边区财政经济史资料选编》第四编，南开大学出版社1984年版，第496页。

[5] 魏宏运：《抗日战争时期晋察冀边区财政经济史资料选编》第四编，南开大学出版社1984年版，第322页。

而在1941年开展的第一次统累税征收之前，晋察冀边区对调查工作投入的力量尤其巨大。因为此时的调查担负着为边区制定税制细则，要确定不同物产之间的折合率，以及免税点、标准亩以保证全边区能达到预想的人口负担比例的重任，同时又是第一次系统进行，决定着此后历年数目字管理的基础。为此，1940年末到1941年4月，晋察冀边区从做试点实验，再到全面铺开，调动、培训了大批县区干部下乡，以突击运动的大阵仗进行调查。9月，中共中央所属的《解放日报》在推介察冀边区的统累税经验时对此描述说：

> 统一累进税非凭估计而是凭确实的深入的调查来规定的。边区政府早已充分了解这一税则的胜利实行，决定于慎重的调查，亦即为真正作到合理、公平、人人心服、推广民主到财政税收实施中的有力保证。

> 当边区政府公布"暂行办法"与"实施细则"时，则已号召全边区各阶层人民热烈的发表意见，同时政府亦有专人深入农村确切调查，许多干部皆认真的详加研究，诸如：土地产量问题，产量折谷问题，实验土地评论等地，划分经济区（或划分地段）的问题，如何克服隐瞒与本位主义的问题……都进行深入的探讨与商榷，特别是关于一个半富力的免税点与一石六斗谷合一标准亩是否合适？能否使纳税人口达到全人口百分之七十至百分之九十的问题，曾经及时的研究与调查，务求达到人民负担真正的平衡与合理。[1]

晋察冀北岳区党委在对1941年的统累税工作进行总结时，详细列举了调查过程中的干部动员情况：

> 真实的、一致的调查工作，是实行统一累进税最重要的保证，这是一个非常复杂的政治经济斗争，决非简单的技术工作，但又不能离开技术的掌握。党在这一方面曾经进行了空前广大深入的动员和组织工作。根据不完全的统计，受训及从事调查的各级干部，三分区受训者近万人（9 354人），四分区县区以上参加调查之干部1 408人，村级的12 040人，一分区政权方面的统计，受训者2 790人，二分区第一批受训者2 815人；雁北参加这一工作者1 983人。估计平均每村有五人（如涞源）至十人（如四分区各县）受统累税培训和参加这一工作。各地并将训练班与实验村的研究联

---

[1]　襄生：《晋察冀边区财政建设中的创举》，载《解放日报》1941年9月7日。

系起来，或单独进行实验村的工作。估计全区实验村在200以上。此外，分区，边委会、区党委又进行了将近六十个典型村庄的社会调查。这都是全面调查工作最有力的根据。[1]

经过这样的大动员，北岳区当年完成统累税调查的村庄达到总数的73.44%，使纳税人口达到了总人口的74.45%。但凭估计定数字的村庄仍有17.67%，还有8.89%的村庄未做调查。而1941年已经受到日军很大压力的冀中地区，在其能够控制的6 698个村庄中，完全进行了调查的计达4 207村，占62.8%，未调查财产只调查土地产量的村占8.3%，只调查土地亩数的村占5.2%，不能调查单凭估计的占23%。[2]

此后几年中，晋察冀根据地每年仍然要在统累税征收前举行调查和改算工作，对于此前未进行或未做好调查的村庄要安排调查。而越来越多的村庄有了前面的调查数目基础，已无须再重新做划分经济区、勘察标准田的工作，只需根据税则的修改，以及土地资产、人口的经常变动等做出数目字调整。而此时它们一般都交由各户先自报资产和收入，然后由村、区先后进行审定和评议，确定各户财产收入的富力数量，最后将之折算为应纳的分数。

这些调查开始分数制的运行提供村合理负担阶段所未有的数目字基础。但是，须知对农村社会的财产收入进行详细调查绝不只是分数制的技术需要所致。正如前文所述，推行统累税的基本目的是在根据地做更广、更深的资源动员，以摆脱地富财力大衰而持久战降临的困境。出于这一动机，晋察冀边区对根据地内资产收入的调查可谓雄心勃勃，意图对农村社会的资源建立彻底化的掌握。宋劭文1941年3月在晋察冀边区的《边政导报》上曾提出了一个关于边区财源的公式：

财政的源泉＝国民总收入－（国民最低限度的消费＋再生产的必要费用）

宋劭文提出这个公式是想说明，通过发展生产增加边区人民的总收入，可以扩大财政来源和提高民众生活。[3]但从另一角度看，值得注意的是，宋劭文在公式右

---

[1]　魏宏运：《抗日战争时期晋察冀边区财政经济史资料选编》第四编，南开大学出版社1984年版，第457页。

[2]　孙元范：《关于统一累进税在晋察冀的实施》，载《解放日报》1942年8月10日。

[3]　宋劭文：《关于统一累进税的负担面问题》（1941年3月），载魏宏运主编：《抗日战争时期晋察冀边区财政经济史资料选编》第四编，南开大学出版社1984年版，第320页。

边的消费变量上用的是"国民最低限度的消费"。这一表述实际上反映出晋察冀边区在财政上的基本思路是坚持量出为入原则，在抗战旗帜下对民众的粮款资源进行最大化的掌握。这势必需要对社会的财富进行巨细靡遗的详尽调查。

在1941年推行统一累进税的过程中，冀中的新世纪剧社曾创作了歌曲《报财产》做宣传动员，歌词反映了晋察冀边区对详尽掌握农村财产收入信息及村民主动实报存粮存款的期待。词曰：

> 人人都喜欢，
>
> 笑容布满面，
>
> 向着那审委会报告财产。
>
> 村东里有麦田，
>
> 村西里有菜园，
>
> 存粮存款有多少，我样样报周全。
>
> 不虚报来不隐瞒，争取做模范，得儿零叮哟哟！争取做模范。[1]

不过，主观愿望与客观情况是两回事。在历史上，对农村财产收入的调查历来是个大难题，两千年来中国许多统治者一直想做而力不能及。早在两汉时，统治者因为试图对田赋采取农业收益税的形式，按每户纳税人的农业总收获量课征一定比例的税，就已经提出了对农业收入做详尽调查的问题。因为要确实地按照比例征收田赋，就必须使地方政府能够有效地监督农民收割，并度量其实际产量。但当时政府的行政能力及技术水平连对农村到底有多少土地都无法调查清楚，遑论对农业总收入进行准确掌握。两汉所提出的比例性质的田赋制因此并不具备可行性，最终只能无疾而终。东晋时期将此制度更改为"度田而税"的土地税，即不论土地的实际产量，只对每亩课征定额之税。这种定额田赋制不再要求调查农业收入，尽管收入因此严重受限，但具备了可行性，是故此后历朝在儒家宽简治理的思想下基本沿袭了此制。[2]

如今，晋察冀边区要对农村财产收入做全方位的详尽调查，这一雄心勃勃的计划同样不可避免地遭遇到重重困难。首先碰到的难题是在技术方面，统一累进税

---

[1]　王瑞璞：《抗日战争歌曲集成（晋察冀·晋冀鲁豫卷）》，中国文联出版社2005年版，第189页。

[2]　赵冈，陈钟毅：《中国土地制度史》，新星出版社2006年版，第135页。

在技术上本身就包括折合率、免税点和标准亩如何确定等难题，以统一累进税所必需的物产折合率为例，由于根据地已经根据实践否定了货币征税，主要采取计实征收，而失去货币作为交易媒介，农村各种物产之间的折合便成为大问题。因为各地出产不同，一些地方主产小米小麦，而一些地方则主产高粱玉米。边区选择以作为军食大宗的小米为粮食标准，但小米不够的农民用玉黍、山货、瓜果蔬菜等折合小米缴纳，到底应如何确定一个统一的折合率呢？单是这样一个问题，就足以令下乡调查的干部们头疼不已，再加上为达到规定的80%负担比例而设置合适的免税点、标准亩，这些问题耗费了晋察冀边区很多的时间与精力。

调查一开始，已经承受战争负担经年的农村社会即沸沸扬扬发生谣言，例如有传言说，"累进税就是累尽税，要把每个人的家产累完"，"每人除一免征点后，要将所除的收入一下征去"。[1]还有传言说，"调查财产就是准备实行共产"[2]。晋察冀边区领导层因此也在调查前提出，"在开始进行调查工作时，必须和敌探奸细以及顽固分子的造谣污蔑作斗争。估计在进行调查时，顽固分子和敌探奸细必定会用'快要共产了'、'调查财产为了实行土地革命'等滥调来破坏我们的工作，欺骗少数落后分子，特别在新开辟的或工作落后的地区这种欺骗宣传在群众中还可能发生相当影响。我们必须从政治上来揭破与粉碎这种欺骗宣传，应在群众一致拥护之下，用群众的力量依法制裁极少数的破坏分子"[3]。

（二）村本位主义的凸显

谣言会随着时间散去，但统累税确实引起了一种长期存在的真实的消极反应——各村庄隐瞒本村财产收入的"村本位主义"。这一现象是由统累税的税制设计引起的，因为统累税要解决村合理负担阶段的一个基本问题：分数制的分值是由村一级决定，于是导致村与村、区与区、县与县之间必然发生税率不平衡。为此，晋察冀边区试图将分数制的分值提升到边区一级来决定，以保证地区之间的税率平等。1941年6月，晋察冀边区行政委员会在开始征收统累税之前指出，征收的一个原则便是"每一分的负担量全边区要基本上一致，统累税的征收单位是分，因此要

---

[1] 孙元范：《关于统一累进税在晋察冀的实施》，载《解放日报》1942年8月10日。

[2] 《为最后彻底胜利的完成统一累进税而斗争》，载《晋察冀日报》1941年5月20日。

[3] 姚依林：《关于统一累进税中的几个问题》（1941年3月），载魏宏运主编：《抗日战争时期晋察冀边区财政经济史资料选编》第四编，南开大学出版社1984年版，第320页。

求全边区的调查基本上要作到一分等于一分"[1]。这样做是实现合理负担的内在需要，但如此一来便导致了"村本位主义"的发生。

1941年3月，当时在晋察冀边区负责财经工作的姚依林报告说，由于存在匿报，统累税的调查工作不易深入，而匿报除了"某些个人为求减少自己的负担而匿报财产及收入，多报人口"之外，主要来自"村干部及村评议人的村本位主义"。对于这种匿报财产收入的"村本位主义"的成因，姚依林分析指出：

> 统一累进税中每分应征收数额的规定，是把全边区的总分数来除全边区财政支出的总数来决定的。因此每分的负担额在各村都是一样的，不像过去决定于一村分数之多寡。某些村干部及村评议人员在村本位主义的错误观念之下，为求得本村少纳累进税，故意用匿报方法来减少本村分数。[2]

无独有偶，1941年5月一位叫刘壬午的读者在给《晋察冀日报》的来信中也指出了统累税导致村庄匿报倾向的逻辑：

> 统累税以村为单位来调查财产和收入，评定分数，而缴纳的时候，却是按照分数，全边区一样的。这很容易使一个村的人，互相包涵，互相隐瞒，因为一个村子里的人，大家都互相认识，谁也不愿意"得罪"谁，再有的村子，整个就是远近一家，不是伯伯叔叔，就是堂兄弟，大家更容易"串通"……"反正大家互相包涵最好，不这样，大家都吃亏"。[3]

这两则材料反映出，"村本位主义"的普遍发生并不是由于某些村干部的思想认识落后，而是根源于统累税的制度设计。由于统累税试图在边区内统一每一分的实际值，村民们的负担量将改由边区负担总量与全边区总分数的比值所决定，而不再是由全村负担量与总分数的比值所决定。新的公式变为：

农户负担量=(全边区负担总量/全边区总分数)×农户分数

于是，村民们相互之间在分数评定上也不再是一种零和博弈关系，即便提高了

---

[1] 魏宏运：《抗日战争时期晋察冀边区财政经济史资料选编》第四编，南开大学出版社1984年版，第334页。

[2] 魏宏运：《抗日战争时期晋察冀边区财政经济史资料选编》第四编，南开大学出版社1984年版，第322—323页。

[3] 《反对村本位主义》，载《晋察冀日报》1941年5月6日，第2版。

其他村民的分数，也不会使自己的负担量因为全村总分数的增加、村内每分分值的下降而减少。村民们在村庄负担"不摊于彼，则摊于此"[1]的制度下，会积极相互"挤分"，但统累税却使村民们彼此之间不再有直接的利害冲突，村民们自然就很可能会相互包庇，乃至集体隐瞒，即便是村干也加入其中。

晋察冀边区在实验过程即发现统累税激发了村本位主义的产生。[2]1942年，宋劭文对统累税第一年的征收工作进行总结时承认："一般地说，村本位主义是村村都有，不过有程度之不同而已。"[3]他举了一个例子，说"平山××村村干部把全村的分数隐瞒了一百多分"，而县一级的干部则人为地调高调查分数，"某县调查分数为六万分，加分至十五万分"[4]。后者应是前者所致，正是由于村干部普遍压低分数，导致县一级汇集的分数达不到边区要求，才迫使县一级的干部不得不人为调高分数，再分配给各村。

在统累税实施两年之后，晋察冀边区领导人对村本位主义的担忧并未因为统累税征收经验的增加而削弱。1943年3月新一轮统累税开征前，宋劭文仍然警告基层财经干部说："我们虽有了两年的实行经验，但老百姓也有了两年的经验，或者说，老百姓比我们的经验更丰富些，因而今年的村本位与假报现象一定会比去年更严重。"[5]

面对如此普遍、严重的"村本位主义"，若不能有效抑制，统累税的努力将有失败之虞。在这方面，太行区平北县便得到了一个教训。1940年，由于全县分数不统一使得各村吵嚷分配任务不公，为整理分配不平，太行区平北县试图以类似晋察冀边区的统累税设计的思路进行改革。然而，平北县公开喊出"全县依据总分数分派粮款"的口号之后，却发现它适得其反地普遍激起了村本位意识，各村在统计分数时都竭力隐瞒分数。一个最标本的老申蛟村，全村200多户，报上来的分数总

[1] 晋绥边区财政经济史编写组，山西省档案馆：《晋绥边区财政经济史资料选编（财政编）》，山西人民出版社1986年版，第195页。

[2] 魏宏运：《抗日战争时期晋察冀边区财政经济史资料选编》第四编，南开大学出版社1984年版，第387页。

[3] 魏宏运：《抗日战争时期晋察冀边区财政经济史资料选编》第四编，南开大学出版社1984年版，第351页。

[4] 魏宏运：《抗日战争时期晋察冀边区财政经济史资料选编》第四编，南开大学出版社1984年版，第348页。

[5] 魏宏运：《抗日战争时期晋察冀边区财政经济史资料选编》第四编，南开大学出版社1984年版，第480页。

共才19分。各村的村民们都在劝告村干，"不要搞真实，分数多了咱村吃亏"。结果，平北县不但未能使大多数村整理好分数，反而使之更打埋伏，所有村都想着要少些分数，怕本村分派多了。平北县1941年初做总结时，不得不承认自己在1940年遭到了"极其悲惨的失败教训"[1]。

三、统累税调查的策略及实现

（一）统累税的调查策略

为了打破村本位主义的阻碍，晋察冀边区及其他华北根据地一方面按照惯例进行斗争式宣传，号召"全党战斗的动员起来！为彻底实行统一累进税而斗争！"，"领导群众进行反对阻碍和破坏统一累进税的斗争！深入！深入！再深入！切使虚报匿报少报等自私自利与本位主义的观点，由于我们不断的努力而能及时克服"[2]；另一方面亦不得不对村本位主义进行细致研究，分析其规律并寻找对策。例如，冀中根据地1944年分析说："村瞒地的方式，一般的有两种：一为比例瞒地。例如所有地1亩少报2分或3分……将全村土地二八扣或三七扣。一为对上级少报一部（对区报伪数，对村按实际摊派），以瞒户或土地变动（河滩、敌占公路）为借口少报耕地。"[3]据此，冀中根据地提出了下列对策："检查村瞒地的办法：1、个别访问——无论哪种方式瞒地村干部起着主要作用的，因此我们调查时，着重选择对象，按不同的户主（进步的、落后的），积极的干部个别访问。2、检查文契草账——找几家的文契对证其所登记亩数，可知是否比例瞒地，什么比例。3、发扬村与村的检举——在一般村庄可多用此法，利用各村过去在大乡摊派上发生的问题或社会关系，发动检举。4、根据近似村的每人平均土地，富力分数的规律，去测检各村。5、动员干部，号召坦白自报运动，干部自报者一律免罚。"[4]

---

[1] 晋冀鲁豫边区财政经济史编辑组等：《抗日战争时期晋冀鲁豫边区财政经济史资料选编》第一辑，中国财政经济出版社1990年版，第820页。

[2] 魏宏运：《抗日战争时期晋察冀边区财政经济史资料选编》第四编，南开大学出版社1984年版，第330—331页。

[3] 中共河北省委党史研究室：《冀中历史文献选编》中册，中共党史出版社1994年版，第288页。

[4] 中共河北省委党史研究室：《冀中历史文献选编》中册，中共党史出版社1994年版，第288页。

　　为掌握各村的真实土地与产量信息，华北各根据地普遍采取了利用农村内的各种矛盾关系进行检举、监督的方式。再以平北县为例，该县在初次调查分数遭遇失败后，后来总结认为调查不应只集中一次完成，而应日常化地随时随地随事进行，有时可以利用空室清野的时机进行调查，但主要是平常利用村民不和、婆媳赌气、村内不同姓之间的矛盾以及两村不和进行侧面调查，例如东庄村干部利用岳姓某家发生婆媳矛盾，趁机侧面来向媳妇问这一家的收入问题，该媳妇便说出来"今年摘了花椒45斤，杏核5斤"，检查发现他家所报的与此完全不符，便依媳妇所言改过来。[1]

　　（二）实施效果

　　应当说，这些技巧都起到了重要作用，对晋察冀等华北根据地掌握农村的财产收入情况是有效的。不过，晋察冀等华北根据地之所以能完成统累税的调查任务，更基本的原因是它们压缩了雄心勃勃的调查目标，并不试图对土地数量及其产量收入的数目字进行完全的、精确地掌握，而是采取了类似分层抽样和点估计的统计办法来调查土地数目，对于农业收入则放弃掌握每年的实际产量，改为调查常年产量。

　　具体来说，在调查土地数量过程中，晋察冀边区在区一级划分为若干个小区，其中包含五个到八个行政村，每个小区都派遣调查组进入，选定其中一个村作为典型，其他各村都以之为标准进行土地等级的评定，由此简化了调查过程，可以较快完成小区内的土地等级调查。[2]冀中地区利用了冀中平原相邻土地产量相近的地理特点，把对每个村的反假报调查富力问题简化为对若干个"模范户主"的产量调查，制定出产量地图。其做法是在村中不同区域树立几个模范户主，"首先使模范户主确实报告土地产量，即在地图上标明，根据这个点向外扩张。登记产量，逐渐由点扩展成面，成绩自然会好"，"结果所报产量，必能普遍提高，这样就可以解决了大部分的问题"。[3]晋冀鲁豫边区的做法也是在区内首先依据土地天然形成的

　　[1]　晋冀鲁豫边区财政经济史编辑组等：《抗日战争时期晋冀鲁豫边区财政经济史资料选编》第一辑，中国财政经济出版社1990年版，第824页。
　　[2]　魏宏运：《抗日战争时期晋察冀边区财政经济史资料选编》第四编，南开大学出版社1984年版，第389页。
　　[3]　魏宏运：《抗日战争时期晋察冀边区财政经济史资料选编》第四编，南开大学出版社1984年版，第417页。

面积和土质、风向、阳光、气候等划分出"经济区"，然后在经济区内调查中心地块的产量，作为该经济区的标准地收入，然后整个经济区参照它评议确定全部土地收入。[1]这些办法实质上都降低了对土地调查的数目字质量的要求，从而使得调查变得可行，同时又确实形成了对土地进行征税的客观依据。

而在收入调查上，晋察冀边区的领导层从一开始就认识到其困难性。彭真在1940年10月向中共中央和北方局汇报统累税改革计划时，便强调说"统一累进税实行的困难在动产和工商业收入之调查"[2]。也就是说，相对于土地、房屋等不动产的调查，彭真认为农业收入等动产的调查是最大难题。事实上，这一难题是中国历代统治者都未能有效克服的，晋察冀边区及其他华北根据地也发现准确掌握农业的实际收入近乎不可能[3]，而且据之征税也会造成挫伤农民生产情绪的"鞭打快牛"效应。尤其是为了掌握当年的实际产量，各根据地只能继续使用"民主评议"手段，而这已经被证明是有很大负面作用的做法。因此，在统累税改革进行三年后，晋察冀边区转向了以"常年产量"来代替"实际产量"，以便鼓励农民生产，同时降低客观调查的难度与成本。

1944年春耕前晋察冀边区行政委员会指示称，"为了更好地与大生产运动相结合，我们决定去年在产量调查上没有问题的地区，虽因今年生产积极，生产方式变动，土地改良等原因增多产量，统累税登记产量一律不变，这样调查改算工作也就简单了"[4]。这一做法实际上就使得晋察冀边区开始转向采用固定的产量数字，不再必须年年对实际产量进行艰苦调查。晋绥边区是在1945年10月颁布《晋绥边区修正公粮征收条例》，将农业收入从按土地实产计征改为按土地通常产量计征。而晋冀鲁豫边区经过对晋察冀的统累税经验的考察，在1943年初次推出本地区的统累税

---

[1]　晋冀鲁豫边区财政经济史编辑组等：《抗日战争时期晋冀鲁豫边区财政经济史资料选编》第一辑，中国财政经济出版社1990年版，第837页。

[2]　《彭真传》编写组：《彭真传》第1卷，中央文献出版社2012年版，第197页。

[3]　譬如在晋冀鲁豫，和西县1943年时曾总结说，"在这一项（土地产量）上隐匿的更加严重，假如说土地还可明白的看出来，而产量便不容易。再加上一般干部这方面知识的缺乏，容易为少数会说会道的假报分子、村本位主义者所利用，更使假报后而不自知，就以一年种谷、一年种玉茭、一年种豆子平均的产量来说，都较实产量少报了十分之三。"——晋冀鲁豫边区财政经济史编辑组等编：《抗日战争时期晋冀鲁豫边区财政经济史资料选编》第一辑，中国财政经济出版社1990年版，第1063页。

[4]　魏宏运：《抗日战争时期晋察冀边区财政经济史资料选编》第四编，南开大学出版社1984年版，第517页。

方案时，便采用了平常年景的产量作为对农业收入征税的依据。[1]

经过这些策略方法的使用与调查目标的降低，中共对华北农村的数目字调查尽管无法根本克服"村本位主义"的阻力，但总体上取得了成功。通过前所未有的深入调查，华北各根据地不仅形成了基本可靠的关于农村土地、产量的数目字，而且还挖掘出了相当数量的土地亩数和可负担的富力数量，从而有效地扩大了负担面与财政来源。例如，冀中地区在1941年上半年的统累税大调查后，获得了相对于村合理负担时期的显著进步，根据束鹿、冀县、深县等14县的统计，负担面明显扩大，纳税土地亩数扩大5%强，总富力扩大19.98%，纳税富力扩大38.17%。[2]其他地区也普遍在财源上扩大了30%左右，晋冀鲁豫边区的和西县经过调查甚至发现，该县一些地方的土地数量以往只报了七成，而土地产量一般也只报了七成，于是得知这些地方以往只掌握了民众一半的收入。[3]

在实现了通过调查获得详细的数目字后，晋察冀边区等华北根据地的统一累进税改革也就具备了成功的基础。

四、统累税与村庄动员的关系：属人属地问题

作为资源动员的新办法，统一累进税通过对村合理负担的修正与改进，是否形成了不同的动员模式，抑或继续属于村庄动员的模式？对此有过专门讨论的刘昶明确持后一种观点，他认为统累税是村庄摊派的延续与彻底化。他指出，"通过不断的税收改革，到了统一累进税阶段，中共干脆取消了以土地所有者个人为对象的田赋，最后把所有的税收都归并为一种，摊派到村庄，由村庄整体来对国家负责，由村庄政府来统一收缴"；又说，"个人与国家之间的税务关系因着田赋的取消而不存在了，个人不能再做为一个独立的纳税人同国家发生直接的关系，现在他只是从属于村庄这一归属性组织的一个成员而已。这一改革由此大大强化了村民对村庄的归属，也大大便利了国家对乡村社会的动员、组织和控制"[4]。概言之，刘昶认为

---

[1] 中华人民共和国财政部《中国农民负担史》编辑委员会编著：《中国农民负担史》第3卷，中国财政经济出版社1990年版，第380页。

[2] 魏宏运：《抗日战争时期晋察冀边区财政经济史资料选编》第一编，南开大学出版社1984年版，第706—707页。

[3] 晋冀鲁豫边区财政经济史编辑组等：《抗日战争时期晋冀鲁豫边区财政经济史资料选编》第一辑，中国财政经济出版社1990年版，第1063页。

[4] 刘昶：《华北村庄与国家1900—1949》，载《二十一世纪》（香港）1994年12月号。

在统累税的改革中，中共的资源动员仍然属于村庄摊派的框架，国家不再需要与个体发生直接关系，变成完全通过村庄来进行动员和控制。

然而，根据我们的上述分析，这种说法对统累税的运行机制的观察并不准确，有失简单化。实际上，为了克服村与村之间的负担不均，统累税改革的一个基本目标便是修正"村合理负担"阶段简单以村为集体单位的摊派方式，在县一级甚至边区一级统一每"分"的实值，不再由村庄内部自行决定。而村户的分数，也应由边区通过组织调查获得的数目字确定，不再由村内的"民主评议"决定。显然，这种制度设计的意图并不是取消个体与边区之间的直接关系，反而是要加强它，使边区的权力直接渗透到村内。

统累税所设计的征解过程似乎也绕过了村庄一级，晋察冀边区在县、区设立了专门的统累税征收处和分处，为便利农户缴纳，区内又划分为几个征收区。晋察冀边区规定村户直接向征收区经征人缴纳粮款，"钱由纳税人直接向征收区经征人缴纳（或经征人到村经收）缴纳时应带上纳税证，经征人点收后，即在证上加盖征收分处收讫图章及经征人手章，并注×月×日收讫字样"，"粮以分存各户为原则，纳税户在将粮秣备齐后即持纳税证向征收区经征人缴纳，经查验属实后即在证上盖征收分处收讫图章及经征人手章"，最后，"区征收分处收到的钱，应每十日统算一次，填具征解报告表，并备解款书派员解交县征收处"。[1]在此过程中，村按照规定只是涉入纳税证的分发，以及粮秣入村库，其作用被削弱了。

还须注意的是，晋察冀边区在统累税的实施过程中，逐渐改变了近代以来在华北许多农村地区已成惯例的"属地主义"原则，而倾向于普遍实施"属人主义"。因为理论上统累税使得各村的负担是由全村的总分数决定的，不再是上级主观摊派的，这就免除了村庄采取"属地主义"争夺税源的必要。相反，从边区的累进税需要出发，应当采取"属人主义"以对纳税人进行充分累进。所以，1940年2月宋劭文在统累税的讨论设计阶段便提出：

> 因为为了要累进，只有把一个人的财产收入都加起来，才能累进，原则上采取属人主义是对的。可是，一个人的财产散布在各地，租产的村庄，在负担上就吃亏了，这样对于村政建设是有妨碍的。县合理负担

---

[1]　魏宏运：《抗日战争时期晋察冀边区财政经济史资料选编》第四编，南开大学出版社1984年版，第339页。

（注：指统一累进税）村吃亏就没有了，不过有些县要便宜，有些县要吃亏。同时完全采取属人主义，困难还是有的，最主要的是计算不方便。因此，基本上采取属人，这个办法就是把一个人在本县内所有的财产与收入完全合并起来计算，采取属人办法，例如一个人在阜平各区都有财产，统计起来以一个单位来负担，如一个人在其他各县也有财产，就成为几个单位。这就是说：原则上采取属人主义，但如果一个人的财产散布在县境以外其他各县分的话，也采用属地主义。这样对于财产收入多的人是要便宜的，但对各县是要方便的。[1]

但在1941年的初次统累税征收中，出于稳妥起见，晋察冀边区仍暂时迁就了"走地不走粮"的"死圈"传统，对于村与村、区与区之间的插花地采取先属地计算和登记，再由上一级机构对下面报上来的跨村、跨区村户的财产收入数字进行加总，改算出累进税率。但没想到农村普遍存在财产收入跨界情况，这使区、县承担了巨大的改算工作。所以，宋劭文在1942年的统累税征收前指出，"在属人属地与改算问题上，去年迁就了各地'走地不走粮'的习惯，致增计算改算上之许多不必要的麻烦，费力多而收效微"[2]。宋劭文因此强调，当年要"打破过去'走地不走粮'的习惯，减少改算之烦，村与村、县与县间之插花地，在不影响村款的原则下，一律属人计算，属人征收。只有在庄产地外村地多的村庄，仍采属人计算属地分担办法。改算一般均由财产所有人所在村之村公所进行，这样会使改算与征收简便多了"[3]。于是，为了简化区、县的改算工作，晋察冀边区在统累税的计算和征收加强了属人化，在行政村一级就完成大部分跨村花户的分数统算，避免上交区一级再作做改算。若参照历史看，那么统累税改革就使得晋察冀边区对村庄边界日益倾向于"活圈"，这对村庄单位自然也是一种削弱。

因此，将统累税改革视为村庄摊派的延续和加强，这一判断是草率的、难以成立的。但是，如果反过来认定统累税改革意味着村庄动员的框架已被中共放弃和否

---

[1]　魏宏运：《抗日战争时期晋察冀边区财政经济史资料选编》第四编，南开大学出版社1984年版，第34页。

[2]　魏宏运：《抗日战争时期晋察冀边区财政经济史资料选编》第四编，南开大学出版社1984年版，第379页。

[3]　魏宏运：《抗日战争时期晋察冀边区财政经济史资料选编》第四编，南开大学出版社1984年版，第381页。

定，这同样是错误的。

首先，无论在晋察冀、晋冀鲁豫或晋绥，统累税改革并未统一全部的征收，统累税款实际叫"边（区）款（粮）负担"，村款不在其中，后者叫"村款（粮）负担"，另行征收，仍按"村合理负担办法"在村内评议分数分摊。而许多村款其实都是根据地进行人力物力动员所派生的，例如支差费、优抗费、慰劳费、新战士出发费等。

其次，统累税在实际分配征收任务时，并不是完全根据分数进行，仍然会参照实际情况，"根据各地产粮情形，军民需要数……货币情形等等，来决定分配数额之多寡"[1]。所以，统累税在实施中仍然保留了一定的摊派做法，其目的应是形成压力推动各地积极征收。而且，晋察冀等根据地是处在战时环境中，不可能在区内普遍地、稳定地拥有按部就班实施统累税的条件，一旦战事开启，军需紧急之下，势必重启村庄摊派。作为这一情况的反映，晋察冀边区几次试图整顿混乱的村财政，但一遇到日军"扫荡"，秩序刚有起色的村财政便又重陷混乱，原因便是兵差军需导致频繁采取村庄动员。因此，战时环境使得统累税不可能真正终结村庄动员。

再次，村庄在统累税的实施过程中也并非不再重要，相反，村庄仍然是统累税成功进行的基础。晋察冀边区的领导干部从一开始就不断强调村庄对统一累进税的基础作用。例如，1941年3月16日晋察冀边区主办的《边政导报》刊文指出："村庄是边区一切工作的基础。统一累进税的胜利的进行，同样必须依靠于每一个村政权。"[2]彭真在1941年7月向中共中央的汇报中也强调说，"根据地税收机构的基本单位是村"，"根据地政权的细胞组织，是村政权，根据地财政建设的基础也在村"。[3]晋察冀边区北岳区的党委书记刘澜涛在1941年的工作报告中则具体指出，"村为实行统一累进税的基础。调查评议及规定免征点的升降，均以村为基础"[4]。可见，统累税的改革不是绕过了村庄组织，而是继续以村庄为基础。

---

[1]　魏宏运：《抗日战争时期晋察冀边区财政经济史资料选编》第四编，南开大学出版社1984年版，第336页。

[2]　魏宏运：《抗日战争时期晋察冀边区财政经济史资料选编》第四编，南开大学出版社1984年版，第402页。

[3]　彭真：《关于晋察冀边区党的工作和具体政策报告》，中共中央党校出版社1997年版，第140页。

[4]　魏宏运：《抗日战争时期晋察冀边区财政经济史资料选编》第四编，南开大学出版社1984年版，第298页。

最后，统累税尽管不再像此前的村合理负担那样强调属地管理，使村庄的边界传统失去上面的支持，但统累税通过统一分数制的分值，使得近代以来华北农民通过迁徙以躲避村庄重负的行为变得不再必要，这对巩固村庄共同体是有益的。冀中1943年的总结报告说，统累税的实施使过去许多逃亡敌区的地主重新回到根据地。[1]《解放日报》在报道晋察冀边区的统一累进税改革时也提到："雁北的地主说，'早实行统累税三年，我们就不会逃亡'。"[2]

因此，统累税改革并未真正改变村庄动员的框架。从理想目标看，晋察冀等华北根据地在统累税改革上有超越村庄动员框架的想法，试图将外部权力直接渗透到村庄内部，使社会动员变成一种简单的数目字操作的过程。但在实际执行中，客观存在的村庄独立性及战时环境的复杂性使得这一意图只能部分实现。总体上看，晋察冀边区的统累税是一场在超越村庄动员的思维下，实质上只对村庄动员形成了改良、促进的改革。统累税改革仍延续着村庄动员的基本框架，又为之融入了数目字管理的新元素。因此，统累税改革最终使得晋察冀边区的村庄动员模式趋于成熟。

与此相应，晋察冀边区在村政权的建设上也逐步达到了成熟模式，村庄更加深入地融入到中共的权力体系中。我们需要对这一村庄动员的组织基础进行考察，看看它的建设过程与组织特点。

五、中共对华北村庄政权的改造：村庄动员组织基础的形成

在中共之前，国民党的地方实力派在山西和华北平原已经着手进行村政权的建设，阎锡山在"村本政治"之下设计的编村制度是其中最具成效的。向来重视基层社会经营的中共在进入华北地区后，各抗日根据地的领导层对于村庄政权的基础性作用都有明确的强调。1938年初晋察冀边区创建后，其领导层对村政权的改造、建设高度重视，一直自觉地将之放在决定整个边区政权运行状况的地位加以强调。中共中央晋察冀分局书记彭真在1941年《关于晋察冀边区党的工作和具体政策报告》中，总结指出了晋察冀边区对村政权重要性的一般认识是："村政权是政权的基础组织，它对于政权的重要性等于支部组织之对于党。如果村政权不改革，则一切好

---

[1] 中共河北省委党史研究室，冀中人民抗日斗争史资料研究会：《冀中抗日政权工作七项五年总结（1937.7—1942.5）》，中共党史出版社1994年版，第110页。

[2] 孙元范：《关于统一累进税在晋察冀的实施》，载《解放日报》1942年8月10日。

的政策和制度,一到村级就往往变了质,顶好的善政变成顶坏的苛政。"[1]晋察冀边区行政委员会主席宋劭文则指出:"一切工作在于村,复杂的问题,都发生于村,村政权是政权的细胞组织。"[2]

无独有偶,冀鲁豫边区在1943年也总结说:"一切工作在于村,村是一切决议、法令、指示的最后执行者,村是各种组织的基层,村是直接与群众联系的基础,这些已经是肯定的答案。村,它不仅是我们活动的战略基本单位,而且是一切物质供给的主要渊源,它不仅是各种具体法令实施的园地,而且是统一战线的真实政策'三三制'政权实现的基本园地,团结与联合各阶层共同抗日,又必须在村中来具体实现,至于发动群众,组织群众,教育群众,发挥广大群众的抗日积极性,又必须认真地在村中来作。如此,村级工作是非常复杂而繁重的了。正因为村级工作这样的复杂与繁重,它更加重了目前村级工作的重要性。"[3]

由于通过村庄进行资源动员的需要,华北各根据地在建立伊始便纷纷着手村政建设。在这一方面,晋察冀边区也堪称典型,其领导层在村政建设上具有高度的自觉性。例如,彭真在1941年推行统累税时指出:"根据地财政建设的基础在村,村财政和税收的可靠保障,是健全的村政权,村代表会和健全的支部。没有这些条件,统一累进税的实行是较困难的。"[4]下面我们将以晋察冀边区为中心,观察中共在华北农村的村政改造和建设。

(一)晋察冀边区的村政改造

那么,晋察冀边区是如何进行村政改造和建设的呢?首先须看到,在抗日民族统一战线与承认国民政府领导权的限制下,中共在华北地区不能再采取苏维埃时期的直接以暴力摧毁旧乡村政权的做法。因此,晋察冀边区在抗战时期对旧乡村政权只能采取和平改造而非另起炉灶的做法,通过在人事、架构上进行调整来改造村政

[1] 彭真:《关于晋察冀边区党的工作和具体政策报告》,中共中央党校出版社1997年版,第27页。

[2] 河北省档案馆馆藏,档案号:579-1-21-82. 转自李春峰:《抗战时期晋察冀边区村政权建设的特征与意义》,载《延安大学学报(社会科学版)》2013年第6期。

[3] 谢忠厚,张圣洁:《冀鲁豫边区群众运动资料选编》,河北人民出版社1992年版,第391页。

[4] 彭真:《关于晋察冀边区党的工作和具体政策报告》,中共中央党校出版社1997年版,第142页。

权，使之逐渐变成完全隶属于自己的权力基础。

在"村合理负担"启动的同时，晋察冀边区即展开了对村政权的改造。第一个阶段的改造主要遵循的是人事更换思路，旨在将原有的村政权人员换成中共认可的人，以达到控制村政权的目的。但在国共合作之下，晋察冀边区不便直接以武力驱逐原有的村政权人员，于是主要采取了以组织民选的方式来推动对村政权人事的更替。

1938年3月，晋察冀边区首先发起反贪污斗争使得旧的村政负责人纷纷倒台。当时，晋察冀边区内的大多数村庄都成立了清查账簿委员会，中共组织起来的农会在其中起主导作用。通过清算村账，清算不合理负担和鱼肉乡民的行为，一大批由阎锡山政府精心挑选的编村村长和村副倒了台。[1]接着，晋察冀边区便展开民选村长运动，组织农民选举新的村长。为引导规范民选村长运动，晋察冀边区在1938年3月23日颁布了《晋察冀边区区村镇公所组织法暨区长、村长、镇长、闾邻长选举法》。当年的选举中，晋察冀边区有8 000多个村庄进行了民选村长的运动，参选公民占40%～50%；冀中区有3 128个村庄进行了选举和改选，占所属村庄总数的68%。[2]这次村选对于改造村政权起了一定作用，晋察冀边区借此初步获得了对各村庄的控制、动员能力。

然而，由于村选并未改变阎锡山所推行的编乡编村及闾邻长制度的框架，只简单地通过选举更换了村长人选，新当选者的阶级成分及行为取向都缺乏制度性保障，很难保证他们能脱离豪绅地主的控制。彭真回忆此次村选的情形时说：

> 许多地方轰轰烈烈改选村长的结果，最初往往是以暴易暴，新当选的仍然是劣绅土豪，于是，我们开始注意成分，但是被豪绅地主所豢养的流氓又往往出而膺选。是的，最大多数当选者是真正的革命群众，甚至是贫农和雇农，但是不久又发现他们中间有些人接二连三的被地主豪绅所收买。[3]

可见，这次村选的收效不佳，许多村庄干部不能得到村庄内部大多数人的支持，而且由于村政权过于依靠村长，既令村长事务过于繁重，又使村政权脆弱易

---

[1] 张鸣：《乡村社会权力和文化结构的变迁（1903—1953）》，广西人民出版社2001年版，第173页。

[2] 谢忠厚，肖银成：《晋察冀抗日根据地史》，改革出版社1992年版，第79页。

[3] 彭真：《关于晋察冀边区党的工作和具体政策报告》，中共中央党校出版社1997年版，第26页。

折。1938年秋季，在日军对晋察冀边区进行大规模"扫荡"之下，区内众多村政权由于村长逃跑、投降等行为而轻易垮台。这一现象将此时期的村政权的缺点暴露无遗，迫使晋察冀边区的领导层不得不进行反思。晋察冀边区行政委员会在1939年的组织新一轮村选的报告中提到："村政权之脆弱无力，不足以适应战斗环境担当战斗任务，在（民国）二十七年最末一次粉碎敌人围攻中，暴露的最为明显。"[1]中共中央北方分局书记彭真更是根据马克思主义的国家理论对这次村选运动失败的原因进行了深入反思，他指出：

> 这个时期，政权改革的最大特点，是只从人的改选方面来改革旧政权，还没有真正了解革命的人民不能"简单的夺取现成的国家机关而运用来达到自己的目的"，还不了解一定性质的政权，需要完全与之相应的组织机构，而旧的村长制等乃是封建国家制度的基础组织，是封建国家的肢体，不能片断地割下来强装在新民主主义政权的躯体上……经过了许多波折之后，我们逐渐了然于政权彻底改革的"先决条件，是破坏和打碎现成的国家机器"，并非简单撤换或改选一两个政权工作人员所能奏效。[2]

反思之下，从1939年初展开的第二次村选运动起，晋察冀边区改变了仅仅改选村长的简单思路，开始转为从结构上对村庄政权进行改造。改革的第一项内容是推进对村政权的外部控制，具体办法是缩小区一级的规模，从而强化区对村的自上而下的领导。晋察冀边区成立时，各县继承的是区划辽阔的大区制，一个区管辖五六十个村，有的多达几百个村。这种大区很容易被日军的进攻分割扰乱而瓦解，而且因为区划过大，干部无法进行有效的区内工作，大多停留在简单的传达上。为了克服这些问题，1939年晋察冀边区决定改行小区制，增强区在游击战中的自给自足能力，并密切区与村之间的联系。[3]彭真对此指出，晋察冀边区此时开始"普遍实行小区制度，一个县把原来的四个至五个区，划为六个到十个区。这样就使区

---

[1] 河北省社会科学院历史研究所，河北省档案馆：《晋察冀抗日根据地史料选编》上册，河北人民出版社1983年版，第106页。

[2] 彭真：《关于晋察冀边区党的工作和具体政策报告》，中共中央党校出版社1997年版，第25—26页。

[3] 李公朴：《华北敌后——晋察冀》，生活·读书·新知三联出版社1979年版，第89—90页。

政府容易领导村，村民容易了解区政府及本区的一切情形，人民到区政府去办事，区政府工作人员到各村进行工作，当天可以往返，因而，工作效能和速度大大提高"[1]。在小区制下，晋察冀边区的区一级所辖的村减少到三十个以下，辖境不超过三十千米。

第二项改革是对村政权的内部结构进行改造，它的意义更重要。在1939年初的村选运动中，晋察冀边区为了修正村政权过于依靠村长个人、基础单薄的弊病，一方面在村公所下面增设调解、经济、生产、教育等委员会，既能对村内各阶层的积极分子进行吸纳，又明显增强村政权的工作能力，保证边区一级的政令、指示得到贯彻；另一方面，晋察冀在村公所之外又新设立了村民代表会议，将之作为村内最高议事机关——村民大会的常务执行机关，以便增强村内民意对村公所的制约力量。村公所与村民代表会议此时都是由村民选举产生，因此二者乃属平行分立的关系。

但这一平行结构实行近一年后，晋察冀边区的领导层认识到它并不足以保障民意的力量，因为代表会议无选举罢免村长、村副之权，同时旧的以户口为单位的邻闾制尚妨碍着村民代表会议发挥作用。由此，晋察冀边区的领导人决定将村公所与村民代表会议的平行结构修改为"议行合一"的集权结构，并将邻闾制改为重新编排的公民小组制。

1940年5月24日，彭真就晋察冀边区村政权组织问题向北方局和中央报告，认为过去村政权组织的主要缺点有二："1. 村长副与村代表会平行，代表会无选举罢免村长副之权；2. 邻闾长一方面使村政权不能脱离封建家长制束缚，一方面使代表会不能发挥应有作用，甚至成为形式。"[2]彭真就此提出："我们决定变更村政权组织如下：1. 村代表会设正副主席各一人，对外为村长副。2. 各委员会（指村公所）由代表会组成，主任委员必须是代表，其他委员不限于代表。3. 添设民政委员会（优抚工作由民政委员会兼理）。4. 由村长副各会主任委员及自卫队长组成村政会议（实际就是村执行委员会）。5、取消邻闾制、保甲制、排（牌）户制、族长制，但仍保存闾的名义。每个闾的公民15人自由编组，推选一代表，每闾设代表主任1人。原人力动员及一切工作，均以闾为单位，经过代表会及公民进行

---

[1] 彭真：《关于晋察冀边区党的工作和具体政策报告》，中共中央党校出版社1997年版，第26页。

[2] 《彭真关于晋察冀边区村政权组织问题的报告》（1940年5月24日），谢忠厚，宋学民：《晋察冀边区民主政权建设文献选编》上册，中共党史出版社2013年版，第256页。

之。物力财力动员由代表主任与代表仍按户口进行。"[1]

在这一思路下，晋察冀边区于1940年6月颁布《晋察冀边区县区村暂行组织条例》，将村民大会和村民代表会议从议事机关升格为权力机关，其中规定："村民大会为村政最高权力机关，由村公民组织之。村民大会于闭会期间，由村民代表会代行其职权"，"村民代表会，于村民大会中由公民小组选举之代表组成之"。村民代表会设主席、副主席各一人，由代表用无记名投票法互选之，村民代表会正副主席兼任村长副。[2]1942年2月5日，《晋察冀边区行政委员会关于村政权的组织领导制度作风的指示信》中进一步明确指出，"村代表会是村政权的权力机关"[3]。

这些规定从制度上确立了村代表会的中心地位，通过落实马克思主义国家理论所提出的"议行合一"原则，将村公所变成村民大会和村代表会监督的对象，晋察冀边区得以克服了村长副与村代表会因平行分立而在工作中互相扯皮的现象。这种围绕村代表会议建立的集权结构切实扩大了中共在村庄内的权力基础，使中共能够通过主要由贫农、佃农、中农构成的代表会议来掌控村政权，而不再单纯依靠村长副等少数几个人。此外，晋察冀边区还得以废除了将村政权与村民个体间隔开来的邻闾制。

1943年1月21日，晋察冀边区第一次参议会通过了《晋察冀边区县区村组织条例》，进一步以行政条例的正式形式将晋察冀边区此前几年在村政权建设上摸索出的有效制度系统化，确立起以村代表会议为村最高权力机关、以多个委员会为村公所行政基础的村政模式。

与此同时，晋察冀边区连续在乡村基层组织民主选举，产生出许多鲜活的本土选举办法，例如红绿票选、投豆法、烧洞法、画圈法、画杆法等。[4]通过选举和组

---

[1]　《彭真关于晋察冀边区村政权组织问题的报告》（1940年5月24日），谢忠厚，宋学民：《晋察冀边区民主政权建设文献选编》上册，中共党史出版社2013年版，第256页。

[2]　《晋察冀边区县区村暂行组织条例》（1940年6月15日），谢忠厚、宋学民：《晋察冀边区民主政权建设文献选编》上册，中共党史出版社2013年版，第271页。

[3]　《晋察冀边区行政委员会关于村政权的组织领导制度作风的指示信》（民字第3号）（1942年2月5日），谢忠厚，宋学民：《晋察冀边区民主政权建设文献选编》中册，中共党史出版社2013年版，第425页。

[4]　张鸣：《乡村社会权力和文化结构的变迁（1903—1953）》，广西人民出版社2001年版，第179页。

织结构的改革，晋察冀边区到1940年末已基本上完成了对村庄政权的改造，将政权主要转移到雇农、贫农和中农的手中。据统计，在1940年的村庄普选运动之后，冀中七个县里，雇农、贫农和中农在村代表会中共占据了87.1%的比例，在村主席、秘书中也占据了90.9%的比例。地主和富农只在村政权中占有很弱小的比例。[1]

这些改革瓦解了长期以来富户阶层对村庄政权的权力垄断，但在基层也产生了完全排斥地主、富农的"左倾"倾向。虽然党屡屡强调维持统一战线，但是在基层农村中执行起来却难以保证。"当村选进行时基本群众态度很狭隘，独占的倾向极浓厚，非常怕地主、特别顽固分子当选复辟，又来压迫他们（甚至对中间分子也不放心）。"[2]而晋察冀边区的基层干部也保留着土地革命时期积累下来的惯性心理，总是倾向于把所有的富人看作土豪劣绅，找各种借口剥夺他们的选举权和被选举权。干部与贫雇农经常对选举做手脚，例如发现地主乡绅当选，就将选举临时宣布为试选；有的则用"调虎离山"的诡计，不预先宣布选举日期，只秘密通知下层群众，趁地主乡绅离家上集、赴会之时，突然进行选举；还有的更高明地使用所谓"满天星"的办法将地主乡绅的集团拆散，打乱到临时划分的公民小组中，分而治之；更夸张的是，有些雇农甚至强迫雇主选自己，还美其名曰"劳资合作"[3]。这种搞清一色的基本群众垄断政权的倾向在根据地其他层级的政权中同样存在。

面对这种党内自动滑向"左"倾，排斥中间分子的趋势，1940年毛泽东在《抗日根据地的政权问题》的党内指示中明确提出了"三三制"的原则——要求在政权的人员分配上，共产党员占三分之一，非党的左派进步分子占三分之一，不左不右的中间派占三分之一。规定这三个三分之一，重点不是为了确保党员在基层政权中的比例，而是以硬性规定中间派比例的方式避免共产党自我关门排斥中间派。尽管在贯彻中，三三制越到基层，越是实行民主选举，实际上越"不可能普遍的严格的

[1] 彭真：《关于晋察冀边区党的工作和具体政策报告》，中共中央党校出版社1997年版，第44页。

[2] 彭真：《关于晋察冀边区党的工作和具体政策报告》，中共中央党校出版社1997年版，第42—43页。

[3] 彭真：《关于晋察冀边区党的工作和具体政策报告》，中共中央党校出版社1997年版，第41—42页。

实现"[1]；但三三制的推行，的确为农村的富人进入乡村政权留下了一道门缝（乡绅的参政主要在村以上），不至于完全被排斥在外。所以，三三制执行后，许多原来抱有异心的地主也开始接受和认同新的村政权。有的地主用新旧交杂的语言称赞说，"过去村公所都是帝国主义，现在仁义了"[2]。

通过村庄的选举和组织改造的实施，村政权在结构上与原来相比有了很大的变化。中共实现了控制村政权的目的，将村政权更换为受自己扶持的中农贫农为主体的结构。但，通过三三制，中共又自觉地修正在村庄政权上清一色的左的偏向，又在一定程度上维持了村庄权力结构的平衡，避免了村政权因阶级成分的单一化而不能使整个村庄认同之。

如果与中共在苏区时期的乡村政权比较，同样可以发现晋察冀边区所建立的这套乡村政权有很大的不同。首先，中央苏区实行的是省、县、区、乡四级行政制度，并没有在村一级设立正式政权，而以乡为政权的最基层。在苏维埃临时中央政府成立之前，中央苏区的乡村政权设置未形成规范，各地参差不齐，有的地方只设立了乡苏维埃，有的地方在乡之下还设立了村苏维埃，还有的地方则是临时性设立村政权。例如，毛泽东在1930年10月写作的《兴国调查》中提到，当地"二月到五月有村政府，分田时候实在需要村政府。田分完了，村政府可以不要了，并且立起来又没钱用——即使不要伙食，办公费多少要一点。革命深入之后，分了田，十家一组编了组，又有了赤卫大队，不要村政府也可以了"[3]。

苏维埃临时中央政府成立后，开始对乡村行政制度重新规范，除了推行小乡制外，还按照减少级数、便利管理的原则，统一确定乡苏维埃为苏区的基本组织，撤销村级苏维埃。1931年11月27日，在第一次全苏大会后召开的中央执行委员会第一次全体会议上，通过了《地方苏维埃政府的暂行组织条例》。其中对省及省以下地方行政制度进行了规定，要求统一设置省、县、区、乡四级苏维埃，各级城市苏维埃相应为中央、省、县各级政府直属。[4]在这一规定下，中央苏区以及其他苏区的

[1]　彭真：《关于晋察冀边区党的工作和具体政策报告》，中共中央党校出版社1997年版，第53页。

[2]　彭真：《关于晋察冀边区党的工作和具体政策报告》，中共中央党校出版社1997年版，第55页。

[3]　《毛泽东农村调查文集》，人民出版社1982年版，第245页。

[4]　江西省档案馆，中共江西省委党校党史教研室编：《中央革命根据地史料选编》下，江西人民出版社1982年版，第146—158页。

村级苏维埃大多被撤销，乡和县属城市苏维埃成为苏维埃政权的基本组织。毛泽东在《乡苏怎样工作？》一文中就此指出，"乡苏维埃（与市苏维埃）是苏维埃的基本组织，是苏维埃最接近群众的一级，是直接领导群众执行苏维埃各种革命任务的机关"[1]。毛泽东在《长岗乡调查》一文中又说，"一切苏维埃工作的实际执行都在乡苏与市苏"[2]。

中央苏区的后期，村政权又开始获得重视。例如毛泽东在1934年的《乡苏怎样工作？》中提出，"乡的工作重心在村，所以村的组织与领导，乡苏主席团应该极力注意"，要求"一切没有分村的乡，都要实行划分"，并且在村一级设立村代表主任、副主任。[3]这一提法与《兴国调查》中发现的对村政府"可以不要"的权宜性观念显然很不同。不过，这并不代表中央苏区开始正式在村一级建立政权组织。事实上，中央苏区内各村的代表主任、副主任只是由乡代表会议从村内的多位乡苏代表之中推举产生，准确地说，他们仍然是属于乡苏维埃的构成人员，而并非属于村政权自己。

其次，在以乡苏为中心的原则下，相应地，中央苏区对村一级的管理主要通过乡苏代表进行，呈现垂直化管理的特征。中央苏区在村一级的管理上推行乡苏代表联系村民的制度，以及代表主任制度。乡苏代表联系村民的制度就是将全村居民交由村内的多位乡苏代表划片分管，使每一乡苏代表负责与30～70名居民固定联系。毛泽东在《乡苏怎样工作？》就此提出，"实行每个代表分工领导居民群众的制度。比如某村有代表十五人，有居民五百人，即将此五百人按家屋接近划分为十五个单位，分配每个代表管一个单位的群众"[4]。村中的乡苏代表的基本职责是组织村民贯彻乡苏决议，毛泽东对此还提出了一套详细的工作方案：

> "每个代表要召集自己所管理的几十人开会，这种会议以半个月一次为好。会议采取谈话的方式，在晚上或有空闲的时间举行之。在这种会议上，检查各家执行苏维埃工作的情形，讨论现在要做的工作，报告乡苏决议，征集群众的意见，两村或乡代表会议报告，会议并可以开展相互间的批评，如某家当红军的回来未归队，某家春耕不努力，某人帮助红军家属

---

[1] 《毛泽东文集》第 1 卷，人民出版社1993年版，第343页。
[2] 《毛泽东文集》第 1 卷，人民出版社1993年版，第276页。
[3] 《毛泽东文集》第 1 卷，人民出版社1993年版，第350页
[4] 《毛泽东文集》第 2 卷，人民出版社1993年版，第351页。

不上紧，某家孤老应该帮助，大家不注意等等。这种会议可以最迅速普遍的传达苏维埃的决定，使苏维埃的工作很快很顺利的进行，使群众生活很快的得到改善。"[1]

同时，中央苏区在村一级实行代表主任制度，每一村都设有主持全村工作的苏维埃代表主任1名，他们由乡苏维埃主席团指定。村代表主任是在乡苏维埃主席团的领导下，负责召集村内的代表及其管辖的居民开会，传达主席团的决议、通知，执行乡苏维埃政权的一切任务，并讨论解决其领导下居民中需要解决的较小的问题。村代表主任制度的作用是使乡主席团与各村的乡苏代表之间的联系密切起来，并使村的工作得到有力的指导。在毛泽东看来，村代表主任制度与乡代表联系村民的制度一起构成了乡苏维埃制度的优胜之处，它们将全村居民紧密组织在乡苏维埃之下。他在《才溪乡调查》中指出：

"村的代表主任制度及代表与居民发生固定关系的办法，是苏维埃组织与领导方面的一大进步。……乡的中心在村，故村的组织与领导成为极应注意的问题，将乡的全境划分为若干村，依靠于民众自己的乡苏代表及村的委员会与民众团体在村的坚强的领导，使全村民众像网一样组织于苏维埃之下，去执行苏维埃的一切任务，这就是苏维埃制度优胜于历史上一切政治制度的最明显的一个地方。"[2]

由此可见，在临时苏维埃中央政府成立后，中央苏区在基层建立的是一种以乡苏为中心、对村庄进行垂直管理的权力框架。这一权力框架能够保障中共将苏区内的农村社会充分动员起来，但并没有在村一级设立独立的、完整的政权。

而晋察冀边区实行的是边区、县、区、村的四级行政制度，层级数量虽与中央苏区一样，但具体构成不同。晋察冀边区没有设立乡这一级，而改以村为最基层的组织。实际上，晋察冀边区从一开始就继承了阎锡山在编村制度下所设立的村公所，在村一级拥有正式的行政机关。对于晋察冀边区而言，问题不在于是否要建立独立的村一级政权，而在于如何对已经存在的村政权建立有效的掌控，以及如何去加强村政权的独立性与完整性。因此，晋察冀边区成立不久，便开始大力推行村选运动，此后又将改造重点放在村政权的议行关系结构之上，从而不断增强村政权作

---

[1]　《毛泽东文集》第2卷，人民出版社1993年版，第352页。

[2]　《毛泽东文集》第2卷，人民出版社1993年版，第325页。

为独立层级的属性。

1939年初，晋察冀边区在村庄层面增设村民代表会议，这使得村庄一级开始拥有常设的代表机关。1940年6月，晋察冀边区在其颁布的《县区村暂行组织条例》中又规定，上一级的代表机关不能直接对下一级的政府产生权力关系。这意味着区一级的代表机关在晋察冀边区不能对村庄内的事务进行直接的垂直管理，村政权成为完整的独立层级的趋势更加明显。1942年，晋察冀边区将村长、村副由村民票选产生的方式，进一步更改为由村民代表会议选举产生的办法。这一改革使晋察冀边区的村庄在权力运行上形成了议行合一的完整体系，从而彻底奠定了村政权作为独立层级的地位。

于是，在村庄管理上，晋察冀边区不再像中央苏区那样由乡苏维埃进行垂直性管理，而是依靠独立于区一级的村政权进行横向的属地管理。晋察冀边区相应地在村一级增设了多个委员会，村公所中除了村长、副村长各1人之外，一般还包括有委员3~5人（即民政委员、财政委员、教育委员、实业委员、粮秣委员），治安员1人，人民武装中队长1人，指导员1人。这一结构就使晋察冀边区在村一级具备了相当完整而强大的行政能力。

总之，晋察冀边区在村政权建设上相较于中央苏区而言有重要的差异，后者是一种以乡苏为中心、不单设村庄层级的基层政权模式，而前者则在区一级下面直接建立有着完整权力框架、成为独立层级的村政权。（见表4.4）

表4.4 中央苏区与晋察冀边区的村政权模式之比较

地区 内容	中央苏区	晋察冀边区
村政建设方式	打碎重造，移植苏维埃制	逐步改造，本土化创制
村的政权性质	非独立层级，以乡为最基层政权	独立层级，村为最基层政权
村行政权来源	未设村代表会议，村代表主任、副主任由乡苏推举	设有村代表会议，村长村副由村代表会议选举
村行政权结构	结构简单，未设立职能委员会	结构复杂，设立多个职能委员会
村的管理模式	以乡苏为中心，垂直管理	村一级议行合一，属地管理

（二）晋察冀边区加强村级政权的原因及效果

晋察冀边区为什么会选择与中央苏区不同的村政模式？要知道，吴重庆、黄道炫等研究者已证明，中央苏区的基层政权模式已经形成了很强的控制与动员能力。[1]例如黄道炫指出，在中央苏区"中共则建立了县、区、乡三级基层政权，设立村代表制度，并且村内有乡苏各种委员会的代表，并建立贫农团、妇女代表会、少先队、儿童团等群众组织，以党支部为中心领导。纵横交错之间，形成了严密的组织体系。中共关于春耕的动员就可以见到这一严密体系的整体运转情况"[2]。而且，有研究者新近指出，中央苏区不设立村级政权是一种自觉的选择，目的是为了压缩行政人员与开支，减少行政接转环节；裁撤村级政权也未影响到中央苏区的高效运行。[3]那么，为什么晋察冀边区没有沿用中央苏区的村政模式，而要将村政权建成独立的层级？

在这一问题上，中国共产党从土地革命到抗日统一战线的路线变化是一个显见的影响因素。由于实行抗日统一战线，晋察冀边区有必要也有可能利用当地原有的国民党政权形式进行抗战动员，对边区内已经存在并行之有效的村政权因此倾向于改造利用而非摧毁重造的态度。而且，在意识形态上，晋察冀边区设立村一级代表会议和政权的做法相对于中央苏区来说，某种意义上还更符合"以俄为师"的标准。因为共产国际在指导中共筹建政权的过程中，最初是要求设立村级苏维埃的。1930年8月，共产国际东方部在关于中国苏维埃问题的决议案中，按照苏联的模式提出了设立村苏维埃政权作为最低一级苏维埃，在此基础上再成立乡苏维埃。决议案称，"不满10户的小村必须联合两至三个同样的小村选举共同的苏维埃（某某几村工农兵代表会议）。各村苏维埃及由几个小村联合组成的村苏维埃，必须选举代表与候补代表共5人，组成乡苏维埃（以某镇为中心）"[4]。

但是，除了这些因素之外，影响晋察冀边区选择以村作为最基层组织的最重

---

[1]　吴重庆：《革命的底层动员》，《读书》，2001年第1期。黄道炫：《张力与限界：中央苏区的革命（1933—1934）》，社会科学文献出版社2011年版，第112—115页。

[2]　黄道炫：《张力与限界：中央苏区的革命（1933—1934）》，社会科学文献出版社2011年版，第112—115页。

[3]　何友良：《苏区制度、社会和民众研究》，社会科学文献出版社2012年版，第255页。

[4]　《共产国际东方部关于中国苏维埃问题决议案》，中央档案馆：《中共中央文件选集》第6册，中共中央党校出版社1989年版，第617页。

要的因素可能来自军事战略的需要。抗日战争开始后，中共军队从运动战转向游击战。由于抗日根据地的政权建设本质上是围绕为中共军队服务而展开，作战形式的这一变化势必会对晋察冀边区等的基层政权模式选择造成重大影响。

中央苏区在1930年10月形成后，红军在作战形式上已从游击战转向运动战。与游击战对军队的集结人数和正规化程度的要求较低不同，运动战采取的是大兵团作战，对军队的集结人数和正规化程度的要求明显更高。因此，在前四次"反围剿"的运动战，尤其是第五次"反围剿"的阵地战中，我们可以看到红军经常是以师旅级为单位进行集结作战。由此，红军所需的后勤补给规模也相应扩大，这对于中央苏区的行政系统客观上提出了应以更大范围的组织作为基本单位的要求，以便有更强的资源动员能力保障独立完成对大兵团的供给任务。就此而言，中央苏区选择以乡为基本组织单位是合理的，符合红军在运动战形式下的军事需要。

而如第三章所述，抗日战争开始后，中国共产党领导层在八路军与日军实力悬殊之下，很快放弃了以大兵团作运动战的形式，转而制定了在敌后开展"山地游击战"的战略。这一战略开始要求将已经正规化的八路军重新化整为零，进行分散的游击战。1938年春，在正面战场形势的迅速变化之下，中共领导层又进一步提出了"平原游击战"的新战略，以图把握在华北地区出现的千载难逢的真空形势进行大发展。但问题在于，中共军队此前在游击战上一直是以山地地形为条件，而在华北平原地区却基本无山地可依托。因此，开展平原游击战起初对于许多中共将领是不敢想象之事。

面对这样的困难，一方面八路军只有将部队进一步分散，除了在根据地内保持一定的以团为单位的主力兵团以备运动战之外，对多数部队要求必须显著缩小集结规模，转向地方游击战。1939年中共中央军委发出《关于坚持平原游击战争的指示》，提出要"加强连队，特别支部以至班、排、小组的工作，保证一班一排都能分散活动的独立作战，能化整为零、化零为整"[1]。在1942年日军"扫荡"最厉害时期，彭德怀更加强调指出，"由于堡垒、封锁沟、封锁墙的增加，正规军不能不更加分散，甚至分散到以班、排、连为单位，进行游击战争"[2]。如此高度分散的基本目的是提高部队的隐蔽性，使部队通过小型化、精干化可以轻易地隐蔽到平原村庄内，从而能将后者利用为军事依托。在这方面，最典型的是冀中根据地的部队

---

[1] 中共河北省委党史研究室：《冀中武装斗争》上，中共党史出版社1994年版，第27页。

[2] 《彭德怀军事文选》，中央文献出版社1988年版，第152页。

在日军"五一大扫荡"之后所开展的"地道战"。地道战的关键就是中共部队通过进一步的小型化、精干化和群众化（轻装、便衣），以及在村庄内挖掘地道，从而解决在平原地区行军、驻防缺少屏障而难以坚持的问题。

另一方面，根据地必须相应地加强对华北农村的控制与动员，以便为八路军在平原上进行游击战提供后勤基础。为了解决平原游击战无险可据的问题，八路军上层提出了造"人山"的思路。例如徐向前指出，"河北是人口较稠密的区域，假如我们能在河北平原地上，把广大的人民推到抗日战线上来，把广大的人民造成游击队的人山，我想不管什么样的山，也没有这样的山好"[1]。晋察冀军区领导人聂荣臻1938年初在与吕正操的谈话中也提出，"人民群众比山靠得住，广泛的群众基础比地形靠得住"[2]。

显然，在强调将民众造成游击队的"人山"的思路下，晋察冀边区等华北根据地在对农村社会的控制与动员上就必须做得比中央苏区更加深入、彻底。而要实现这一点，当然不能仅仅依靠进行宣传鼓动与政策修改，关键在于加强基层政权的建设，这就使得建立和加强村政权成为华北各根据地的不二选择。现实中，从晋察冀、晋冀鲁豫、晋绥到山东根据地，都设立了村一级的政权。

那么，加强村级政权对村庄动员的效果如何呢？仍以晋察冀边区观察，独立、完整的村政权的建立使得晋察冀边区在开展村庄动员上获得了必需的组织工具。在这一基础上，晋察冀边区得以按照村庄为单位来展开整体动员，从而将中共所常用的运动手段贯彻到公粮征收及其他目标的实现上。1939年，李公朴在晋察冀边区就看到了一幕通过组织从县、区到村的同级竞赛，从而形成公粮征收运动的过程，他写道：

> 随着"缴纳公粮条例"的颁布，救国公粮即行开缴。在未开缴之先，边府是多方的向下级征询意见，向民众征询意见，参考修正之后，各县应负担的数目字决定了，颁发下去，于是晋察冀全部的机轮转动起来。各县首先热烈的召开县区干部扩大会议，在会议上讨论及研究征收救国公粮的法令，商讨进行的方法，造成干部动员的热潮。再经过区村干部会议即行按照合理负担的办法分配到各个民户，于是甲区和乙区提出挑战，游击区

---

[1]　《徐向前军事文选》，解放军出版社1993年版，第47页。

[2]　《吕正操回忆录》，解放军出版社2007年版，第81页。

敌占区也向巩固区打来战表，定县和唐县订立了作战协定，二专署向三专署展开了革命竞赛，"保证分配数字的完成！""超过三分之一""采取民主的方式！""完全保证用政治动员的方式完成！"在各色各样的号召和竞赛之下，晋察冀展开了征收救国公粮的战斗。

在二十八年总结这次成绩的时候，征收到的公粮等于期成数百分之八十七，超过必成数的百分之七强，继续着二百万元公债募集的胜利，救国公粮基本上是胜利的完成了，这才奠定了"统筹统支"办法的巩固基础。[1]

若没有可靠的村庄政权，这样的"革命竞赛"情景便很难从上至下进行贯彻，其成功便难以实现。在公粮征收上能够展开"革命竞赛"，这正是晋察冀边区村政权建设的有效性的某种体现。

其他的华北根据地在建立村政权后也有类似效果。譬如，冀鲁豫边区也高度重视村政权建设，到1944年，冀鲁豫边区内建成的村政权已经承接了大量的动员工作，每个村"半年有3大突击、6个运动、12个中心工作（财粮突击、破路突击、民兵突击、一枚运动、援苏抵货运动、扩兵运动……）"，虽然这引起了"命令滚滚下，指示纷纷来"的抱怨，但也从反面反映了村政权对根据地的社会动员的巨大作用。[2]

当然，这种作用并不是单靠村行政机构的建立即可实现。实际上，华北各根据地还进行了大量的村内组织建设和村际交通管制，由此才形成对全体村民的强大控制力。

首先，中共在华北村庄里建立了系统的专政力量。1941年后，晋察冀边区在村庄一级都设有"人民武装委员会"，简称"武委会"，下辖若干名民兵。村公所里还设有治安员一名，隶属边区公安局系统。治安员、民兵的设立，使华北的村政府在历史上前所未有的拥有了暴力后盾；同时，锄奸反特的任务又赋予其以生杀予夺的权力。在河北南部武安县的十里店村，抗战期间村长有了民兵撑腰，

<hr>

[1]　李公朴：《华北敌后——晋察冀》，三联出版社1979年版，第108页。

[2]　中共冀鲁豫边区党史工作组办公室，中共河南省委党史工作委员会：《中共冀鲁豫边区党史资料选编》第2辑（文献部分，下），河南人民出版社1988年版，第414页。

权威大增，可以直接拘留村民，将偷盗的村民抓起来狠打。[1]在冀中地区，游走各村庄间的中共干部发现，"个别村庄，村公所有禁闭室。青抗先、儿童团、农会等等都有禁闭室"[2]。

其次，中共在华北村庄内部进行了繁密的组织建设，使村庄向军事堡垒演变。中共在华北各地建立村庄政权后，即迅速、普遍地在村庄内成立农民救国会、妇女救国会、青年抗日救国会、儿童团等群众性组织。例如冀中在建立了动员委员会后，接着便在农村广泛组建农会、回民救国会、硝盐工会、青抗先、教救会、妇救会、雇工会等。在河北南部的十里店村，抗战开始后，中共在村内组织了妇联、保卫队、老年队、少年团、代耕组、后勤处等。这些组织对农民形成了很强的控制力，以十里店的妇联为例，这一群众组织将全村妇女分成了22个小组，安排村中妇女以小组形式进行纺织和做军鞋，每个小组常常昼夜集中在一起纺纱。妇联给各小组每天都安排了要完成的纺纱定额，如果完不成，妇女们就不好回家，这使得加入其中的妇女们明显感到约束。妇联的权威还体现在它对家庭关系的干预上，在一起婆媳冲突中，媳妇怒而自杀，妇联的干预使得婆婆最终被村政府判处了枪决死刑。[3]

中共还通过推动生产上的劳动互助来加强村庄的组织化。在晋察冀边区，农村最早的劳动互助是为帮助抗属与贫苦农民而建立，那时称"互助团"、"帮耕团"。1939年之后，天灾敌祸纷至沓来，边区陷入严重的困难中。在晋察冀边区农村社区之内，大家共同面临的是"自救"、"共存"的问题，于是，农村一些传统的"换工"、"拨工"互助形式兴盛起来。1943年11月，毛泽东发出"组织起来"的口号，要求"一切男女老少的全劳动力半劳动力，只要是可能的，就要毫无例外地组织起来"。此后，农村社区的农民生产互助合作运动有了全面发展，"变工队"、"拨工队"及各种突击队"普遍组织起来，而在修渠、开荒、修滩、捕蝗、抗旱等生产活动中，劳动互助则向更高形式的劳动互助社发展。据灵丘县98个村庄统计，1944年组织起来的人数占劳动人口的58.1%，而灵寿县芝麻沟全村男劳力

[1] [加]伊莎白·柯鲁克，[英]大卫·柯鲁克著：《十里店（一）：中国一个村庄的革命》，上海人民出版社2007年版，第95页。

[2] 王林：《王林文集（第5卷）：抗战日记》，解放军出版社2009年版，第202页。

[3] [加]伊莎白·柯鲁克，[英]大卫·柯鲁克著：《十里店（一）：中国一个村庄的革命》，上海人民出版社2007年版，第57—58、86、124页。

的94%，女劳力的90%以上已参加拨工互助，建立了"四套合一"（拨工组、合作社、抗联、抗勤小组)的拨工队，形成了高级形式的劳动互助社。[1]

中共甚至还通过家庭会议和户生产计划工作的渠道，把对农民的组织深入到家庭内部。1945年，晋察冀边区党和政府把毛泽东提出的"耕三余一"作为大生产运动的奋斗方向。为保证这一奋斗目标的实现，对农民的生产劳动要有更为严密的组织与具体的要求，于是组织农民家庭会议和制定户生产计划便应运产生。这是个既具体又复杂的组织工作。干部们奔走于农民家庭不说，各村的劳模也成了"作计划的把式"。他们为了能开好家庭会议和订出户计划，必须先了解这个家庭内幕，弄清这个家庭有什么问题，了解家庭成员的"互助关系、每个人的政治觉悟、生产情绪、威信和家庭地位"，其工作之深入细致，可想而知。然而，边区农村社区内的家庭会议与户计划，却具有"广泛性"与"普遍性"，一般地区的户计划与家庭会议做得是踏实的"，生产计划到户"已成一般现象"。

借助上述组织网络，晋察冀边区将农民空前地、最大限度地组织起来，华北农村内的男女老幼被无所遗漏地纳入到各个团体中。村内性别、宗族、辈分的界限被打破，各种群众组织使农民们被组织在党的周围。一对曾在中共抗日根据地居住了两年之久的英国夫妇如是评价中共所建的这套村庄动员体系："这次战争与解放运动所产生的最重大的变迁之一，即是这种家族观念的崩溃。在一致抗日的旗帜之下，大家团结了起来，终于冲破了本来是牢不可破的壁垒，家族的界限是被突破了。如今'村'已成为工作的单位，因此村的力量便足以抵御任何的敌人。"[2]

由此，中共便得以将村庄变成一个全能式的社会单位，可以通过村庄动员轻松地实现对社会资源的自上而下的汲取。而村庄内部，农民开始变得更加封闭，村民的关系网络越来越收缩到村庄之内，甚至与国家也失去直接交往的机会。但村庄对个体的控制力在不断加强。村庄之间的隔离和村庄内的统制使得个体陷入到一张前所未有的绵密的组织网络之中。从税收、战勤、生产互助到水利建设等各项公共事务，中共都将农民个体组织起来，并分配了相关任务。

---

[1] 魏宏运：《抗日战争时期晋察冀边区财政经济史资料选编》第一编，南开大学出版社1984年版，第614页。

[2] [英]班威廉·克兰尔：《新西行漫记》，新华出版社1988年版，第154页。

村民出入村庄也被控制起来，必须持路条通行。冀中根据地发起的"冀中一日"写作运动中含有几则关于村庄查"通行证"的通讯，其中记述了冀中根据地安排老年妇女或小孩站岗查"通行证"的场景。例如，作者看到博野县夹河村南街口安排了一位五十多岁的老太太一边纺线，一边查问陌生人的通行证。[1]这其实是华北根据地农村的典型一幕，中共后来据此编排了一个名为《查路条》的戏剧在各根据地流动演出，剧中负责查岗的就是一名农妇——"刘妈妈"，她的一句关键台词是："朱总司令路过，也要路条子！"戏剧借此向人们强调了必须服从查路条的制度。李公朴1939年到访晋察冀边区后，对路条制的控制力深为叹服，他由此豪气干云地描述说，当日军到来后，"晋察冀的一千二百万人民将到处高呼：'把你们的武器放下，给你们开一个路条，才能回老家'。难道这是一个诳语？没有路条，敌人一个也走不出晋察冀！"[2]

必须看到，路条或通行证制度其实不止是为了对敌军封锁消息及防范敌军渗透，而且也反过来强化着对村民们的控制。一个重要体现是从路条、通行证延伸出来并附着其上的"识字牌"，后者立于岗哨位置，上书文字不时更换，岗哨会依此对路过的村民进行考试，认识这些字方能放行，否则不许通过。冀中根据地由主任公署直接规定了对各村庄每日识字牌的具体文字。如表4.4所示，识字牌上的文字并不是简单的识字扫盲，全部都含有政治教育内容，其主旨其实是为了将中共的意图准确、及时地灌输给村民们，例如告诉农民"多种五谷"、"少种棉花"、"不花河北钞"、"要用边区票"，等等。

这种严密的控制使得华北根据地内的农民日益感觉到活动空间的缩小，连是否参加村内的开会，农民都无法逃掉。农民们还发现，以往的统治者包括国民党尽管税多差多，毕竟躲得过去；而中共虽然没有名目繁多的税种和支差，但却抓得很严，很难再能逃避。

---

[1]　冀中一日写作运动委员会：《冀中一日》（下），百花文艺出版社1959年版，第174页。

[2]　李公朴：《华北敌后——晋察冀》，生活•读书•新知三联出版社1979年版，第7页。

表4.5　1940年4—5月冀中根据地每日识字牌规定的字句表

月	日	写的字	月	日	写的字
4	1	保卫冀中	5	1	侦探敌情
4	2	保卫家乡	5	2	运输子弹
4	3	参加抗日军	5	3	替军队带路
4	4	青年上前线	5	4	募集铜铁
4	5	好人要当兵	5	5	慰劳伤兵
4	6	抗日最光荣	5	6	扫除文盲
4	7	合作社	5	7	人人要识字
4	8	春耕运动	5	8	不花河北钞
4	9	代耕团	5	9	要用边区票
4	10	不荒废一寸土	5	10	男女平等
4	11	多种五谷	5	11	妇女参加生产
4	12	少种棉花	5	12	留心防空
4	13	实行节约	5	13	注意防毒
4	14	不浪费一文钱	5	14	反对敌人烧杀
4	15	不浪费一粒米	5	15	不买敌人东西
4	16	模范村	5	16	不当伪军
4	17	实现民主	5	17	禁止棉花出境
4	18	选举好村长	5	18	我是中国人
4	19	选举区代表	5	19	东北是我们的
4	20	改善民生	5	20	收回东三省
4	21	减租减息	5	21	国共合作
4	22	合理负担	5	22	军民合作
4	23	救济灾民	5	23	反对汪派
4	24	优待抗属	5	24	拥护八路军
4	25	村民公约	5	25	反对摩擦
4	26	自卫队	5	26	坚持进步
4	27	站岗放哨	5	27	抗战到底
4	28	通行证	5	28	坚持团结
4	29	盘查行人	5	29	争取胜利
4	30	捉拿汉奸	5	30	建立新中国
			5	31	封锁消息

资料来源：转自中共河北省委党史研究室编，《冀中历史文献选编》上册，中共党史出版社1994年版，第127页。

这种强大的控制力使得中共能够便利地把税收之外的其他各种动员工作交给村

庄社区完成。以征兵工作为例，中共同样依赖村庄动员来完成。在华北根据地，士兵主要是从当地农民中招募的。在根据地和八路军建设的早期，兵员主要来自无地的流民。而一旦根据地得到了巩固，不但税收成为村庄负责的首要工作，而且征兵也成了村庄的集体责任。在村庄组织化的过程中，一个专司其职的机构——扩军委员会成了村庄的常设机构。根据地政府常在冬春农闲季节发起征兵扩军运动，给村庄干部下达征兵指标。为了配合征兵，保证士兵安心地在部队服役，根据地政府又将优待抗日军人家属作为一项重要工作下派给村庄政府，村庄政府必须对抗属冬季发放补助，年节时赠送礼物，还要在农忙时节安排代耕。尽管任务繁重，但是村庄在既有的组织基础上，可以轻松地完成这些动员工作。一些乡和村的政府机构中甚至成立了一个特别的委员会——优待抗日家属委员会，简称优抗委员会，来负责这项工作。

六、抗战时期中共社会动员模式的新特征

经过从"县合理负担"、"村合理负担"到"统一累进税"的不断推进、调适，中共在晋察冀边区等华北根据地的社会动员建立起了一种令人印象深刻的村庄动员模式。整个抗日时期，中共能在华北地区快速扩展和扎根坚持，都与这种村庄动员模式息息相关。统累税是这一模式的最成熟状态，倘若以统累税为代表看，这一模式具有两个突出的特征，一个是其持久性，另一个是其高效性。

（一）"挤牛奶"：持久化的动员

从中共自身的演变来看，中共在华北地区建立的村庄动员模式最大的特点便是形成了持久性的财经供给，是一种持久化的资源动员。这与中共在土地革命时期的资源动员与获取方式截然不同，后者的短期性质突出。

土地革命时期，中共在农村根据地的资源动员一直是临时性的筹款模式，主要依靠打土豪，财税制度建设很薄弱。在井冈山根据地初创时，因财经无基础，为解决革命战争的供给问题，在战争缴获之外开启了依靠打土豪筹款的办法。当时"政府和赤卫队用费，靠向白色区域打土豪。至于红军给养，米暂可从宁冈土地税取得，钱亦完全靠打土豪"[1]。1927年底，毛泽东明确宣布"打土豪筹款子"是红军三大任务之一，又规定"打土豪要归公"是红军三大纪律之一。

---

[1]　毛泽东：《井冈山的斗争》，载《毛泽东选集》第1卷，人民出版社1991年版，第71页。

中央革命根据地虽然地区扩大、比较富庶，较之井冈山革命根据地经济条件好得多，但在国民党军队的频繁军事"围剿"和严密经济封锁之下，财经问题仍然相当困难。红军扩大与苏维埃政府运行所需开支又日益浩大，因而财政收入的压力不减反增。当时财政来源主要还是靠打土豪筹款和让富农捐款，特别是向白区的地主富农筹款。例如1931年4月毛泽东率领红军第四次入闽打下漳州，"一共筹了百把万款子，并解决了鞋子和布匹西药等问题"[1]。当时，打土豪筹款不仅被视为解决中央根据地财政困难的主要办法，而且被视为发动群众开展土地革命的必经步骤，因为"把土豪打完了，财产没收了，又可以消灭地主阶级在经济上的势力，使他减少反革命的活功，所以打土豪筹款不单可以增加财政收入，而且是镇压反革命活动的必要工作"[2]。

由于打土豪的便捷，苏区各地对征收土地税并不用心，管理既散又乱，"江西各县连土地税都没有开征"[3]。为此，1933年5月《江西苏区中共省委工作总结报告》中反思说："财政经济问题：在全苏大会以前江西苏区各级苏维埃是没有明确阶级路线的经济政策的，财政的主要或者说是唯一的来源是'打土豪'，而对土地税商业税的征收，及发展苏区的经济政策是没有的……"[4]

上海的中共中央在迁入中央苏区之初，曾批评财政部的收入工作的基础是建筑在沙滩上，试图扭转依靠打土豪而非税收的状况，并停止红军的筹款任务，但不久便因财政经费的困窘而回到旧轨。1933年后，由于苏区内经济凋敝，打土豪主要是到白区与新发展区域去进行。毛泽东在1934年的第二次苏维埃大会上报告提出，"向着一切国民党区域去扩大我们的财政收入，向着一切剥削分子的肩上安放着苏维埃财政的担子"[5]。

---

[1] 邓子恢：《红军入漳前后》，载中国青年出版社选编：《〈红旗飘飘〉选编本》（第4集），中国青年出版社1982年版，第250—260页。

[2] 中央财政人民委员部：《筹款方法》，1932年11月6日。转自《革命根据地财政经济斗争史》编写组：《土地革命时期革命根据地财政经济斗争史资料摘编7》，1978年版，第23页。

[3] 江西省税务局等：《中央革命根据地工商税收史料选编》，福建人民出版社1985年版，第126页。

[4] 江西省税务局等：《中央革命根据地工商税收史料选编》，福建人民出版社1985年版，第82页。

[5] 中共江西省委党史研究室，中共赣州市委党史工作办公室，中共龙岩市委党史研究室：《中央革命根据地历史资料文库·政权系统8》，中央文献出版社江西人民出版社2013年版，第1333页。

总体上看，中共在土地革命时期虽然也作了初步的土地税——甚至农业累进税的设计，但这些税收是附属在土地革命的总框架下进行，既不受重视，也所得不多。而累进税由于是在土地平均分配完成之后方出台，更有落空为具文的嫌疑。因此，此时期的资源动员主要呈现为短期性的打土豪模式。

随着苏区的失败，打土豪模式已经被证明是不可取的，其带来的打击生产、赤白对立等负面后果使中共领导层不得不进行反思。抗战时期，中共不仅在上层强调国共统一战线，而且在下层也主张贯彻阶级统一战线，明确放弃土地革命。尽管中共在进入华北地区初期仍一定程度上延续了打土豪的思路，采取了"富户捐"的临时筹募办法，但出于长期抗战的考虑，中共很快在华北各根据地展开从村合理负担到统累税的税制建设，以及相应的村政权建设，由此形成了在资源获取上的村庄动员模式。

与苏区的打土豪模式相较，中共在华北地区创建的村庄动员模式最突出的特点便是更具长期打算，而有意摒弃短期行为。从一开始，晋察冀边区的领导人便明确认识到不能采取苏区时期只顾眼前的剧烈方式，而须从长远考虑采取较温和的"合理负担"的税制来实现对地富群体的资源征收。例如，聂荣臻曾经专门用一个"挤牛奶"与"吃牛肉"相比较的比喻，劝说晋察冀边区的中共干部对地富群体要改变一次搞光的习惯，转用长期征收的办法，以达到中下层农民高兴而地富也可以接受的效果。他说：

> 我们的眼睛不能只盯看上层的开明绅士。假如我们把封建势力比作一头奶牛，我们究竟是经常地"挤牛奶"好呢，还是干脆"吃牛肉"好？"吃牛肉"，把地主的土地统统分光了，一下子就吃完了，这当然很痛快，但是，以后你还吃甚么呢？不光群众吃饭困难，我们部队也会没饭吃。"挤牛奶"，今天挤一点，明天挤一点，贫苦农民的生活可以得到一些改善，对封建剥削势力也没有根本消灭它，农民高兴，地主、富农也可以接受。另外，"吃牛肉"，把土地过早地分给贫苦农民，一切负担就要全部摊派在农民身上，要收税，要征收公粮。农民还没喘过气来，猛然增加沉重的负担，反而对我们不满了。我们暂时不分土地，一步一步地改善贫苦农民的生活，一方面使农民得到喘息，一方面又使他们对将来寄予希

望，清楚革命的任务还没有完成，抗日的热情保持长久不衰。[1]

正是在这种"挤牛奶"的思路下，晋察冀边区不断将合理负担原则贯彻到村庄动员中。尽管1940年前存在将负担过度集中在地富群体身上的问题，以至部分地富逃亡，但随着统累税改革的展开，地富群体急速败落的趋势得到缓和。统累税改革改进了"村合理负担"不利于持久抗战的弊病，促使晋察冀边区的村庄动员更加朝向持久化方向发展。

经过统累税改革，晋察冀边区的负担面得到扩大。例如，1941年第一次统累税征收中，晋察冀边区的负担面就普遍扩大，冀中负担人口达到了总人口的92%；北岳区的负担面平均达到74.4%，有的县超过了80%，最低的也有60%。[2]在负担率上，地富的负担率得到控制。1941年前后北岳区的地主负担平均占到总收入的60%以上，个别的甚至超过了总收入。1942年边区修改统一累进税办法时，规定了各阶层的负担比例最高限度，明确地主最高负担不得超过收入的70%，自此负担过分集中的问题逐步得到改变，到了反攻阶段，晋察冀边区随着地主富农经济的下降，又相应调低了地主富农的负担比例。相反，中农的负担率不断被提高。根据北岳区巩固区调查，中农交纳税款占征收总额的比例，1942年为40.59%，1943年为47.79%，1944年为53.54%，1945年为51.78%。[3]这样，在通过村庄进行征税过程中，晋察冀边区就能达到使财经供给持久化，并维持区内阶级统一战线的效果。

鉴于晋察冀边区及其他华北根据地通过统累税实现持久动员的经验，1944年，中共中央在指示华中根据地以统累税代替合理负担的电报中称：

以统一累进税代替合理负担制度，则可收到下列效果：

1. 使负担面扩大，负担量减轻，于财政收入总额并无妨碍。

2. 征税比较公允，可以刺激根据地的生产向前发展。

3. 按富力逐步累进，使根据地每一公民，均负担一定的不过量的纳税义务（免征者除外），不致有畸轻畸重之弊，这样，可相对调整根据地各阶级关系，特别对中间势力的争取有极大意义。

---

[1] 聂荣臻：《聂荣臻回忆录》中，战士出版社1984年版，第462—463页。

[2] 中华人民共和国财政部《中国农民负担史》编辑委员会编著：《中国农民负担史》第3卷，中国财政经济出版社1990年版，第318页。

[3] 中华人民共和国财政部《中国农民负担史》编辑委员会编著：《中国农民负担史》第3卷，中国财政经济出版社1990年版，第330页。

4. 统一累进税办得好，才算根本扫除了旧时代的苛捐杂税遗迹，而扩大新民主主义的政治影响，你们应考虑在华中实施统累税的具体办法。[1]

这段电报集中反映了抗战时期中共谋求社会动员持久化的意图，从"县合理负担"、"村合理负担"到统一累进税，这一意图日益明确，最终形成为与土地革命时期中共在苏区的短期性动员截然不同的理念。而二者差异的关键是在对阶级斗争的不同主张上，后者主张直接的、暴力的阶级斗争，而前者则认识到统一战线的重要性，强调对阶级斗争的自我节制。聂荣臻所谓的变"吃牛肉"为"挤牛奶"，正是这种新的阶级斗争理念的形象表达。

而这种对阶级斗争的自我节制并未使中共失去对华北农村社会结构的改造能力。在中共的合理负担政策下，地主、富农群体迅速衰落，而贫农和中农不断上升，形成了中农群体的壮大。抗日战争时期，中农群体成为了中共在华北根据地持久抗战的重要基础。杨尚昆在1944年曾总结说："中农（不剥削别人亦不被剥削）在华北是一个很大的数目，因为民主自由的获得，负担的减轻，生活比战前改善了，有一部分已开始向富农转化，因此，他们对抗日民主政权，是表示拥护的，它应该是抗日民主政权的重要社会基础。"[2]

具体案例中，在河北的十里店村，新中农的兴起加强了村庄共同体在日本侵略面前的团结，他们加入到老中农的行列中，使得十里店形成了一个更加坚实的抗日基础。柯鲁克夫妇说："早期曾在抗击日本侵略者过程中发挥了积极作用的老中农，现在，被这些新中农所充实，极大地加强了力量。其结果是大大加强抗敌能力。"[3]柯鲁克夫妇还看到，虽然进入十里店村领导层的新中农仍然保留了一些传统的弱点，他们同样有自私的毛病，总是想方设法为自己谋取一些私利，甚至相互之间耍阴谋，搞权力斗争，但是，新中农成分的村干部普遍具有前任所没有的一个优点，那就是敢于同日本人展开持续不断的斗争。[4]无独有偶，在河北的五公村，

---

[1]　中央档案馆：《中共中央文件选集》第14册，中共中央党校出版社1991年版，第235—236页。

[2]　魏宏运：《抗日战争时期晋察冀边区财政经济史资料选编》第一编，南开大学出版社1984年版，第117页。

[3]　[加]伊莎白·柯鲁克，[英]大卫·柯鲁克：《十里店（一）：中国一个村庄的革命》，上海人民出版社2007年版，第91页。

[4]　[加]伊莎白·柯鲁克，[英]大卫·柯鲁克：《十里店（一）：中国一个村庄的革命》，上海人民出版社2007年版，第94页。

抗日时期也出现了中农群体的扩大，随着这一群体的兴起，村庄愈合了从前的裂痕，人们的关系重新组合，出现了团结抗日的局面。[1]

这种中农的支持与活跃参政，从结构上使得中共在根据地内的社会动员更加巩固和持久。

（二）村为单位：高效化的动员

中共在华北建立的社会动员模式的另一基本特征便是在以村庄为单位进行动员的过程中获得了高效性。尤其到了统累税阶段，这种动员的高效性不仅是形式上的，即像以往的摊派那样简单将动员任务分配到村庄，而且是实质上的，已经是通过深入到对村庄之内的个体信息的有效掌控而形成。进入统累税阶段，晋察冀边区等华北根据地已获得相当详细的数目字调查基础，并设计了相当缜密的制度，此时的村庄动员因此具有了对社会资源的更深程度的动员能力。

从具体表现看，在村庄动员模式下，晋察冀边区的财政收入迅速增长，统累税改革后的增速更是显著。宋劭文在1943年所作的"边区行政委员会工作报告"中举出了相关数据，在这份工作报告中，他指出实行村合理负担后，晋察冀边区的财政收入稳步增长。在钱款收入上，如果把1938年的指数定位100的话，1939年增至396.54；实施统一累进税后，1941年更是猛增为2 724.15；在公粮收入上，1939年的指数是67.11，而1941年同样因为统一累进税的实施而猛增到231.84。（见表4.6）[2]

表4.6　晋察冀边区财政收入的指数变化

年度	钱款收入	公粮收入
1938年	100	100
1939年	396.54	67.11
1940年	532.34	195.07
1941年	2747.15	231.84

资料来源：魏宏运主编，《抗日战争时期晋察冀边区财政经济史资料选编》第一编，南开大学出版社1984年版，第535页。

---

[1]　[美]弗里曼，毕克伟，塞尔登：《中国乡村，社会主义国家》，社会科学文献出版社2002年版，第73—81页。

[2]　魏宏运：《抗日战争时期晋察冀边区财政经济史资料选编》第一编，南开大学出版社1984年版，第535页。

冀中地区的财政收入状况由统累税实施带来的变化更显著，在1938—1941年，尽管1939年、1940年度的总收入因地区缩小而比1938年下降。但到1940年，冀中地区的财政收入便开始实现一个重要的变化，即改变了前两年临时性收入占大多数的状况，经常收入变成大多数。而1941年统累税实施后，不仅其收入几乎完全由经常性收入构成，而且总数比较之前几年大幅度上升。（见表4.7）

表4.7　冀中地区财政收入的指数变化（1938年4月到1941年底）

年度	各年度总收入（以1938年为100）	经常收入与临时收入比较（以当年总收入为100）	
		经常	临时
1938年	100	28%	72%
1939年	45	20%	80%
1940年	65	87%	13%
1941年	595	98.6%	1.4%

资料来源：中共河北省委党史研究室，冀中人民抗日斗争史资料研究会编，《冀中抗日政权工作七项五年总结（1937.7—1942.5）》，北京：中共党史出版社，1994年，第130页。

显然，晋察冀边区在财政收入上的这种迅速增长是由村合理负担和统累税的实施带来的，而后二者都不同程度地利用和推进了村庄的单位化。村合理负担主要是利用了华北地区村庄自发的集体归属性，而统累税则将华北地区的村庄改造为与中共上层更加融合的行政单位，使中共上层可以更加高效地进行动员。

从比较视角看，通过不断强化村庄的单位属性来进行抗战的社会动员，这一模式主要是在华北根据地发明与推进，抗日战争时期中共在其他地区则最初似乎并未采取这种村庄为单位的动员，因此其动员效率也不及华北地区。

例如，在进入华北之前，中共在陕甘宁边区于抗战伊始就开征了救国公粮，但陕甘宁边区此时在制度设计上并未表现出村庄动员的特征。1937年9月29日，陕甘宁边区颁布《救国公粮征收条例》。一方面，该条例要求农户将各项征收所需信息向乡政府登记，"凡边区人民，应以家为单位，将家长姓名、全家人数、全家合计收获量，每人平均收获量，每人应纳公粮数量及全家合计应缴公粮数量，自动呈报乡政府登记"。另一方面，该条例明确规定"救国公粮以区为单位征收，由缴纳人送至区政府指定地点"[1]。可以看到，此时无论在数目字收集或征收单位上，陕甘宁边区所选择的都不是村，而是区乡。因此，陕甘宁边区在征粮的制度设计上不是一种村庄动员的模式。

不过资料显示，陕甘宁边区在实践中仍然倾向于村庄动员。1937年12月陕甘宁边区开征救国公粮后，在延安、安塞、甘泉、安定四县之中延安县的征收成绩最好，边区政府总结原因认为延安县的一条重要经验是其组织动员一直贯穿到了村一级，形成了非常周密的体系。县将征粮任务分配到各区，再到乡后，每一乡又具体规定了各村的完成数目。各村在执行征粮时，还召开村民大会。陕甘宁边区政府因此要求其他各县向延安县学习。[2]但到1938年初陕甘宁边区是否已将延安县的办法上升为全边区的模式？笔者在已有资料中还未看到这一点，反而看到在1938年《陕甘宁边区关于征收救国公粮的决定》中，陕甘宁边区仍然明确规定，"救国公粮以区为单位征收，由缴纳人在规定期限内，自动送至该区指定地点"[3]。

陕甘宁边区此时不明确采取村庄动员的模式，原因应与其在抗战初期的征粮压力不大有关。1937年到1940年，陕甘宁边区在财政上一直主要依靠中共中央协款及海外侨胞的捐款，1940年时这两项还占据着陕甘宁收入的75.65%。[4]所以，陕甘宁边区在征粮上采取了休养民力、减轻农民负担的政策，征粮不多、草尚未征，粮食供应主要靠财政拨款进行采购。[5]因此我们可以理解，在1940年前陕甘宁边区并未着力去建设一套有良好设计的征粮制度，于是也无压力去构建更高效的以村庄为单位的动员体系。

此外，抗日战争时期中共在江南的长江三角洲地区也未采用这种村庄为单位的动员方式，其动员效果与中共在华北地区的动员效果因此也相差很大。刘昶曾对中

---

[1] 财政部农业财务司：《新中国农业税史料丛编》第2册，中国财政经济出版社1987年版，第13页。

[2] 财政部农业财务司：《新中国农业税史料丛编》第2册，中国财政经济出版社1987年版，第24—25页。

[3] 财政部农业财务司：《新中国农业税史料丛编》第2册，中国财政经济出版社1987年版，第45页。

[4] 陕甘宁边区财政经济史编写组，陕西省档案馆：《抗日战争时期陕甘宁边区财政经济史料摘编（第六编财政）》，陕西人民版社1981年版，第44页。

[5] 陕甘宁边区财政经济史编写组，陕西省档案馆：《抗日战争时期陕甘宁边区财政经济史料摘编（第六编财政）》，陕西人民版社1981年版，第95—96页。

共1927—1945年在江南地区的革命动员进行过深入分析，并将之与中共在华北的革命动员做了比较。刘昶认为，中共在江南地区干革命并不成功，基本原因是中共在江南地区没有像在华北地区那样建立以村庄为单位的动员模式。而之所以如此，是因为江南地区的经济形态和社会结构非常独特，该地区的土地所有权集中程度很高，租佃率居全国之首，农村社会中70%以上的农民为佃农，同时地主大多为城居地主，不在村中居住。同时，江南地区相对发达的商业经济又为农民提供了更多的谋生出路和流动机会，当兵不受农民青睐。而在抗日战争时期，江南是日军控制的中心地区，中共虽然控制了这一地区的农村，但无法控制有许多地主居住的城镇，乡下只有少量的小地主。在这种情况下，中共无法对佃农征税，只好采取帮助城居地主收租，然后从中抽税的方式来获得税收。刘昶论述说，"他们利用江南的租佃关系来调解业佃纠纷，来确保税收。在这样做的时候，共产党在苏南根据地并没有迫切的要求去动员和重新组织村庄社区。这与他们在华北根据地的做法截然不同。在华北，村庄始终是他们进行革命动员的焦点。通过革命动员，华北根据地的村庄被成功地建设成革命的堡垒和提供长期人力和物资支持的基地。但这种情况从未在苏南根据地发生。"[1]

刘昶的这一比较使我们更加清晰地看到，中共在华北地区成功进行社会动员的关键便是能够以村庄为单位进行资源动员。华北村庄往往以自耕农为主、地主也大多居村，由此构成了一个边界大体清晰的独立的资源集装器，这便使中共可以通过以村庄为单位的整体控制与动员来实现对农村社会资源的汲取。这种动员方式不仅更加简便省事，而且收获也大得多。在江南地区，通过租佃关系进行征税的模式使得中共的资源动员必须以江南农村社会的地租总额为极限；而在华北地区，中共通过分数制的设计却可以实施"量出为入"的原则，在资源动员的规模上不受地租总额的限制，而以"国民最低限度的消费"为极限。这就使中共在华北地区可以获得最大限度的人力、物力支持。

当然，我们也不能走向社会结构决定论，认为中共在江南地区注定不可能采取村庄为单位的动员模式。实际上，中共在江南地区的动员困境主要还是其实力有限，在激烈争夺的几方力量中居于弱势，因此不得不采用更缓和的阶级政策，缺乏建立村庄动员框架的能力。另一方面，中共本身的主观认识也很重要，在土地革命

---

[1]　刘昶：《在江南干革命：共产党与江南农村，1927—1945》，载黄宗智主编：《中国乡村研究》第一辑，商务印书馆2003年版，第112—137页。

时期的江西地区，中共虽然完全掌控了该地区的城镇与乡村，但因为在主观认识上过度依赖打土豪，也并没有采取以村庄为单位持久动员的模式。因此，中共在华北地区建立以村庄为单位的动员模式并非简单是由华北的农村社会结构所决定，它与中共的能动性创造密不可分。而且只要其军事控制足够有力，中共就有能力将村庄动员模式复制到任何一个看似特殊的地区。

正因如此，尽管华北平原的村庄最适合于中共进行村庄动员的，但中共在其控制的华北山地地区也推行了村庄动员的模式。例如在晋察冀边区，无论是冀中平原或北岳山区，都一致采取了村庄动员模式。差别在于，北岳山区的村庄采取了将多个山地村落合为一个行政村的方式，而冀中平原则往往是一个自然村便成为行政村，这使得后者在村庄动员的效率上相对更高，因为平原村庄的居住更集中、规模更大，从而使村干部可以在更短时间内完成动员任务。例如，《抗敌报》曾报道冀中某县的一名村干部在征粮时宣称："只要一个碾子的时间，公粮即可收齐。"[1]而这是分散的山地村难以做到的，因山地村的居住零散，行政村内的村干部对下属山地村的情况一般都较陌生，且办事时来回奔波的路程都较远，通知集合开会往往都要费半天功夫。例如，平北县在办合理负担中曾抱怨说，"民户居住零散，（有30里或50里是一个村子，平北共52个行政村即有296个自然村），路程既坏又远，再加个别干部生活困难，与对工作认识的不够，集合一次相当费劲，经耐心教育与直接督促帮助后才将这一困难解决"。[2]

总之，抗日战争时期，中共在华北地区放弃了苏区时期采取激烈阶级斗争来进行社会动员的旧模式，转而按照阶级统一战线的思路推行税制改革，并加强与改进村政建设，由此创造出新的兼具高效性、持久性的村庄动员模式。这使得中共在华北地区可以确保平原游击战战略的贯彻，至抗战相持阶段前，中共已成功地实现了在华北地区广泛发展与扎根的目标。

与村庄动员模式相应，中共在组织建设上因此将农会、工会等阶级性群团组织也按照村庄分别设立，在村党支部的统一领导下开展工作。晋察冀边区等华北根据地都从边区一级开始，层层往下建立了四个群团组织，包括农救会、工救会、青救会、妇救会。这些群团组织具有相当的独立性，在村中不受村政权的直接管理，是

---

[1] 《为迅速完成救国公粮而奋斗》，载《抗敌报》1939年11月15日。

[2] 《平北县合理负担总结》（1941年），晋冀鲁豫边区财政经济史编辑组等编：《抗日战争时期晋冀鲁豫边区财政经济史资料选编》第一辑，中国财政经济出版社1990年版，第824页。

一种接近平行的关系。但它们在乡村基层仍采取了按村建立和运作的方式，在实际工作中，这些群团组织也基本是按照上级组织的要求，在村党支部的统一领导下，积极配合村政府开展各项动员工作，例如组织代耕、优待抗属、春耕、运输支前，以及征收公粮等。1942年9月中共中央颁布《关于统一抗日根据地党的领导及其调整各组织关系的决定》，明确规定在地级以上的党政军民各种组织之间，实行"一元化领导"模式，由党委领导一切。该文件一方面称，"民众团体是民众自己的自愿组织的团体，党、政府、军队不应直接干涉民众团体内部的生活。党对民众团体的领导，经过自己的党员及党团……政府应尊重民众团体的独立性"；另一方面又提出，"民众团体应号召民众，拥护政府和军队，协助抗战动员工作。但民众团体并非政权机关，不得代替政府行政及对人民执行逮捕、审讯判决等事宜"。[1]于是，在一元化的领导原则下，阶级性的群团组织——农会、工会虽然有相对于村政府的独立性，但总体上处在村庄动员的框架中，服从于村庄动员的需要。

---

[1]　中央档案馆：《中共中央文件选集》第13册，中共中央党校出版社1991年版，第432—433页。

第五章　阶级动员的升温：抗战后期的减租减息运动

从宏观上看，中共在社会动员上与以往各种政治力量的一个基本区别是中共的社会动员是一种双向的过程，它不是简单地进行单向的资源汲取，而是含有利益给予的环节。后者即中共动员工农与"剥削阶级"相斗争的阶级动员过程，它被中共在理论上视为前者的基础。易言之，中共一向强调阶级动员为根本，认为通过阶级斗争才能唤起工农参与和支持革命，从而保障自上而下的资源动员能够顺利实现。

实际操作中，抗日战争时期中共在阶级动员上主要围绕推行减租减息展开。而减租减息的推行具有明显的阶段差异，它在抗战前期基本是服从于村庄动员的框架，只有有限的落实；它在抗战后期才开始掀起相对独立的、真正的运动热潮，但仍受到村庄动员的重要影响。

一、"恩赐减租"：抗战前期的阶级动员

1937—1942年，中共在华北的各根据地普遍侧重于通过村庄进行自上而下的资源动员，而对于阶级动员则着力不多，甚至进行了限制与管控。之所以如此，主要是华北各根据地此时期的重心在于进行军队的扩张和政权改造，无暇亦无力进行深入的阶级动员，同时又自觉认识到战略上维持统一战线的必要性。抗战伊始，中共中央即提出了放弃土地革命，改行相对温和的减租减息，以进行阶级动员。但各根据地此时期对于减租减息主要是进行舆论宣传与行政命令，没有真正将农民动员起来进行贯彻，减租减息停留在表面，明减暗不减的现象很普遍。

（一）抗战前期减租减息政策的曲折

具体就晋察冀边区而言，它早在1938年2月就颁布了《晋察冀边区减租减息单

行条例》。但在1938年底之前，由于军队扩张导致军需供应紧急、沉重，而边区对基层的乡村政权尚未进行改造，干部队伍建设与农会组织建设也尚薄弱，所以晋察冀边区领导层的主要精力放在通过村庄进行合理负担之上，本身并未将减租减息作为工作重点。其次，晋察冀边区此时颁布的条例也比较粗疏简陋，在减租减息上缺乏具体有效的措施和经验去动员群众参与。再次，为了贯彻此前一年中共中央政治局十二月会议对统一战线的强调，1939年之前晋察冀边区正在争取地主士绅的合作，对于减租减息政策的执行意志也不强。因此，此时期晋察冀边区的减租减息很少得到贯彻，可能只有农村干部借助权力为自己和抗属进行过一些减租减息，大多数的主佃双方并没有真正改变租约，农村的借贷利息也维持着原有水平。

1939年下半年，随着国共出现第一次摩擦高潮，中共中央重新紧绷阶级斗争意识，向各根据地发出必须实行激进的经济、政治改革以防止突然事变的指示，晋察冀边区据此开始加强阶级斗争动员的力度。在此过程中，1940年2月1日，晋察冀边区颁布《修正晋察冀边区减租减息单行条例》，对地租的上限、耕地副产物、收地转租转佃等做出更具体的规定，使减租减息政策的可执行性增强，试图通过减租减息改善农民生活以争取农民的积极支持。

此时，晋察冀边区已对村政权进行了系统的改造，农会组织大量建立，这使得晋察冀边区得以掀起第一轮减租减息的热潮。在这一轮热潮中，彭真称农民摆脱了此前畏首畏尾、明减暗不减的状态，开始广泛起来斗争，以至"一部分农民开始不交租不还债了，有的把赎地换约运动，变成无偿收地运动了，变成废除债务运动了"[1]。

不过，若仔细审视，就会发现这一轮热潮其实主要是晋察冀边区自上而下的"反顽固斗争"所推动，并非农民自发响应减租减息所致。当时，华北各根据地普遍掀起凶猛的"反顽固斗争"，以至操作过火。[2]实际上，这些过火的情形首先反映了一个事实，即"反顽固斗争"是华北各根据地自上而下组织的，是在用政权的力量直接对地主进行打击，只要认定地主是"顽固分子"，就可以狠狠打击之。冀

---

[1]　彭真：《关于晋察冀边区党的工作和具体政策报告》，中共中央党校出版社1997年版，第97页。

[2]　例如，杨尚昆1940年10月在北方局高干会议上曾提到，冀南、晋东南、晋察冀等地区都有直接以组织力量严厉打击、重罚"顽固分子"的现象。见杨尚昆：《根据地建设中的几个问题》（1940年10月3日），晋冀鲁豫边区财政经济史编辑组等编：《抗日战争时期晋冀鲁豫边区财政经济史资料选编》第一辑，中国财政经济出版社1990年版，第140页。

中区后来一份报告承认，此时期的斗争"由于干部的幼稚，策略性不够，多是自上而下的斗争"。[1]

这样的斗争自然会迅速在根据地内造成强烈震动，彭真描述晋察冀边区的情形说，"当时反顽固斗争的怒潮，弥漫了整个边区，声势浩大，土劣震恐"[2]。尽管这带来了"一部分农民"趁机不交租不还债，但彭真看到，这也使得许多地主被迫"转向非法的斗争和隐蔽的斗争"，"勾结敌人、屠杀农民、搜捕区村政民工作人员的惨剧在个别地区也发生了，各种受敌伪利用或准备迎敌的迷信团体、秘密会社开始在发展了"。[3]

1940年3月后，国共第一轮摩擦高峰消退，中共中央重新开始强调统一战线。为缓和华北各根据地内的紧张局面，中共中央3月6日发出《关于根据地政权问题的指示》，提出了"三三制"原则。1940年5月后，在汪精卫亲日伪政府成立及英法两国对纳粹德国作战溃败之下，中共中央为避免国民党整体投降而造成对己更严重局面的危险，进一步加强了统战工作，毛泽东于7月5日还专门为延安《新中华报》撰写题为《团结到底》的社论。8月时，晋察冀边区为配合中共中央的精神，示范性推出"双十纲领"，其中除了提到争取实现"三三制"外，还提出了要保护"一切抗日人民"的人权和财产所有权，并强调农民要"交租交息"。

不仅如此，中共中央还不断电令华北各根据地防止过"左"。例如，中共中央1940年10月18日发出《关于纠正冀南过"左"的土地政策的指示》，批评冀南党委擅自做出超越双减政策的过"左"进攻，要求北方局、山东分局等迅速检查是否有过"左"错误。同一天，毛泽东以中央书记处名义向各大战略区负责人发出《中央关于防止执行政策中"左"倾错误的指示》，明确提出："……（极左错误）缩小了我之社会基础，引起中间势力害怕，给日寇、汪逆与顽固派以争夺群众团聚反动力量的机会……必须预防下级执行政策时犯过'左'错误，你们必须懂得'左'倾错误是当前主要危险，必须及时检查下级工作，纠正过'左'行动。"[4]

[1] 魏宏运主编：《抗日战争时期晋察冀边区财政经济史资料选编》第二编，南开大学出版社1984年版，第140页。

[2] 彭真：《关于晋察冀边区党的工作和具体政策报告》，中共中央党校出版社1997年版，第97页。

[3] 彭真：《关于晋察冀边区党的工作和具体政策报告》，中共中央党校出版社1997年版，第97页。

[4] 中央档案馆：《中共中央文件选集》第12册，中共中央党校出版社1991年版，第518页。

（二）合法斗争、市场反弹与恩赐减租

于是，政治机会结构的变化使得晋察冀等根据地的减租减息和阶级动员在经历短暂的猛烈操作后重归平淡，进入合法斗争模式。而这就使此前一直存在的"明减暗不减"、收地转租现象依旧存在，且继续发展。基本原因在于，农村的地租水平和借贷利率主要是由农村的土地市场和金融市场所决定的。在给定的土地需求与供给水平之下，农村的地租有其自然的均衡水平；借贷利率亦如是，由于农村金融供给的落后和欠账坏账风险高，高利贷遂成为农村金融市场的正常状态。只要尚未形成能够取代市场的计划经济模式，只要土地供求情况和借贷供求情况不变，农村的地租率与借贷利率就有其客观的均衡水平。

于是，依靠行政力量进行强制和打击，尽管会收到表面的、一时的压低地租率和借贷利率的效果，但其实是扬汤止沸、强按葫芦，一旦运动式打压消退，被人为压低的地租率和利率便会在市场之手的推动下重新反弹，顽固地返回其市场价格水平。不仅如此，违背市场规律的行政干预还会制造出市场的混乱和衰败，反而可能更加损害共产革命所试图保护的农民的利益。

具体地说，在地租率和借贷利率遭遇佃户、借款人减低的要求时，地主和借贷人都自然地倾向于将土地转租、资金转借，利用市场竞争获得正常的市场价格水平；倘若行政权力对此强行禁限，现有的和潜在的地主、借贷人便会大大降低出租、出借的动机，倾向于将土地和资金留为自耕、自用或闲置、窖藏。这对于急需获得佃耕和借贷资金的农民来说，减租减息由此为他们带来的便可能不是福利的增进，反而失去佃耕机会、借贷门路。

华北各根据地的领导层都发现减息规定造成了富人惜贷、穷人求借无门的困境。例如，晋冀豫区宣传部长王卓如1939年时已认识到，农民"有的是过左，想借法令既不给利，又不还本，但不知道这一来会没人出借"[1]。在晋察冀边区，聂荣臻1940年说："过去我们曾发生了这样的问题，减了息财主就不借钱给农民了。"[2]宋劭文1943年也报告说，"利息降低后，借贷关系一般停止了"[3]。彭真

[1] 晋冀鲁豫边区财政经济史编辑组等：《抗日战争时期晋冀鲁豫边区财政经济史资料选编》第二辑，中国财政经济出版社1990年版，第542页。

[2] 聂荣臻：《晋察冀边区的形势》，载《解放》第115期，1940年1月。转自李金铮：《近代中国乡村社会经济探微》，人民出版社2004年版，第654页。

[3] 宋劭文：《晋察冀边区行政委员会工作报告》，1943年。转自李金铮：《近代中国乡村社会经济探微》，人民出版社2004年版，第654页。

1941年承认，"利息率究竟以多少为适当，这却是一个很难普遍规定的问题。在晋察冀边区一开始即规定普遍实行一分起息即年利一分，并已普遍执行。但以今天根据地（乡村）经济情况来说，仍以中央规定的年利一分半为适宜。就是年利一分半，农民仍很不容易获得借款"，彭真由此提出，"在减息之后，债户必须依约还债或缴息，否则不但纷争不一，会影响抗战团结，影响抗日根据地的秩序，而且会使新的借贷更加困难或根本停止"[1]。

减租的问题与此相似，同样深受市场规律的困扰。只要中共不愿采取彻底打碎农村土地市场、进行土地革命的方式，地主便能借助其在土地市场上的优势地位，迫使佃农放弃与市场上的土地租金相差较大的减租要求，或形成"明减暗不减"的默契。倘若佃农坚持按照中共的规定减租，地主便会采取收地转租、转雇或自耕的办法，以保证自己获得尽量贴近地租市场价格的租金收入水平。在晋察冀边区1940年8月公布"双十纲领"，宣布保护地主的人权和财产所有权后，政治顾虑大为降低的地主群体便开始"反攻"，试图通过收地来摆脱压低了地租市场价格的佃农。刘澜涛在1941年2月中共晋察冀北岳区党委扩大干部会上的报告列举了这种地主纷纷要求收回土地的情形：

> 平山××地主说："双十纲领公布后，土地有了所有权，佃地要收回，不要那些坏小子们种了"。

> 地主收地，农会解释说应顾及佃户生活困难，他们说："双十纲领是做什么的，不叫收回可不行"。

> 有些地主把租地、半租地、佃地都收回，并说双十纲领规定双方自愿，我有这种权利。有些地主说："双十纲领颁布后，我要收回土地，改善我的生活"，"他们现在不敢胡闹了，我们可以根据双十纲领第七条，将土地收回。任何一方都有解约之权，而现在要实际行动，把地收回，结算账目，集齐土地，重新改佃别人。

> 平山有些地主把地收回，租给地痞流氓，利用地痞流氓来反对我们，有些地主把地秘密借给别人种，或以很少的钱出当，以避免统一累进税。有些地主无理收地，佃户不肯，他到政府告状，说"坚决拥护双十纲

---

[1] 彭真：《关于晋察冀边区党的工作和具体政策报告》，中共中央党校出版社1997年版，第106—107页。

领"。有些地主说："双十纲领要我收地，你不让收不行"，有的地主把土地收回后，廉价出当，以引起农民争地的斗争。[1]

为应对地主的收地，1941年3月晋察冀边区第二次修正减租减息条例，对地主收地做出限制，如规定出租人收回土地必须自耕三年，始允许再出租。但总体上看，在1943年抗战分水岭到来之前，华北各根据地因受统一战线原则的约束，否定"过左"斗争而允许地主拥有人权与财产所有权，故在减租减息上不得不陷入与农村土地和金融市场的无形之手相苦斗的困境，始终难以通过在减租减息工作中实现对农民的阶级动员。相反，由于地主在经济上的优势地位难以撼动，农民大多不敢真正要求减租减息，往往与地主达成"明减暗不减"的默契。于是，这一时期的减租减息便主要是依靠行政推动，由基层干部在行政任务下出面施压地主减租，并未形成将农民动员起来主动要求减租减息的局面。

冀鲁豫边区也有相似的情况，黄敬在一个报告曾对这种情况分析道，减租是群众的要求，但开始群众顾虑很多，不敢减。此时，"赤条条无牵挂的人常是积极分子，能出头的人很少"，于是就容易造成包办代替。而"这种少数积极分子和干部的包办斗争以后，地主怕的是少数积极分子，是怕他上□□根的，所以村干部借粮使牲口，都不成问题，地主对他们毕恭毕敬，他们也无所顾虑，群众就不然，这些顾虑都存在着"[2]。中共后来将此时期干部代替农民减租的包办做法称为"恩赐减租"，批评这是无法将群众发动起来的错误模式。

二、"熬时间"：相持阶段的困境与中共在社会动员上的战略调整

（一）"熬时间"方针的提出

1941年6月后，随着国际国内局势的变化，抗日战争的战略相持进入新的阶段。国际上，6月苏德战争爆发，苏联在德军的突袭下陷于危急状态，中共由此被苏联要求帮助牵制日军，以保苏联东线的安全；而日军为筹备实施太平洋战争，7月对其华北方面军司令走马换将，任命更富手段的冈村宁次上任，开始对晋察冀等

---

[1]　魏宏运：《抗日战争时期晋察冀边区财政经济史资料选编》第一编，天津：南开大学出版社1984年版，第390页。

[2]　《黄敬同志对泰运工作的发言》（1945年4月），中共冀鲁豫边区党史工作组办公室、中共河南省委党史工作委员会编：《中共冀鲁豫边区党史资料选编》第2辑（文献部分，下），河南人民出版社1988年版，第469页。

华北根据地展开大规模的"治安强化运动"。这使得中共和华北各根据地所承受的军事压力剧增，由此发生了对社会动员模式进行整体调整的需要，其中的一个焦点问题便是是否要加强阶级斗争的动员力度。

在此前不久，中共中央刚刚有过改变阶级动员力度的意图和尝试。1941年1月"皖南事变"发生后，中共中央一度考虑放弃对蒋联合的政策，转为"采取单一的斗争政策"，彭德怀甚至提出以八路军主力入川讨伐蒋介石的计划。[1]但毛泽东很快冷静下来，看出蒋介石只是在借反共延宕日军进攻，遂做出日蒋矛盾仍是基本矛盾的战略界定，决定用政治攻势、军事守势继续迫蒋抗日，从而破坏蒋介石保存实力的计划。[2]在此战略意图下，中共中央方平息了转入斗争模式的冲动，继续坚持统一战线的战略。

1941年5月，中共政治局批准陕甘宁边区颁布施政纲领，宣告："保证一切抗日人民（地主、资本家、农民、工人等）的人权、政权、财权及言论、出版、集会、结社、信仰、居住迁徙之自由权，除司法系统及公安机关依法执行其职务外，任何机关部队团体不得对任何人加以逮捕审问或处罚，而人民则有用无论何种方式，控告任何公务人员非法行为之权利"，并且，"在土地未经分配区域（例如绥德、郝县、庆阳），保证地主的土地所有权及债主的债权，惟须减低佃农租额及债务利息，佃农则向地主缴纳一定的租额，债务人缴纳一定的利息，政府对东佃关系及债务关系加以合理的调整"。[3]这一纲领虽然是由陕甘宁边区所颁布，但反映了中共中央此时的一般态度是要转向缓和。

6月苏德战争的爆发使得中共在战略上变得更加谨慎。毛泽东于1941年7月中旬明确提出要采取"熬时间的长期斗争的方针"，他在复电周恩来时称"我们采取巩固敌后根据地，实行广泛的游击战争，与日寇熬时间的长期斗争的方针，而不采取孤注一掷的方针"[4]，又在复电刘少奇时称"八路、新四大规模动作仍不适宜，还是熬时间的长期斗争的方针，原因是我军各种条件均弱，大动必伤元气，于我于苏

---

[1] 王焰：《彭德怀年谱》，人民出版社1998年版，第245页。

[2] 中央档案馆：《中共中央文件选集》第13册，中共中央党校出版社1991年版，第47—50页。

[3] 中央档案馆：《中共中央文件选集》第13册，中共中央党校出版社1991年版，第90—92页。

[4] 中共中央文献研究室、中国人民解放军军事科学院：《毛泽东军事文集》第2卷，军事科学出版社·中央文献出版社1993年版，第651页。

均不利"[1]。7月后，日军在华北地区全力推进"治安强化运动"，使晋察冀等根据地遭受到严酷的"扫荡"压力。在此背景下，1941年11月7日，中共中央军委又发出《关于抗日根据地军事建设的指示》，再次强调"熬时间"的方针："敌寇对我抗日根据地的残酷'扫荡'，我军人力、物力、财力及地区之消耗，使敌后抗日根据地的敌我斗争，进入新的更激烈的阶段"，"在这一新阶段中，我之方针应当是熬时间的长期斗争，分散的游击战争，采取一切斗争方式（从最激烈的武装斗争方式到最和平的革命两面派方式）与敌人周旋，节省与保存自己的实力（武装实力与民众实力），以待有利的时机。因此必须反对悲观失望，害怕困难，对游击战争消极，对敌屈服的右倾观点，同时又应反对空喊运动战（在武器未改变前，运动战的可能日益减少甚至不可能），空喊决战，急躁盲动，缺乏忍耐持久的韧性的'左'倾观点"。[2]

由此，中共中央在1941年不断自觉地对华北各根据地的阶级斗争程度进行限制。例如，中共中央在1941年11月5日复电晋冀鲁豫边区领导人李雪峰，特别提醒土地政策不能过左，强调要巩固农村统一战线，对地主阶级争取联合，应限制"封建剥削"，而非马上消灭"封建势力"。[3]

1941年12月8日太平洋战争爆发后，中共中央开始看到抗日战争的胜利已为时不远，遂进一步坚定了"熬时间"的战略方针。毛泽东8日当天即对国际局势的发展做出准确预判，认为"日美战争前途，最初对日会有利，战争会延长，将要两三年后英、美准备好才能决战。英、美可能集中力量先打败德国，然后英、美力量均向东打败日本"[4]。易言之，毛泽东认为日本的战败将在两三年后到来。于是，中共中央于12月17日发出《关于太平洋战争爆发后敌后抗日根据地工作的指示》，一方面指出因日军侵华的一些部队将调往太平洋战场，会减弱对中国的压力，故"太平洋战争的爆发，无疑的对于我国抗战是有利的"；另一方面又指出，由于日军具有长期的准备及有利的军事地理，故在太平洋战争的初期，形势是有利于日本的，

[1] 中共中央文献研究室、中国人民解放军军事科学院：《毛泽东军事文集》第2卷，军事科学出版社·中央文献出版社1993年版，第654页。

[2] 中央档案馆：《中共中央文件选集》第13册，中共中央党校出版社1991年版，第212页。

[3] 《中国土地改革编辑部》，中国社会科学院经济研究所现代经济史组编：《中国土地改革史料选编》，国防大学出版社1988年版，第77页。

[4] 中共中央文献研究室：《毛泽东年谱（1893—1949）》中，中央文献出版社2002年版，第387页。

加之"敌人为供应太平洋战争，其榨取在华资源，巩固占领地之心必更切，因此敌人对敌后抗日根据地的'扫荡'仍旧是可能的，而对根据地财富之掠夺，对根据地经济之封锁亦必更强化与残酷"。据此，中共中央提出"敌后抗日根据地的总方针应当仍旧是长期坚持游击战争，准备将来反攻"，"应利用时间，休养兵力，恢复元气"，号召"咬紧牙关，度过今后两年最困难的斗争"。[1]

（二）新的社会动员战略

在此方针思路下，中共中央相应提出了一套新的社会动员战略以应对1941年后的环境。这一战略的总目标是"积蓄力量，恢复元气，巩固内部，巩固党政军民"，具体策略上则是一方面进行"精兵简政"与"发展生产"，以达到节流与开源的目的，为"熬时间"打下物质基础；另一方面则着力"发展民运"，继续推动减租减息政策的落实，实现对农民的阶级动员。[2]对于前者，12月17日的指示已有详述，其中称：

> 为进行长期斗争，准备将来反攻，必须普遍的实行"精兵简政"。敌后抗战能否长期坚持的最重要条件，就是这些根据地居民是否能养活我们，能维持居民的抗日积极性，敌后抗日根据地的民力财富一般的说已经很大减弱，因此"精兵简政"，节省民力，是目前迫切的重要的任务，关于精兵问题已见军委指示，政权、党、民众团体脱离生产的人数亦应缩减，务求全部脱离生产人数不超过甚至更少于居民的百分之三。根据地的财政政策必须注意量入为出与量出为入的配合，一切工作应求质量，坚决肃清浪费、铺张、不节省民力的现象，严厉惩办党政军系统内贪污敲榨民财的恶棍。我党政军均应了解，假若民力很快的消耗完，假若老百姓因为负担过重而消极而与我们脱离，那么不管我们其他政策怎样正确，也无济于事。[3]

关于"发展生产"，中共中央于1941年底时只是简单提出，而把重心放在更紧

---

[1]　中央档案馆：《中共中央文件选集》第13册，中共中央党校出版社1991年版，第262—265页。

[2]　中央档案馆：《中共中央文件选集》第13册，中共中央党校出版社1991年版，第272—273页。

[3]　中央档案馆：《中共中央文件选集》第13册，中共中央党校出版社1991年版，第264—265页。

迫的"精兵简政"上，因"精兵简政"能立竿见影地缓解根据地内部党政军与民众之间的资源张力。到1942年尤其是1943年，随着各根据地困难的严重化，中共中央方才高度强调"发展生产"，将之上升为一场"党政军群众与人民群众"一道参与的生产运动。1942年12月，毛泽东在陕甘宁边区高级干部会议上做了《财政问题与经济问题》的报告，提出"发展经济、保障供给"是抗日根据地经济工作和财政工作的总方针，要求共产党必须努力领导人民发展农业生产和其他生产事业，一切机关、学校、部队尽可能实行生产自给，克服根据地的财政和经济的困难。

而在"发展民运"上，中共中央虽然继续"熬时间"的方针，却开始试图突破"恩赐减租"模式下的民运停滞状态，不再把防止"左"倾作为方向，相反提出要反对右倾。1942年2月4日，中共中央在党内下达《中央关于如何执行土地政策决定的指示》（以下简称《指示》），改变了此前简单强调维护与地主阶级的联合战线的立场，转而提出必须实行"先打后拉"的策略，强调"基本精神是先要能够把广大农民群众发动起来，如果群众不能起来，则一切无从说起。在群众真正发动起来后，又要让地主能够生存下去"。《指示》指出："联合地主抗日，是我党的战略方针。但在实行这个战略方针时，必须采取先打后拉，一打一拉，打中有拉，拉中有打的策略方针。当广大群众还未发动起来的时候，一般地主阶级是坚决反对减租减息与民主政治的。在这种时候，我们必须积极帮助群众打击地主的反动，摧毁地主阶级在农村中的反动统治，确立群众力量的优势。才能使地主阶级感觉除了服从我们的政策便不能保持他们的利益，便无其他出路。"《指示》认为："目前严重的问题，是有许多地区并没有认真实行发动群众向地主的斗争，党员与群众的热情，都未发动与组织起来，这是严重的右倾错误。"《指示》因此提出"目前应当强调反对这种右倾"，要"迅速实行减租减息，迅速把群众热情发动起来"。并且《指示》对减租减息政策的执行提出了具体意见：

> 减租是减今后的，不是减过去的，减息则是减过去的，不是减今后的，大体上以抗战前后为界限。在减息问题上，第一，应当允许农民清算旧账（包括算公账与算私账），以此作为发动群众的手段。到了群众已经充分发动，才把双方争论加以调停，使归平允。第二，抗战以后，是借不到钱的问题，不是限制息额的问题。各根据地，都未认清这个道理，强制规定今天息额不得超过一分或一分半，这是害自己的政策。今后应该听任农村自由处理、不应规定息额。目前农村只要有借贷，即使利息是三分四

分，明知其属于高利贷性质，亦于农民有济急之益。[1]

这一指示在一定程度上推动了华北各根据地的减租减息工作，然而，直到1943年秋季前，晋察冀、晋冀鲁豫等边区并未能顺利贯彻之，主要原因是1942年日军在华北地区的"扫荡"力度超出了中共的预料，导致晋察冀、晋冀鲁豫等边区纷纷陷入严重的危机状态，无暇推动减租减息运动的展开。仅1942年一年，日军对中共在华北的根据地发动了多达75次的"扫荡"，其中以针对冀中根据地的"五一大扫荡"规模最大，这一长达两个月的"扫荡"使得冀中主力部队损失约34%，地方部队损失约46.8%，区以上干部牺牲三分之一，造成了冀中根据地陷于崩溃境地。[2]

到1942年底，华北各根据地因为地区、人口的大幅缩小，以及"巩固区"退化为"游击区"，而普遍出现"鱼大水小"的矛盾，民众负担沉重。以冀中军区为例，据该区报告，日军未"扫荡"前，"1941年全年的负担，每分（地）……折合小米最多不过30斤，这样的负担，人民是感觉胜任而愉快的"。但在日军"扫荡"之后，"负担就无比地加重了，一般的每分（地）……全年可能达到72斤（小米）。较多的每分（地）……全年可能达到108斤至144斤（小米）"。所以，冀中行署在文件中感慨地说："按每分（地）代表实物至多不过12斗谷(以自营地为准，不除生产费，不计累进)，折小米7.2斗，合108斤，全年收获一大部分或全部都拿了负担，还是不够……真是负担奇重。"至于增加的这些负担，主要因"我主力部队转移"，"巩固区"变成了"游击区"，民众不得不同时承受沉重的"对敌负担"。[3]

在这一背景下，实行统累税改革、精兵简政与发展生产持续成为中共所关注的重点。晋察冀边区自1942年初即开始精兵简政，1942年底将部队从1941年底的11万人缩减至8.4万人。但中共中央犹觉不足，毛泽东于1942年9月7日为《解放日报》写作《一个极其重要的政策》的社论，强调"各抗日根据地的全体同志必须认识，今后的物质困难必然更甚于目前，我们必须克服这个困难，我们的重要的办法

[1] 中央档案馆：《中共中央文件选集》第13册，中共中央党校出版社1991年版，第295—300页。

[2] 河北省社会科学院历史研究所：《晋察冀抗日根据地史料选编》下册，河北人民出版社1983年版，第535页。

[3] 《冀中行署关于减轻人民负担的指示》（1943年2月5日），河北省委党史研究室：《冀中历史文献选编》中册，中共党史出版社1994年版，第34—35页。

之一就是精兵简政"[1]。到1943年8月5日，毛泽东又专门致电晋察冀分局催促进一步精简，指示说："你们现在只有80万人口的比较巩固的根据地，其他能收公粮的90万人口是处在游击区中，而你们连马匹折合计算尚有8万多人脱离生产，这是不能持久的。目前你们应即下决心减去3万，只留5万，其中文武比例，应是文一武四。"[2]于是，晋察冀边区进一步压缩部队规模，到1944年初又将区内兵力缩减近40%，并使区内各类脱产人员总数控制在边区总人口的3%以内。

而在减租减息工作上，尽管中共中央强调要掀起群众运动以使地主在群众力量的优势下屈服顺从，但这一指示在晋察冀边区等华北根据地并未能有效落实。首先一个原因是日军"扫荡"的重压迫使晋察冀边区等根据地不得不放缓斗争动员。1943年7月晋察冀边区的一篇内部报告中仍然提到，"北岳区目前的环境，要求我们强调团结，缩小内部矛盾，加强对敌斗争"[3]。10月晋察冀边区行政委员会在《关于贯彻减租的指示》中更明确地指出，"经济建设与对敌斗争为当前中心任务。贯彻减租正可以推进这个任务的完成，但须服从这个总的要求，不因彻底减租造成更多纠纷与阶级对立，而要使租佃关系合理解决……在游击区更要强调团结对敌，以反抢粮反勒索减轻对敌负担为主，把减租放在从属地位"[4]。

其次，从中共中央到各根据地在此时期尚注重"合法斗争"，赋予了地主合法权利及保障机构，这使得基层在贯彻减租减息上受到约束。1942年1月28日中共中央做出的《关于抗日根据地土地政策的决定》中，明确规定"地主有对自己的土地出卖、出典、抵押及作其他处置之权"，未强迫规定永佃权。据此，晋察冀边区1943年1月召开首届参议会，在通过的第二次修正的《边区租佃债息条例》及其《实施条例》中，规定佃户在减租后要保证缴租，如承租承佃人"力能缴租而不缴"，或"积欠地租达二年之总额"或"无故荒废拱地在一年以上"，虽契约期限未满，出租出佃人可解除租约。此次参议会还为解决土地纠纷专门设置了仲裁委员会。这些规定和机构就使得晋察冀边区在减租减息问题上必须更加注重合法形式，

---

[1]　《毛泽东选集》第3卷，人民出版社1991年版，第882页。

[2]　中共中央文献研究室、中国人民解放军军事科学院：《毛泽东军事文集》第2卷，军事科学出版社·中央文献出版社1993年版，第703页。

[3]　河北省社会科学院历史研究所等：《晋察冀抗日根据地史料选编》下册，河北人民出版社1983年版，第371页。

[4]　河北省社会科学院历史研究所等：《晋察冀抗日根据地史料选编》下册，河北人民出版社1983年版，第388页。

而不能放手采取斗争手段。1943年10月晋察冀边区行政委员会在《关于贯彻减租的指示》中又指出，贯彻减租"一般的以不算旧账不究既往为原则。处理租佃问题时多用说服解释调解仲裁等方式"[1]。

于是，晋察冀边区在此时期仍然无法真正打破地主在农村土地和金融市场上的优势，反而容易遭到地主利用减租条例进行合法"反攻"。1943年，晋察冀边区恰值抗战以来各地所订立的3～5年的租佃契约大部期满或即将期满，许多地主便以此为借口，抓住对于自己有利的法令条文，收地夺佃。7月晋察冀边区领导人刘澜涛在报告称，"边区参议会开会以后，在北岳区租佃关系上，发生了许多新的问题。一部分地区地主阶级对于农民的反攻，已经是比较严重的现象。单只平山一县，即有土地纠纷讼案千数百起"[2]。晋察冀边区行政委员会10月指出，根据不完全统计，"北岳区的一些县，1943年1月到10月的1万件租佃纠纷案，绝大部分是由地主企图加租夺佃所引起"[3]。

即便在军事压力较小的晋西地区，减租减息的执行情况也不容乐观。例如，1942年张闻天在调查晋西地区时发现，基层的村政权主要精力都放在连绵不断的开会和填写各种表格之上；其次则是忙碌于频繁的公粮和村摊款的征收工作。而对于减租减息和解决群众问题，村政权只是配合上边做，上边不来，就不做。一个具体例子是，宁武县的村政权在一个月内，花在公粮、村摊款、招待之上的时间占43%，开会、调查登记占45%，而解决各种问题（包括减租减息）却只占4.6%。[4]

因此，在1941年到1943年的艰难相持阶段，晋察冀边区等根据地尽管被中共中央允许以先打后拉的办法加强减租减息斗争的力度，但严峻的形势和统战的需要使它们事实上仍未能放手展开阶级动员以形成群众斗争，"明减暗不减"、减得不彻底的现象仍广泛存在。

---

[1] 河北省社会科学院历史研究所等：《晋察冀抗日根据地史料选编》下册，河北人民出版社1983年版，第388页。

[2] 河北省社会科学院历史研究所等：《晋察冀抗日根据地史料选编》下册，河北人民出版社1983年版，第371页。

[3] 河北省社会科学院历史研究所等：《晋察冀抗日根据地史料选编》下册，河北人民出版社1983年版，第388页。

[4] 《张闻天晋陕调查文集》，中央党史出版社1994年版，第310页。

三、走向群众运动：战略反攻阶段的阶级动员

（一）群众化要求的提出：1944年的减租运动

1943年秋，中国抗日战争的形势发生重大转折。在国际上，美国海军在太平洋上进入全面反攻阶段。9月8日意大利宣布投降，德、意、日法西斯轴心解体，使日本变得更加孤立。11月底，美英中三国在开罗召开会议，达成三国联手反攻日本的协议。从12月开始，在太平洋和东南亚战场全线吃紧情况下，日军不得不从中国战场大规模调兵增援，冈村宁次麾下一半师团被调走，这使得华北日军所剩兵力严重不足，只能在华北地区收缩守卫主要城市和重要交通干线，丧失了主动发起大规模军事进攻的能力。

在此背景下，中共领导人明确看到抗日战争已经告别相持期而进入局部反攻期。根据中共中央的指示和中央军委的部署，晋察冀、晋绥、太行、太岳等根据地从1944年春天开始，普遍开展了攻势作战，第一步是拔除根据地内日伪军的据点，第二步是向敌占城市和交通要道挺进。例如晋察冀北岳地区从1944年1月到5月连续出击，共拔除了350多个日伪据点。这些局部反攻作战势必令华北各根据地的人力物力负担显著增加，通过村庄进行资源动员的压力大增。而此时晋察冀等根据地尚未走出相持阶段严重缩小、无法负担大规模作战的困难局面，如果只是单调地强化村庄动员，将导致与民众关系的紧张。

为了配合局部反攻下的村庄动员，中共在晋察冀等根据地通过加强减租减息工作以实现阶级动员、获取基本群众支持就变得更加必要和迫切。于是，中共中央从1943年底便再次下令开展减租减息的斗争运动。[1]1943年10月1日，中共中央政治局下达《关于减租、生产、拥政爱民及宣传十大政策指示》，明确要求"凡未认真实行减租的，必须于今年一律减租；减而不彻底的，必须于今年彻底减租。党部应即根据中央土地政策及当地情况发出指示，并亲手检查几个乡村，选出模范，推动他处，同时在报上发表社论及减租运动的模范消息"；同时强调，"减租是农民的

---

[1]　有研究者指出，此时大力推行减租减息与农村富有者财政价值的缩小和急切需要扩大负担面也不无关系，减租减息可以使本来是主要问题的农民负担问题得到转移。见刘一皋：《抗日战争与中国北方农村社会发展——战时华北抗日根据地社会变革及其影响》，载《中共党史研究》1995年第4期。

群众斗争，党的指示与政府的法令是领导与帮助这个群众斗争，而不是给群众以恩赐，凡不发动群众自动积极性的恩赐减租，是不正确的，其结果是不巩固的"[1]。

11月15日，《解放日报》发表社论《开展群众减租运动》，进一步强调必须发起群众性的查减运动，社论还改变了不强迫规定永佃权的态度，明确指出要保障佃权："在农民群众减租运动中，保障农民佃权是一个极为重要的步骤。过去经验证明，保障佃权不仅是制止某些违法地主威胁农民反对减租的主要手段和使农民敢于进行斗争的前提，而且是提高农民生产情绪，改良农作法和增加生产的不可缺少的条件。"

在日军压力锐减，而中共中央对减租减息运动进行催促及提出保障佃权的办法之下，晋察冀、晋冀鲁豫等华北根据地在1943年冬终于进入大规模的阶级动员阶段。此时期的阶级斗争开始走向典型的群众运动操作模式，一个重要迹象便是各根据地开始重新印发毛泽东在1927年写的《湖南农民运动考察报告》。[2]这一报告的基本主张就是"打倒土豪劣绅"，认为农民运动"好得很"、"矫枉必须过正"，必须放手发动，因此它的印发就是在向基层干部明确释放放手进行斗争的信号。中共晋察冀分局于10月18日即发出《关于彻底实行减租政策的指示》，将边区各地按照贯彻执行减租政策的程度不同划分为五类地区，认为只有少部分地区彻底实行了减租，大部分都是基本执行、初步执行乃至尚未执行，要求在1943年底进行普遍、彻底的执行。

然而，即便从中共中央到华北各根据地分局都坚定了摧毁地主优势地位的决心，但晋察冀边区等地在减租减息工作上要摆脱包办模式、形成群众运动，却仍然不顺利。原因在于，减租减息的群众动员在华北农村尚面临多个困境。

首先，便是华北农村的租佃关系不够发达，其社会结构是向来以自耕农为主，佃农普遍较少。近代的各种社会调查都发现了这一特征，例如前面提及的李景汉在20世纪30年代对河北定县六个村的调查显示，该县的农村社会中纯粹的佃农户数只占1.4%，而有租种关系的半自耕农户数占27.8%，二者合起来不超过30%。[3]美国学者珀金斯（D. H. Perkins）详细搜集了华北各省在抗战前的租佃率，他的数据则显示华北地区的租佃率比全国平均水平明显更低，在20%左右。（见表5.1）

---

[1] 中央档案馆：《中共中央文件选集》第13册，中共中央党校出版社1991年版，第97页。

[2] 赵效民：《中国土地改革史(1921—1949)》，人民出版社1990年版，第274页。

[3] 李景汉：《定县社会概况调查》，上海世纪出版集团2005年版，第585页。

表5.1　抗战前华北各省的土地租佃率（佃户占农户总数%）

省份＼年度	1912年	1917—1918年	20年代初期	1931—1936年
山西	19	16	25	17
河北	13	13	12	12
山东	13	14	10	12
河南	20	27	23	22
全国平均	28	27	33	30

数据来源：[美]德·希·珀金斯：《中国农业的发展（1368—1968）》，译文出版社1984版，第115页。

中共一般采用阶级性的统计口径，故其数据大多难以与上述调查对比。但类似的数据还是存在，例如1945年山东分局书记黎玉在一份报告中提到，山东省有租佃关系的村庄，占村庄总数的80％以上；出租户数，一般在2户到6户之间；承租户数，一般在10户到15户之间；出租户户均出租地一般为8亩到13亩，承租户户均承租地一般为2.5亩到5亩。[1]黎玉原本是想用这些数字反驳认为当地"租佃关系少"、"不用减租减息"等所谓"特殊论"，但这些数字恰恰反映了山东农村中的佃农很少。

日本学者田中恭子发现了其中的矛盾，她指出1942年后中共试图通过推行减租减息发动农民，但在华北根据地内，自耕农占大多数，佃农只有三成左右，农村金融市场也异常薄弱，中共在运动中又提出以减租不算旧账、减息不作为债务为原则，要想以这种方式实现广泛发动农民，使其参加斗争是不可能的。[2]

事实上，华北各根据地在进行减租减息动员时，的确遇到了无法形成广泛参与的尴尬。由于每个村庄的佃雇农的户数有限，单靠他们起来减租，每个村庄的运动就会普遍是冷冷清清的局面。所以，1943年4月冀鲁豫边区的领导人黄敬总结经验说，发动群众时，"遇到的一个问题就是从哪一种斗争开始。有的主张从反贪污、

---

[1]　黎玉：《群众路线与山东群众运动）》（1945年9月），山东省档案馆、山东社会科学院历史研究所编：《山东革命历史档案资料选编》第15辑，山东人民出版社1984年版，第381—382页。

[2]　马场毅：《田中恭子著：〈土地与权力——中国的农村革命〉》，载爱知大学现代中国学会编：《中国21》（1999），中国社会科学出版社2001年版，第486—487页。

合理负担、查'黑地'开始，有的则主张从减租减息增资开始。决心的不易下，就是因为民主斗争与民生斗争有性质的不同。民主斗争在发动斗争时到人较多，后一种斗争则比较少，增资仅是雇工，减息主要是债户，增佃主要是佃户，而这些人在一般的条件下，都是占的比较少数（有的例外）"[1]。也就是说，虽然佃农、雇农被视为减租减息运动所依靠的基本阶级，原本是首先动员的对象，但人数的稀少又使得中共对是否依靠他们形成群众运动感到犹豫。

为了解决这个问题，许多地区于是采取了让多个邻村的佃雇农串联开大会的方式，以达到制造热烈气氛、增强居少数地位的佃雇农的斗争信心。例如，滑县1944年的查减运动中创造了让佃雇农自我跨村串联的办法，在某区北组，以梁二庄为中心联合了附近11个村，终于聚集了200多个佃雇农在柏树林里开会讨论查减斗争问题。[2]通过多个村庄的联合，滑县的中共干部实现了对各村佃雇农人数较少的问题的克服，可以在减租减息运动上制造出一定的热烈气氛。

但他们很快又发现，这种联合最好是仅限于发动阶段，在实际斗争展开时，仍然需要转入分村斗争，不能搞联合斗争。其主要原因就是华北村庄存在的本位意识，它对外村人前来分割本村村民财富的行为具有本能的抵触，因此构成了减租减息运动开展的一大障碍。为此，滑县的领导人在1944年10月的报告中特别指出："群众不爱开联合大会，怕分果实，怕联合大会杀了顽固分子；我们偏搞联合斗争，结果群众由斗顽固分子变为讲情，喊反口号，本村群众与外村群众发生了对立。"[3]

其次，减租减息动员的另一困境是易引发农民阶级队伍内部的矛盾，主要是贫农与佃雇农之间的矛盾，这对于中共在华北地区推动群众运动是一个棘手的问题。减租减息政策尽管初衷是保护佃雇农的利益，但客观上也造成了农民内部在租佃和雇佣市场竞争上的不公平。由于减租减息斗争实行的是"各得各"的果实政策，也就是只能使先进入市场的原佃雇农受益，后者不仅能获得超出市场水平的收入，而且可以在禁止地主退佃和解雇之下获得垄断地位。这必然使得贫农群体在羡慕佃雇农而又不能进入租佃市场之下，产生对佃雇农的妒忌与怨恨。

---

[1] 谢忠厚，张圣洁：《冀鲁豫边区群众运动资料选编》，河北人民出版社1991年版，第377—378页。

[2] 谢忠厚，张圣洁：《冀鲁豫边区群众运动资料选编》，河北人民出版社1991年版，第585页。

[3] 滑县地方史志编纂委员会：《滑县志》，中州古籍出版社1997年版，第865页。

例如，冀鲁豫边区的领导人1944年12月在对查减运动进行总结时提到，"农民运动从佃雇开始，斗争和罚了不法地主，贫农看着眼红，愿当佃户、雇工，愿与佃雇平分斗争果实，佃雇和贫农便发生矛盾。这时，便从佃雇运动发展到贫农运动。贫农也斗争，也罚，不法地主卖地，就影响到佃户退佃和雇工解雇，又和佃雇发生矛盾"[1]。另一冀鲁豫边区的领导人也报告说："佃雇斗争后，贫农红眼，要求当雇佃，反对佃雇订约长，希望与雇佃轮着干。"[2]

滑县的领导人在1944年10月的报告中也提到，"由于佃雇的发动，大大刺激了贫农、中农的要求。开始，贫农对佃雇斗争的利益感到嫉妒，对保障佃权不满意，对反抽地不满意，因为这样，自己就没有当佃户、雇工的机会，因为要求利益均沾，要排斥外来佃户，要挤较富裕些的佃户的佃权，要求大家轮流种地主的土地，有的则要求二五增看青粮"[3]。

在1944年晋察冀边区的冀东地区的减租运动中也有类似现象，当地的中共干部报告说：

> 在减租前，一般无地贫农大家都要争取租种土地。在保证佃权以后，贫农更没有办法了，到处发生贫农向中农富农夺佃的现象。穷人黑夜到地里挑上粪，或锄几锄，宣布他已种了这块地。当时闹得很厉害，许多县份贫农起来要求夺佃的声浪很高，有的地区党领导了这一斗争，从中富农佃户手中分出了一部分土地给贫农种。有的是用动员的方式，也有的故意找出中富农一些差错，而把其佃地分给贫农，这样曾经引起一些中富农佃户对我不满。[4]

从理论上讲，减租政策引起农民队伍中的内部矛盾带有必然性。当代张五常、巴泽尔等经济学家创立的"价格管制理论"证明，行政力量对市场价格的压低，如

---

[1]　谢忠厚，张圣洁：《冀鲁豫边区群众运动资料选编》，河北人民出版社1991年版，第505页。

[2]　中共冀鲁豫边区党史工作组办公室，中共河南省委党史工作委员会：《中共冀鲁豫边区党史资料选编》第2辑（文献部分，下），河南人民出版社1988年版，第433页。

[3]　赵紫阳：《滑县群众是如何发动起来的》（1944年10月14日），载谢忠厚等主编：《冀鲁豫边区群众运动资料选编》（增订本），河北人民出版社1994年版，第97页。

[4]　《中共晋察冀分局研究室关于冀热辽四个县1944年的减租增资情况（录）》（1945年8月15日），中共河北省委党史研究室：《冀东土地制度改革》，中央党史出版社1994年版，第46页。

压低房租、石油价格等，并不会使减少的租金直接被买方获得，由于这部分减少的
租金变成了非排他性的无主收入，或者说进入了"公共领域"，它们只能由各方通
过竞逐来决定其归属。其间既会引起卖方竭力运用各种手段与买方博弈以维持自己
的市场收益，也会引发各买方之间通过排队甚至武力等方式"攫取"这部分租金。
这种竞逐甚至会带来"租值消散"的后果，即特定的"公地悲剧"。[1]减租运动也
是通过行政力量的干预压低了地租价格，其中减少的地租也势必进入公共领域，成
为地主、佃农及贫农竞逐的对象。在地主通过撤佃等方式维持地租的举动被中共通
过加强基层组织建设和惩治力度而制约后，佃农与贫农之间的矛盾不可避免地凸显
出来。

应当指出，贫农们对减少下来的地租的竞逐并非只是嫉妒所致，而带有为生存
所迫的因素。在华北地区的租佃和借贷活动，中农比贫农具有更大的优势，有租佃
关系和借贷关系的大多是中农。例如在晋察冀边区的冀东地区，"该地区一般为上
打租、一年一说，租权没有保障，谁出的租子多就给谁种。因之，不仅租额高，而
且贫农很不易租到地，租地户多为中农及富农，贫农没有牲畜，肥料少，耕具、籽
种都不充裕……因之，越穷越不易租到地，大部种佃地掌握在中农及富农手里，贫
农即便和中农一样出租，地主也不愿意租给贫农，嫌他施肥少，投资力弱，把地弄
坏了"[2]。以蓟县、遵化、兴隆县为例，富佃在这三县占总佃人数75%，租种土地
亦占75%。[3]

1945年晋冀鲁豫边区的一份报告也称，减租减息实行的是"各得各"的果实政
策，这使得贫农以下阶层从减租减息中获利不多，"因为论减租中农佃地最多，贫
农因没吃、没耕牛地主不租给，租给者质量亦很坏，论减息抽地也是中农为多，因
为负债近期关系未死，贫雇负债早被地主吃干了，远者关系已死，近者没有押质也
寻不出钱来……"[4]。该报告对此反思说，"中农本来自耕地就较贫农、赤贫等为
多，但得利又比贫农等为多，赤贫没有租佃关系、债务关系，得的就更少，不正是
这种各得各果实政策的结果吗？多者多得，少者反又少得，这种果实政策不是极不

---

[1] 张五常：《经济解释》卷三（第三章），（香港）花千树出版公司2002年版；巴泽尔：
《产权的经济分析》，上海三联书店、上海人民出版社1996年版。

[2] 中共河北省委党史研究室：《冀东土地制度改革》，中央党史出版社1994年版，第45页。

[3] 中共河北省委党史研究室：《冀东土地制度改革》，中央党史出版社1994年版，第56页。

[4] 晋冀鲁豫边区财政经济史编辑组等：《抗日战争时期晋冀鲁豫边区财政经济史资料选
编》第二辑，中国财政经济出版社1990年版，第600页。

合理吗？"[1]可见，由于减租减息运动在果实分配上采取"各得各"的政策，因此这一运动在华北许多地方变成了有利于中农、富农，而不利于贫农。

事实上，减租运动的收益由原佃农自得的这一特征不仅导致贫农与佃农发生矛盾，而且也造成了基层的村干部在执行减租运动上缺乏积极性。太行根据地在1944年的减租斗争中发现，村干部有的"认为减租不是村公所武委会工作，对农会亦不去帮助，强调忙不过来，有了问题，尽量拖推，不负责任"，有的甚至"动员佃户不说时，便生气发脾气说：'你的事情你不办，我管你干什么……'有时找的干部多了还嫌麻烦讨厌，谁落后不进步就不给他解决问题，不减租"。[2]

山东根据地也反映有类似的干部对减租工作冷漠的情况，1944年8月罗荣桓、黎玉在答复毛泽东所询的十项问题时说："过去两年减租工作不彻底，明减暗不减现象很多。滨海增资多、减租少。由于包办代替作风，初期时涌进流氓，减租未发动多少群众。胶东、鲁南、滨海地委以下干部，很多说租佃对自己的关系少，以致不去作深入调查研究工作，搞一阵就算了。"[3]

在中共的社会动员高度依赖以村庄基础的动员框架的背景下，基层干部尤其是村干部对减租运动缺乏积极性，这势必直接影响到减租运动群众化的效果。由于群众运动需要深入的细致调查和动员，无法从减租工作中受益的基层干部们因此普遍存在应付心理，或者便是采取简单的"恩赐减租"。

总而言之，在1943—1944年的减租减息斗争中，华北各根据地虽然决心按照中共中央的指示发起轰轰烈烈的群众性运动，但减租减息斗争中对保佃权、以佃雇农为主要动员对象和在果实分配上"各得各"的政策规定，使这一目标并未能真正实现，反而还造成了意料之外的农民内部争斗以及干部消极的问题。

（二）对减租政策的突破：1945年的斗争运动

1944年底，美英苏在欧洲战场对纳粹德国的反攻已接近胜利，日本即将战败的命运已经注定，中共中央由此开始从战略上布局日本投降后的国内格局。例如，11

---

[1]　晋冀鲁豫边区财政经济史编辑组等：《抗日战争时期晋冀鲁豫边区财政经济史资料选编》第二辑，中国财政经济出版社1990年版，第601页。

[2]　太行革命根据地史总编委会：《太行革命根据地史料丛书之五：土地问题》，山西人民出版社1987年版，第274—275页。

[3]　中共中央文献研究室中央档案馆：《建党以来重要文献选编（一九二一——一九四九）》第二十一册，中央文献出版社2011年版，第439页。

月中共中央派遣王震率领三五九旅为主干的南下支队南下创建根据地，"要从豫西经鄂、湘直到桂、粤，筑一道长堤，防止蒋介石从峨眉山下来，从三门峡、三峡出来抢夺抗战胜利果实"[1]。此时，晋察冀边区等华北根据地都进入到在反攻中全面恢复和向外扩张的阶段，新区不断扩大。1945年1月，刘澜涛报告说，冀中区日伪的堡垒由一千七八百撤退成三四百，冀中根据地得以恢复到百团大战前的状态，甚至离日伪所占的天津十几里的地方都可以开群众大会；北岳区也已恢复到1940年前后的规模。[2]而在冀鲁豫平原区，其扩大尤为显著，到1945年初时，冀鲁豫平原根据地获得很大发展，人口将近2 000万，超过太行、太岳根据地数倍，成为敌后最大的根据地。在这一背景下，中共中央开始进一步催促各根据地放手发动群众运动。

例如，为迅速巩固占领冀鲁豫的新区，中共中央于1945年1月23日电令北方局"即应进至冀鲁豫根据地工作，并从太行、太岳抽调一批对减租减息工作有经验、作风又好的干部到冀鲁豫，普遍发动冀鲁豫群众进行彻底的减租减息，求得根据地进一步的巩固。在有数千万人口的根据地，中央土地政策应利用目前有利时机认真贯彻。北方局必须亲自抓平原工作，至少半年至一年"，并指出冀鲁豫尚有广大地区未实行减租减息（即未发动群众），而今年务必要彻底发动群众实行。该电报还指示冀鲁豫分局迅速解放正在整风的1 000多名平原干部，对他们进行减租减息的训练后，派回去开展大运动。电报最后强调，"须知土地政策的彻底实行，是我党政军取得广大农民拥护的关键。千万不应迟缓忽视"[3]。1945年2月9日，《解放日报》又发表社论《贯彻减租》，要求当年减租政策在老区要彻底贯彻，在新区要普遍实行；并再次强调"在领导上要坚决纠正干部包办代替、恩赐减租的'劳而无功'的方法"，同时告知"当群众真正起来时，个别'左'的现象是不可免的，领导者不要惧怕群众中个别'左'的现象而不敢放手发动群众"。[4]

中共中央的这些催促却使华北各根据地陷入到两难中：一方面，华北各根据地已在实践中认识到，要形成轰轰烈烈的群众运动，就必须不仅限于对佃雇农进行

---

[1] 李新：《李新回忆录》，山西出版集团、山西人民出版社2008年版，第199页。

[2] 《晋察冀抗日根据地》史料丛书编审委员会：《晋察冀抗日根据地》第一册（文献选编，下），中共党史资料出版社1989年版，第978页。

[3] 《中国土地改革编辑部》，中国社会科学院经济研究所现代经济史组：《中国土地改革史料选编》，国防大学出版社1988年版，第208页。

[4] 《中国土地改革编辑部》，中国社会科学院经济研究所现代经济史组：《中国土地改革史料选编》，国防大学出版社1988年版，第215页。

动员，而须对在华北农村社会占有较大比例的贫农乃至更大的中农群体也积极进行动员，而这就需要突破减租减息的政策框架，允许贫农、中农一同参与对地富群体的斗争和果实分配；另一方面，中共中央的指示仍然是通过减租减息去进行阶级动员，并且要求"最后不论检查减租也好，开始减租也好，领导都要尽量避免过去'左'的现象（如退租年代过长，租额过低，方式过火等）"[1]。而各根据地的实践经验却告诉它们，标准的减租减息政策对于动员贫农等群体是缺乏利益激励机制的，而且对动员佃农坚决与地主做减租斗争的激励动力也不够。简言之，由于减租减息的政策供给与动员目标不相匹配，华北各根据地面临着发起群众运动与遵守减租减息政策不能两全的困境。

抗战结束前夕，中共中央在战略上更加强调发起群众运动的重要性。在这一背景下，华北各根据地面临着更加严重而急切的掀起群众运动的任务，由此也停止在两难中犹豫，开始走上不断强调放手和突破减租减息政策的道路。太行区党委后来在1947年回顾说："我们在一九三九年、一九四二年曾经放开了手，可是紧接着的是一九四〇年、一九四三年的约束，与地主阶级的反攻。历史的经验教训了我们，所以一九四四年冬季大规模的查减运动以来，我们就再没有反'左'。"[2]

华北根据地的领导层首先认识到了扩大阶级动员的范围的必要性，占有相当人口比例的贫农此时开始被列入动员的主要目标群体。例如，邓小平1945年6月6日在冀鲁豫的群众工作会议上指出："平原区有很大数量的贫农和平民阶层，据估计约占人口百分之三十以上（可能不只此数）。这一广大阶层，当雇农、佃户的很少，极大部分仅有极少土地或无土地，减租增佃都不能解决他们的困难。过去我们对此问题注意不够，长期对他们照顾极差，因而未能把这富有革命性的广大群众发动起来，这是很大的损失。"[3]据此，冀鲁豫根据地在1945年将此前致力的"雇佃运动"扩展为"雇佃贫运动"。

其次，为了更有效地调动佃雇农以及贫农的积极性，华北根据地在推动群众运动的过程中又相应地走向放松减租减息的政策规定，允许基层以各种方式进行突

---

[1]　《中国土地改革编辑部》，中国社会科学院经济研究所现代经济史组：《中国土地改革史料选编》，国防大学出版社1988年版，第215页。

[2]　河北省档案馆：《河北土地改革档案史料选编》，河北人民出版社1993年版，第228页。

[3]　《中共中央北方局》资料丛书编审委员会：《中共中央北方局：抗日战争时期卷》下，中共党史出版社年版，第646页。

破。对此，太行区党委曾明确指出，"一九四四年查减运动中，我们曾经着重解决这一问题——群众运动与政策的矛盾问题，即放手发动群众与政策的矛盾问题，创造了在运动中掌握政策（不是以政策来限制运动），在群众自觉的基础上实现党的政策（不是以政策来限制群众）的经验"[1]。

在华北各根据地的老区，为了调动佃农的积极性，开始放开退租退息活动。这一活动最初是华北各根据地在1943年的"查减"运动中为惩罚未遵守减租规定的地主而提出的，例如晋察冀边区行政委员会在1943年10月下达的指示中提出，"因未减租佃户已交应减之租，地主应依法退还"[2]。不过，此时华北各根据地为防止"过火"，在退租的年限上只允许追退不超过两三年，一般为一年。而到了1945年，在放手发动的指导精神下，各根据地开始允许佃农向地主追退多年的"多征地租"。这一策略对于佃农们的吸引力实际上明显超过了减租，因为后者是对今后进行，减租太多会影响到佃农能否继续租地，更重要的是这种减租是与统累税挂钩，佃农在获得减租后也需增加交税，一减一增之后的所得有限；而在算历史旧账的退租中，佃农可以追退多年的地租，以至地主只能让地抵赔，佃农遂能所得丰厚，又不必担心被夺佃的风险，即便要增加一些税负，也不影响获利的巨大。

于是，在对退租退息活动的限制放开后，老区普遍出现追退热潮。例如，山东根据地一些地方对劳役地租进行"找工"，方法是"七折八翻"——农民可以为自己在过去七年中无偿或地主少付工钱的劳动提出赔偿要求，再将这个赔偿数乘以"8"（日本侵略的年数）。在这一方法下，"徐柳沟一个找工，找出四元钱的账，按七年算，四翻八，八翻十六，十六翻三十二，算成十八万元，够他家的财产就行了，这是照情形。双山一个人应找工二十元，照情形翻成八千元，但说合成为八百元。胶东的一个鞭子折成一条牛"[3]。

但退租退息仍然主要是使佃农们受益，因为其果实分配遵循"谁的问题谁得果实"。为了实现对贫农的动员，"反贪污"、"查黑地"等斗争戏码在华北老区热烈开展起来，这些戏码的特点是斗争果实是公共性的，贫农由此便能在中共党政机

---

[1] 河北省档案馆：《河北土地改革档案史料选编》，河北人民出版社1993年版，第228—229页。

[2] 河北省社会科学院历史研究所等：《晋察冀抗日根据地史料选编》下册，河北人民出版社1983年版，第393页。

[3] 山东省档案馆，中共山东省委党史研究室：《山东的减租减息》，中共党史出版社1994年版，第364页。

构的照顾下获得这部分果实。太行区党委1947年回顾说："抗战时期，由于我们的政策是减租减息，削弱封建，规定了果实的分配是按问题分——谁的问题谁得果实，只是从公共性的果实（反贪污、汉奸财产等）中照顾贫雇，或在地主拍卖土地财产时，给贫雇以优先权。"[1]

但在华北各根据地扩大开辟的新区，由于这一套经济上的清算斗争只能使雇佃贫群体受益，不能立即实现最广泛的动员，因此中共转而从政治上入手，通过对在日伪统治时期一些广受憎恶的掌权人物进行"反汉奸"、"反恶霸"，以达到将包括中农在内的大多数农村居民动员起来。在1944年6月的局部反攻中，晋察冀边区行政委员会即指示称："无论在新开展与新收复区，均须以发动群众组织群众为第一要务，一般应以反勒索，反征粮抢粮，反抓伕，反奸特，组织人民经济生活，反贪污浪费，整理财政，改造村政权为主要内容。"[2]1945年后，晋察冀边区更加自觉采取了这种政治性的反奸清算手段。对于这种手段的效果，晋察冀边区后来在1947年的一篇报告总结说："反奸清算最能团结广大人民，而减租范围则小。反奸清算中可以把最活跃的贫农和赤贫团结起来，这是最积极的分子。"[3]

总体上，这些各种形式的政治经济上的清算斗争都突破了中共中央的减租减息政策，它们使晋察冀等根据地也摆脱了华北地区佃农人口小、借贷关系少的限制，由此可以在各村庄动员起来很大比例的农民参与群众运动。相对于减租减息而言，各种形式的清算斗争的动员效果明显更佳。而且在清算斗争结束后，即使还进行减租减息，也不再有多少搞头。日本学者田中恭子据此指出，各根据地对清算斗争比对减租减息更重视，在1946年前，各根据地为了形成群众运动的热潮，表面上推行的仍是减租减息政策，但实际上都变为以反奸清算运动为中心来展开。[4]

---

[1] 河北省档案馆：《河北土地改革档案史料选编》，河北人民出版社1993年版，第242页。

[2] 河北省社会科学院历史研究所等：《晋察冀抗日根据地史料选编》下册，河北人民出版社1983年版，第449页。

[3] 河北省档案馆：《河北土地改革档案史料选编》，河北人民出版社1993年版，第141页。

[4] 马场毅：《田中恭子著：〈土地与权力——中国的农村革命〉》，载爱知大学现代中国学会编：《中国21》（1999），中国社会科学出版社2001年版，第487页。

四、小结：两种动员之间的关系

（一）两种动员之间的关系

抗战时期，中共在华北地区同时展开了村庄动员与阶级动员，二者之间有何关系？从推进减租减息的过程可以看到，阶级动员虽然是中共在抗战时期进行社会动员的基本维度之一，但它的实施力度与策略一直在随着中共所面临的政治机会结构，以及资源动员需求的变化而变化。由于承认抗日战争中民族矛盾居于主要地位，中共选择了以温和的减租减息政策来进行阶级动员。而抗日战争过程中，中共又根据国、共、日三方关系的变化与资源动员的压力，不断对减租减息的具体政策与推行方式进行调整。

抗战前期的政治机会结构十分有利，中共在华北地区基本忙于抓紧时机进行根据地的创建与扩展，各根据地的工作中心因此放在村庄动员上，对于减租减息主要采取行政包办的方式，阶级动员停留在表面上。在此时期，减租减息甚至往往被作为村庄征收公粮的辅助手段。例如晋绥边区的各村在征收公粮前一般都先召开佃户会议，从减租调查中弄清地主收入情况，然后再征收公粮。其中，兴县高家村在征收公粮时先用五天进行减租，然后才进行公粮征收，为的是通过减租为公粮征收打下基础，村干部在计算公粮时会将减租部分一并算了进去。在另一个叫中庄村的村内，减租直接被纳入到公粮征收过程，若有地主未减租，征收公粮时会将该地主应减的地租一并算入。[1]

1941年底进入艰难的相持阶段后，虽然中共中央开始加强对减租减息工作和阶级动员的推动，提出"先打后拉"的要求；但晋察冀等根据地在日军"扫荡"的压力以及减租减息合法斗争的约束下，无暇进行深入的群众动员，也未能真正抑制或打破地主在租佃、借贷市场上的优势地位，故此时的减租减息工作虽然有较大起色，但其阶级动员的效果仍然不充分。

相反，在相持阶段的困境中，中共以"熬时间的长期斗争的方针"为指导，努力保障根据地的物质供给能够持久，因此将主要精力放在对村庄动员的方式改进之上，除了进行统累税改革外，还展开"精兵简政"，以减少村庄动员的总压力；

---

[1] 张玮，李俊宝：《阅读革命：中共在晋西北乡村社会的经历》，北岳文艺出版社2011年版，第36—37页。

另一方面又积极发展生产，推行变工队、互助组、合作社等形式，组织"大生产运动"，以增加村庄动员的物质来源。[1]

只有到了对日战略反攻阶段，晋察冀等根据地才真正致力于形成群众运动，阶级动员上升为其社会动员的主轴。在推动阶级斗争群众化的过程中，减租减息的政策遭到突破，晋察冀等根据地普遍运用了从退租退息、查黑地、反贪污到反汉奸的多种清算手段。而这种大规模群众运动仍与村庄动员紧密相关，在老区，这些运动的意图之一就是通过给予群众以利益来缓解多数农民在负担面扩大后的重负感。而在新区，这些运动的形式更是脱离减租减息的轨道，直接聚焦在当地村庄摊派中的不公平问题上，以"反贪污"、"反恶霸"等戏码来迅速获取包括中农在内的大多数农民的支持，建立农民组织和改造村政权，从而为中共未来的村庄动员打下基础。

因此，我们可以看到，抗战时期中共在华北已经形成了村庄动员与阶级动员相互交织和影响的动员模式。其间，村庄动员大多时候居于主导地位，阶级动员则居于从属地位。其中的主观原因是中共在抗战时期自觉地对阶级斗争采取了限制，但除此之外，华北农村社会自身的特征也是不可忽视的客观背景。由于华北地区大部分农村的租佃关系不发达，地租率也相对较低，这使得减租政策的动员效果受到很大限制。在游击区，减租政策更是基本未能得到成功实施。相反，由于近代以来华北地区村庄摊派的泛滥，农民们最痛恨乃是摊派中的不公平与贪污问题。出于这些原因，美国学者塞尔登强调认为，在中共的抗战动员中，税制改革比减租减息更重要。[2]

然而，中共的村庄动员又内在地离不开阶级区分与斗争，它自始至终都贯穿着阶级路线，这正是中共在村庄动员上与以往华北统治者的基本区别。如前所述，中共的华北各根据地在村庄动员上形成了一套数目字化的管理机制，使负担分配的合理程度大大提高。但华北各根据地能够使负担分配合理化并不仅仅是因为采取了数目字管理，"有钱出钱，钱多多出"的阶级差异原则才是更基本的原因，它保证着

---

[1]　关于此时中共在资源动员与阶级动员之上的先后顺序的安排，一个反映是1943年10月1日中共中央政治局下达的《关于减租、生产、拥政爱民及宣传十大政策指示》，该指示将"精兵简政"、"发展生产"列在第二条和第五条，而将"减租减息"列在最后的第十条。

[2]　马克•塞尔登：《他们为什么获胜？——对中共与农民关系的反思》，载南开大学历史系、中国近现代史教研室编：《中外学者论抗日根据地——南开大学第二届中国抗日根据地史国际学术讨论会论文集》，档案出版社1993年版。

华北各根据地在深入的资源汲取过程中基本不会面临"村庄反动员"的问题。

在抗战相持的艰难时期，中共在村庄动员的问题上也内在地产生出了对阶级动员的需要。实际上，中共的村庄动员模式的有效建立在两个前提上：一个是总负担量处在一定的限度内，另一个则是村庄内部存在阶级差异作为缓冲，以避免负担的主要压力直接落在多数农民身上。正是出于维持这两个前提的需要，华北各根据地在1942—1943年的困难时期才一方面展开了"精兵简政"和"发展生产"，另一方面则加强减租减息的动员力度。

刘昶认为，中共在革命中是旨在"造成一个均质的小农社会，这样的社会里，不存在社会分化，就不会危机到归属性的村庄组织的稳定，而共产党革命实际上通过归属性组织征粮、征税、征兵，获得人力和物力的资源来支持革命"[1]。这一观点尽管看到了中共对归属性村庄的依赖，但误以为这种依赖使得中共倾向于消除村庄社会的分化，以至形成均质的结构。其实，中共虽然在推动着属地化的村庄管理，但另一方面又始终需要村庄内存在一定的阶级差异和张力，因为它扮演着为村庄动员提供缓冲、润滑的作用，是必不可少的因素。

总体上看来，抗战时期中共在晋察冀等华北根据地的村庄动员与阶级动员形成了相互影响、相互促进的关系。二者的结合使得晋察冀等华北根据地普遍发生了农村社会结构的"静悄悄的革命"。

（二）"静悄悄的革命"：华北农村社会的结构变化

尽管抗战时期中共停止了土地革命，但合理负担/统累税与减租减息的政策对华北农村土地格局和社会结构的改变之巨大丝毫不亚于一场土地革命。

在合理负担/统累税与减租减息的剪刀下，地主和富农从土地中获得的纯收入不断减少，甚至出现收入不敷成本。这种土地收入的锐减就迫使地主和富农开始减少土地的占有。他们或者将土地变卖出去，或者分家析产，以达到避税或交纳负担的目的。这在华北各抗日根据地是普遍现象，几千年来在农村中被所有人当作命根子和香饽饽而拼命争夺的土地，此时在地主手中却成了烫手的山芋，他们被迫忍痛出让土地，甚至出现赔钱送地。例如，1943年中共在其控制的河北省西南部赞皇县的一个村进行社会经济调查发现：

> 抗战前本村土地变动甚微。民国24—25年，一亩水地值400～500元、

---

[1] 王绍光等：《共和国六十年：回顾与展望》，载《开放时代》2008年第1期。

一亩旱地（指好地）值100～200元，但都是有行无市。抗战后几年间也无大变化，直到民国29年春因借粮运动引起部分土地变化。民国31年政府借秋粮，被借之户有些出卖土地的，水地每亩值600～800元，旱地每亩值100～200元按地价与粮价比较，现在土地价格较抗战前降低90%以上。现在土地一秋一夏之产量即可值其地价，而抗战前则需10年以上甚至30年之产量才能值其他低价。[1]

抗战时期，这种地价大跌的情况在华北各根据地逐渐成为普遍现象。在这种反常的市场行情下，负担不重或无负担的中农和贫农乘机购进土地，成为土地市场震荡的受益方。于是，中共的税制改革和减租减息政策就促使近代以来华北地区出现的土地向地主集中的趋势被逆转为向下层的中农和贫农快速分散，土地集中的格局由此被打破。

以晋察冀边区为例，抗战时期土地集中格局分散的现象在边区内显著出现。根据晋察冀北岳区对区域内各阶层土地占有状况从1937—1943年变化的统计，六年中该地区的土地占有格局明显地出现了有利于中农和贫农的变动。从表5.2中我们可以看到，晋察冀边区的五十三个村在抗战以来的六年中，地主和富农的土地数量大大减少，地主的减少尤为多；而中农、贫农和雇农的土地数量却大大增加，中农的增加最多。整个边区内的农村土地流动呈现出从地主和富农手中大量流出，而流入中农和贫雇农手中的特征。

表5.2　晋察冀北岳区抗战以来土地关系变动情况（1937—1942）（单位：亩）

地区	变动类型	地主	富农	中农	贫农	雇农
巩固区[a]	卖出	- 1 320.61	- 1 061.30	- 765.00	- 492.45	- 7.30
	买入	35.25	113.77	1 192.18	669.89	102.15
	当出	- 423.10	- 175.94	- 188.53	- 44.00	- 3.00
	当入	4.85	85.35	496.00	401.23	16.24
	总变动	- 1 703.61	- 1 038.12	734.65	534.67	108.09
游击区[b]	卖出	- 1 410.20	- 1 354.68	- 1 173.89	- 818.00	- 19.11
	买入	106.22	514.30	2 232.64	1 215.87	68.84
	当出	- 1 375.72	- 1 844.42	- 1 374.95	- 654.78	- 18.00
	当入	（空白[c]）	232.30	2 469.65	1 742.50	62.87
	总变动	- 2 679.7	- 2 452.50	2 153.45	1 485.59	94.60

----

[1]　晋冀鲁豫边区财政经济史编辑组等：《抗日战争时期晋冀鲁豫边区财政经济史资料选编》第一辑，中国财政经济出版社1990年版，第1324—1325页。

资料来源：魏宏运主编：《抗日战争时期晋察冀边区财政经济史资料选编》第二编，南开大学出版社1984版，第226页。本表对原表做了形式处理。

注[a]：巩固区是根据北岳区巩固区域内二十四个村庄的调查。

注[b]：游击区是根据北岳区游击区域内三十一个村庄的调查。

注[c]：尽管数据空缺，但当入地数据不会太大，故在计算总和时为求方便而将之技术处理为0。

与此相应，在阶级结构的方面，晋察冀边区内的中农阶级群体日益壮大。刘澜涛用"两边向中间挤"的说法概括这一变化，他说："目前中农发展的特点，就是两边（一边是贫农雇农上升为中农，一边是个别富农地主下降为中农）向中间挤（即向中农方向发展）。"在这种"两边向中间挤"的作用下，刘澜涛认为边区已经形成了"两头小中间大"的阶级结构。[1]表5.3反映了晋察冀边区内这种新的"两头小中间大"的阶级结构。

表5.3　晋察冀北岳区1937—1942年阶级结构（户口、人口）的变化（单位：%）

地区		巩固区[a]			游击区[b]		
年份		1937	1941	1942	1937	1941	1942
地主	户数	2.42	2.05	1.91	1.69	1.58	1.50
	人口	3.61	2.85	2.51	1.81	1.14	1.29
富农	户数	5.91	6.02	5.8	7.95	6.97	6.81
	人口	8.45	7.87	7.88	12.23	10.25	10.13
中农	户数	35.42	42.65	44.31	36.14	41.01	41.93
	人口	40.57	43.04	47.47	39.03	43.75	44.40
贫农	户数	40.47	38.59	37.72	43.05	41.65	41.78
	人口	35.71	35.00	33.94	39.02	38.81[c]	39.08
雇农	户数	7.06	3.06	3.23	4.74	3.24	3.25
	人口	4.82	2.55	2.41	3.21	2.13	2.22
其他	户数	8.72	7.16	6.9	6.25	5.55	4.09
	人口	6.25	5.78	5.28	4.29	3.72	2.91

资料来源：魏宏运主编：《抗日战争时期晋察冀边区财政经济史资料选编》第二编，南开大学出版社，1984，第222—223页。本表对原表格做了形式处理和一处数据修订。转自Chang Liu,

[1] 魏宏运：《抗日战争时期晋察冀边区财政经济史资料选编》第二编，南开大学出版社1984版，第203页。

Peasants and Revolution in Rural China: Rural political change in the North China plain and the Yangzi delta, 1850–1949, London and New York: Routledge, 2007, p. 104.

注ª：巩固区是根据北岳区巩固区域内三十五个村庄的调查。

注ᵇ：游击区是根据北岳区游击区域内四十二个村庄的调查。

注ᶜ：原表为28.81，与其他群体比例加起来不足100，应有误。

晋察冀边区的上述调查数据虽然只截至1942年，但已经反映出整个抗战时期边区内土地流动与阶级结构变动的趋势。1942年后，随着负担的继续增加与减租减息运动对地租的进一步压低，地主在土地收益上所剩无几，甚至亏本。1944年的查减退租运动下，地主又被追退多年"应减"的地租，这使得他们唯有通过卖地来抵偿。因此，这种"两边向中间挤"的情况势必继续发展，使晋察冀边区内只剩很小比例的地主富农，而中农的比例则会更加庞大。

弗里曼等调查的河北五公村在整个抗战时期的土地变化数据，可以作为晋察冀边区后期变化的一个案例。根据弗里曼等人的研究，抗战时期的温和改革已经深刻地影响了五公村的阶级结构，"在静悄悄的革命中，10年改革已加快了传统精英的衰落，对穷人十分有利。两个地主家庭的土地1936—1946年这10年中，从203亩下降到76亩，富农的土地则从262亩降为180亩。在战时的10年中，这5户（注：指五公村的地主、富户，共5户）共卖掉209亩地，仅比10年前中农的人均数（5.8：4.3）略高一点。1936年时的中农，尤其是那些占有少量土地的人，在战时也损失了土地，他们的土地总量从3 534亩降到2 600亩，降幅为26%。静悄悄革命的主要受益者是穷人。战前，103户最穷的农民有471亩地。10年后在土改之前，他们已拥有1 425亩，升幅为300%。到1946年，原划为贫农的58户已获得很多土地，按1936年的标准，应定为中农。这些贫农的人均土地面积已从1936年的0.87亩增至1946年的2.2亩"。最终，经过十年的经济改革，五公村内"最富和最穷之间的差距已经大大缩小了。1936年，地主的人均土地是贫农的12倍，而到1946年耕者有其田运动之前，已不到贫农的3倍。1936年，中农的土地是贫农的4.9倍，而经过渐进的改革，1946年时优势已缩小到41%。地主和富农人均5.8亩，中农3.1亩，贫农3.2亩。到战争末期，穷人得到土地，富人被迫抵押和卖掉部分土地，佃农和雇农彻底消失"。[1]

---

[1]　[美]弗里曼，毕克伟，塞尔登：《中国乡村，社会主义国家》，社会科学文献出版社2002年版，第127页。

当然，细究起来，合理负担与统累税在促成土地转移过程中所起的作用似乎又更具基础性。从案例上看，河北南部武安县的十里店村的土地转移主要是因应中共的村庄税收而发生。该村在抗战之前土地占有比较集中，村中20户最富的家庭平均每人的土地占有量是中农的2.5倍，是贫雇农的7倍。[1]但是，在中共到来实施合理负担后，村中出现了土地分散流动的现象。村中70%的农户得到了免税，只有剩下的30%的农户被要求缴税。于是，那些在免税点以上的农户想尽办法来逃税，至少试图降低自己被课征的累进率。十里店村中第二大的地主王邦彦将他的四个儿子送去参加八路军，通过变成军属家庭，这样他就可以在税收中获得特别的照顾，而且在干农活上还能得到特别的帮助。另一位富农王凤齐则想出了另一个办法，赶在新的累进税率实施前将他总数超过100亩的土地通过分家分给了他的五个儿子。而村中其他因各种原因无法分家的富户就只好以卖地来缓解压力。例如村中另一家族傅家中最富的傅兴，急忙变卖了30亩土地。而买地者则是村中的中农和正在上升的贫农。[2]

而从宏观数据看，晋绥边区1947年一份报告所给出的一组数据可资参考，该报告指出，"（晋绥边区）土地转移的分水岭即四二年与四三年转移的原因，以十个村的调查：地主因减租转移29.7%，清债3.6%，增工资8.6%，负担35.3%。其余即因家务转移。富农因减租清债转移32%，因负担43%，其余即因家务倒地。中农因减租转移9%，因负担28%，因家务27%，倒地15%"[3]。可以看到，在晋绥边区土地转移的高峰期，无论地主、富农或中农进行土地转移的首要原因都是负担，减租是其次的原因。

这一情况再次反映出村庄动员在中共的社会动员框架中的基础地位。但无论如何，抗战时期中共交错运用村庄动员与阶级动员，的确在华北各根据地造成了一场农村土地占有和阶级构成的"静悄悄的革命"。到抗战结束时，晋察冀、晋绥、晋冀鲁豫、山东等根据地的老区都出现了阶级差距缩小、土地占有接近均化的状况。

[1] 胡宗泽：《华北地方权力的变迁——1937—1948年十里店资料的再分析》，载王铭铭，[英]王斯福主编：《乡村社会的秩序、公正与权威》，中国政法大学出版社1997年版，第133页。

[2] [加]伊莎白·柯鲁克，[英]大卫·柯鲁克：《十里店（一）：中国一个村庄的革命》，上海人民出版社2007年版，第59—60页。

[3] 晋绥边区财政经济史编写组，山西省档案馆：《晋绥边区财政经济史资料选编（财政编）》，山西人民出版社1986年版，第519页。

第六章　村庄动员与阶级动员的变奏：土地改革
运动的激进化

1946—1949年的第二次国共内战期间，中共所面临的政治军事环境与抗日战争时期相比有了根本变化。在国共军队正面对决之下，中共必须改变游击战争的战略，也无法继续以民族主义的旗帜获取农村各阶级的共同支持。在新的环境下，中共将如何实现社会动员？显而易见，中共此时在阶级动员的力度上大大加强，备受瞩目的土地改革运动不断走向激进的现象充分表明了这一点。那么，中共的村庄动员和阶级动员的关系有何变化？我们将沿着前面的逻辑对此进行考察，以展现在新的政治机会结构下村庄动员与阶级动员之间的互动。

一、阶级动员的加强：从清算斗争到"五四指示"

国共第二次内战期间，中共在社会动员上首先发生的一个重大变化便是下达"五四指示"，明确放弃减租减息政策的限制，重新提出分配土地的主张，推行"耕者有其田"。对于"五四指示"的成因，史学界有不同看法。传统的党史研究在分析"五四指示"的形成时，往往提及"那时，全面内战的爆发已迫在眉睫"，或"大战在即，迫切需要动员农民以极大的热情支持革命战争"，这实质上是指出"五四指示"属于战争动员手段。[1]

---

[1]　例如见董志凯：《第二次国共内战时期的土地改革运动》，北京大学出版社1987年版，第52—53页。近年一些研究进一步指出，土地改革运动整体上都是为战争动员服务。例如见张鸣：《动员结构与运动模式——华北地区土地改革运动的政治运作（1946—1949）》，载《二十一世纪》2003年6月号；李炜光：《暴风骤雨的土地改革与战时财政动员》，载《二十一世纪》2004年9月号。

但也有学者认为，中共中央在制定五四指示时，尚未在思想上对国共全面战争做好准备，毛泽东甚至不时发出指示强调国共议和是大势所趋。而且，"五四指示"正文当中也丝毫看不到因"大战在即"而要加速通过土改动员农民的内容。相反，"五四指示"之中的背景交代是："根据各地区最近来延安的同志报告，在山西、河北、山东、华中各解放区，广大农民已经通过反奸、清算、减租、减息斗争，直接从地主手中取得土地。"在群众运动深入的地方，基本上解决了或正在解决土地问题。"在此种情况下，我党不能没有坚定的方针，不能不坚决拥护广大群众这种直接实行土地改革的行动，并加以有计划的领导"。"不要害怕农民获得大量土地和地主丧失土地，不要害怕消灭农村中的封建剥削"，"要坚决拥护农民一切正当的主张和正义的行动，批准农民获得和正在获得土地"。而且，"五四指示"还对运动提出了"九条照顾"的限制。因此，该学者否认"五四指示"是出于战争动员而制定，而倾向于认为"五四指示"主要是农民广泛要求土地的自发运动与中共担心重蹈1927年大革命失败的心理共同作用的结果。[1]

这些研究各有其正确的一面，但也都存在片面性，尤其是似乎都对"五四指示"与抗战结束后中共在各根据地的连续性运动动员之间的关系有所忽略。实际上，"五四指示"不纯粹是中共中央自上而下的动员操作，也并非主要由自发性的群众运动自下而上所推动的政策回应，它是二者的混合产物。

（一）抗战结束后的放手发动

如前所述，在抗日战争结束前，中共中央即开始筹谋战后国共争雄格局的系列安排，指示各根据地深入开展减租减息运动属于其中一环。1945年8月中旬日本决定战败投降后，中共中央在第一时间下达《关于日本投降后我党任务的决定》，称国民党与中共对抗战胜利果实的争夺战"将是极猛烈的"，为此要求"今冬明春，必须在一万万人民中，放手发动减租（已经减好的照旧），在一切新解放区一律减租，放手发动与组织群众，建立地方党地方政府与提拔地方干部，以便迅速确立我党在基本群众中的基础，迅速巩固一切新解放区"[2]。

---

[1] 杨奎松：《关于战后中共和平土改的尝试与可能问题》，载《南京大学学报(哲学·人文科学·社会科学)》2007年第5期。

[2] 中共中央文献研究室、中国人民解放军军事科学院：《毛泽东军事文集》第2卷，军事科学出版社·中央文献出版社1993年版，第269页。

1945年11月7日，毛泽东又向党内下达《减租和生产是保卫解放区的两件大事》的指示，其中首先判断认为"国民党在美国援助下，动员一切力量进攻我解放区。全国规模的内战已经存在"，接着提出减租和生产"成为非常迫切的任务"，这其实同时触及到村庄动员和阶级动员的问题。在减租上，指示要求"务使整个解放区，特别是广大的新解放区，在最近几个月内（冬春两季）发动一次大的减租运动，普遍地实行减租，借以发动大多数农民群众的革命热情"。为督促各根据地放手发动群众，指示又特别强调"减租必须是群众斗争的结果，不能是政府恩赐的。这是减租成败的关键。减租斗争中发生过火现象是难免的，只要真正是广大群众的自觉斗争，可以在过火现象发生后，再去改正"。[1]11月27日，中共中央又下达《关于抓紧进行减租运动和生产运动的指示》，继续强调和催促减租运动和生产运动。

12月15日，毛泽东在发出的《一九四六年解放区工作的方针》的中央指示中，提出了十个工作重点，"减租"被列为第四点，排在"生产"和"财政"之前，形式上与此前两年已不同。具体内容上，毛泽东再次向各根据地强调，"按照中央一九四五年十一月七日指示，各地务必在一九四六年，在一切新解放区，发动大规模的、群众性的、但是有领导的减租减息运动"。该指示还指出，"在新解放区，如无此项坚决措施，群众便不能区别国共两党的优劣，便会动摇于两党之间，而不能坚决地援助我党。在老解放区，则应复查减租减息的工作，进一步巩固老解放区"[2]。

在毛泽东和中共中央对放手发动的再三强调下，华北各根据地为了实现中央所要求的形成大规模群众运动的要求，进一步推进多种形式的反奸清算斗争。同时，1946年初华北各根据地都在新区颁布了减租减息法令，其中不再强调1942年所提出的保障地主的人权、政权、地权、财权的统一战线政策。在此背景下，华北各根据地的新区农民发动起来后，"迅速触及地主的土地"。具体原因是农民们在清算中要求以地主的土地清偿，或要求追回被地主吞没的公地、庙地、绝户地、社地等，或要求赎回被迫典当的土地，或清算地主的黑地等。例如，冀南鸡鸣泽县北凤正村的农民在双减运动后，中共及贫农通过无偿没收汉奸恶霸的土地，无偿清算地主逃避负担而赔偿的土地，无偿收回地主吞没的公地、庙地，以及有偿（占50%强）追

---

[1]　《毛泽东选集》第4卷，人民出版社1991年版，第1068—1069页。

[2]　《毛泽东选集》第4卷，人民出版社1991年版，第1071页。

回地主强占的土地等，共获得了973.19亩土地。[1]

（二）国共和谈的曲折与"五四指示"的制定

然而，1946年1月，国共和谈取得重要进展。两党按照"双十协定"召开了包括有各民主党派和无党派人士参与其中的全国政治协商会议，1月31日会议最后通过了宪法草案、政府组织案、国民大会案、和平建国纲领和军事问题案五项协议。这些协议有利于中共冲破国民党的一党专政和保障自己所辖"解放区"的合法地位，中共因此对政协协议感到满意。政协会议上中共与中间力量通过民主方式取得胜利的过程也令中共中央印象深刻，从而增强了中共通过与国民党进行合法斗争来推动和平建国的信心。政协会议进行之中，毛泽东在公开颁布的停战令中就说："中国和平民主新阶段，即将从此开始。"2月1日，中共中央向各中央局、各区党委、各纵队负责人发出的内部指示中对和平建国的可能性又作出了更加乐观、肯定的判断，指示电称："从此，中国即走上和平民主建设的新阶段……中国革命的主要斗争形式，目前已由武装斗争转变到非武装的群众的与议会的斗争，国内问题由政治方式来解决。党的全部工作必须适应这一新形势。"[2]

这份指示甚至开始将重点转移到强调防止"关门主义"，指出：目前党内的主要危险倾向是"一部分同志狭隘的关门主义"，因而要求全党必须很好地克服那种不相信内战会停止，不相信和平真能实现，以及不相信蒋介石在各方面逼迫下也能实现民主改革，并能与我党合作建国，不相信和平民主新阶段已经到来的"左"的倾向。[3]

于是，在政协协议达成后的一段时间里，中共中央与各中央局都停止了对阶级斗争加温加火，开始准备进行"收"。一个典型例子是，冀鲁豫区党委在1946年2月21日紧急下达通知，称国内和平建设阶段到来，各地在发动群众中存在的非法现象，必须抓紧纠正，转入合法斗争，否则对党、对政府、对群众都将产生很

---

[1] 董志凯：《解放战争时期的土地改革运动》，北京大学出版社1987年版，第39—40页。

[2] 中央档案馆：《中共中央文件选集》第16册，中共中央党校出版社1991年版，第62—63页。

[3] 中央档案馆：《中共中央文件选集》第16册，中共中央党校出版社1991年版，第62—63页。

大不良影响。[1]

不仅如此，中共还试图回到抗战时期的"精兵简政"，为村庄动员减负。晋察冀中央局由于对全国和平前景的判断最为乐观，因此在此问题上也最为积极。2月16日，晋察冀中央局致电中共中央提出："目前和平已确定，全国范围内战已不可能，军队需要大量缩编"，"我们提议立即进行大规模的精简"。[2]3月1日，晋察冀中央局率先发出《关于复员工作的决定》，称：我国已开始步入和平民主建设的新阶段，边区立即开始部分的复员，将战时的各种组织机构逐步转变为平时的组织机构。此后，晋察冀中央局积极执行对军队的精简计划，其部队复员人数最多，进行也最快。晋察冀原有野战军九个纵队，二十六个旅，加上地方部队共三十二万多人，这次一下子复员了十万多人。[3]3月6日，中共中央也发出了精兵简政的指示，下令各解放区进行复员整军工作，准备第一期精简三分之一，三个月内完成；第二期再精简三分之一。[4]

然而，1946年3月1日至17日召开的国民党六届二中全会通过的决议强调，五权宪法绝不容有所违背，所有对五五宪草的任何修改都应由国民大会讨论决定。这就从根本上推翻了政协已经达成的协议。以陈诚为首的黄埔系向蒋介石传递国共军力不成对比、作战很有把握的判断，陈诚甚至多次在南京公开宣称在六个月内即可以消灭共军。3月22日，国共军队在东北四平开始激战。

面对这一转折，中共中央迅速做出反应，3月15日即电告各中央局、分局国民党二中全会的最新变化，要求华北、华中立即提起警觉，做好军事必要准备，并重新催促"减租、生产两件大事，一切地方须抓紧推动……务必在今年内获得空前巨大成绩，造成解放区不可动摇的群众基础与物质基础，不怕任何反动派的破坏"[5]。3月18日，中共中央再次电告各地负责人，国民党已准备推翻政协决议，必

---

[1]　中共冀鲁豫边区党史工作组办公室：《中共冀鲁豫边区党史资料选编》第3辑（文献部分，上），山东大学出版社1989年版，第43—45页。

[2]　转自汪朝光：《1945—1949国共政争与中国命运》，社会科学文献出版社2010年版，第255页

[3]　转自郑维山：《从华北到西北：忆解放战争》，解放军文艺出版社1985年版，第20—22页。

[4]　中央档案馆：《中共中央文件选集》第16册，中共中央党校出版社1991年版，第86页。

[5]　中央档案馆：《中共中央文件选集》第16册，中共中央党校出版社1991年版，第94页。

须在精神上做好打内战准备。[1]3月26日，《解放日报》发表社论《减租减息是一切工作的基础》，要求新区应将减租减息作为中心工作，老区则应在生产中切实深入查减，并批评束手束脚的倾向，强调"必须在思想上认识，领导的主要任务乃在于启发群众的觉悟，扫除他们的顾虑……而不在于防止'过火'"[2]。

在中共中央的提醒和催促下，各中央局也紧急转弯，向区内传达中央指示。例如，晋冀鲁豫中央局在3月22日即电告各区党委、军区、纵队国民党二中全会的变化，要求引起严重警惕，突出批评"斗志松懈，太平观念"。[3]3月24日，晋冀鲁豫中央局又下达《关于进一步发动群众工作的指示》，批评慢腾腾搞典型、搞调查研究的做法，并具体部署让军队参与减租运动，在各地报纸上开辟专栏，并让各区党委都出版群运通讯，以交流经验推动减租和发动群众的工作。[4]这些动作表明，晋冀鲁豫区已切实地准备掀起一场群众运动。这一指示获得了中共中央的青睐，后者在4月15日将之转发全党。

紧急部署重新放手点火搞群众运动之后，中共中央也开始思考从根本上对土地政策做出调整。此前，中共中央虽然从1945年11月的《减租和生产是保卫解放区的两件大事》的指示中开始强调放手发动群众，但又提出"目前我党方针，仍然是减租而不是没收土地"[5]。直到1946年3月26日，《解放日报》的社论《减租减息是一切工作的基础》仍旧规定清算斗争应在以往减租减息政策法令规定范围内，只主张"清算过去违反减租法令的额外剥削"，强调农民必须依照新的租约向地主交租。

不过，此时中共中央应已了解到各地在放开清算斗争中，普遍出现了农民起来后发生超出减租政策规定范围，变相向地主索取土地的做法。譬如晋冀鲁豫局3月24日的电报称，"有些地区发展了均产均地运动，过分的打击了富农与中小地

[1]　中央档案馆：《中共中央文件选集》第16册，中共中央党校出版社1991年版，第96—98页。

[2]　《中国土地改革编辑部》，中国社会科学院经济研究所现代经济史组编：《中国土地改革史料选编》，国防大学出版社1988年版，第241—243页。

[3]　中共冀鲁豫边区党史工作组办公室：《中共冀鲁豫边区党史资料选编》第3辑（文献部分，上），山东大学出版社1989年版，第55—57页。

[4]　中共冀鲁豫边区党史工作组办公室：《中共冀鲁豫边区党史资料选编》第3辑（文献部分，上》，山东大学出版社1989年版，第58—63页。

[5]　《毛泽东选集》第4卷，人民出版社1991年版，第1069页。

主。在那些地方，提出三亩推平口号，即每人三亩平均分配，经济上消灭地主、富农"[1]。在这一背景下，中共中央开始酝酿改变土地政策，根据《毛泽东年谱》的记载，3月31日毛泽东已起草了一个关于土地问题的指示电，并委托胡乔木审查清理1942年规定的土地政策的不适用之处。[2]4月初，中共中央邀请晋冀鲁豫、山东、华中的群运负责人薄一波、黎玉、邓子恢先后飞抵延安汇报群运工作，并商讨土地政策。

实际上，国共两党此时都自觉地在土地政策上进行竞争。4月29日，国民党方面公布了修正的《土地法》及《土地法施行法》，尽管其形式性较强，但也在客观上对中共中央形成了某种刺激。面对国共局部内战的趋热、国民党对土地政策的重视，以及因自上而下不断放手发动群众运动而导致的各地农民跃出减租范围直接索取土地的情况，中共中央终于在5月4日讨论土地问题的会议中通过了《中共中央关于土地问题的指示》，即"五四指示"。随后中共中央用加密电报将此指示在党内秘密传达，督促各地开始启动土地改革运动。

回顾"五四指示"的出台过程，可以看到它并不简单是中共中央在被动接受减租清算运动中农民所提出的超出减租政策的土地要求，在此之前中共中央为筹谋抗战结束后国共争雄的格局，实际上一直在进行积极的放手发动群众的工作。无论农民是否会提出超出减租政策的土地要求，中共中央通过强化阶级动员而为国共战争准备扎实的群众基础的战略是既定的。只不过被发动起来的老区，特别是新区农民在自由的清算斗争中广泛索取地主土地，超过了中共各级党委的预期，而3月底以来国共在关外大战、关内摩擦加剧的形势又使得中共中央对全面内战的警觉空前强烈，因此中共中央才在短期内迅速通过了"五四指示"，以达到继续深入、广泛地进行阶级动员，为国共内战做好充分准备的目的。

杨奎松认为"五四指示"的形成与当时的战争形势无直接关联，主要是农民自下而上推动以及1927年的大革命失败给中共留下心理阴影所致。[3]但考察抗战结束后中共加强阶级动员的整个过程，可以肯定这种意在求新的解释是不准确的。实际

---

[1] 中共冀鲁豫边区党史工作组办公室：《中共冀鲁豫边区党史资料选编》第3辑（文献部分，上），山东大学出版社1989年版，第58—63页。

[2] 中共中央文献研究室：《毛泽东年谱》下，中央文献出版社2002年版，第71页。

[3] 杨奎松：《关于战后中共和平土改的尝试与可能问题》，载《南京大学学报(哲学·人文科学·社会科学)》2007年第5期。

上，"五四指示"讨论中提到的防止"大革命失败"错误，本身就隐含着对国共战争在即的客观形势的判断，它绝不只是一个中共领导层主观心理上对大革命失败的历史留有阴影的问题。从总体上看，"五四指示"仍如主流观点所讲的那样，乃是一种战争动员的策略，或曰战争背景下进行阶级动员的策略。

（三）"五四指示"下的阶级动员

"五四指示"对于各根据地的阶级动员势必会形成巨大的推动，因为其中明确表达了"坚决拥护群众从反奸、清算、减租、减息、退租、退息等斗争中，从地主手中获得土地，实现耕者有其田"。指示在一开始就向各地党委提出了五个"不要害怕"和一个"坚决"，称"各地党委在广大群众运动前面，不要害怕普遍的变更解放区的土地关系，不要害怕农民获得大量土地而地主则丧失了土地，不要害怕消灭了农村中的封建剥削，不要害怕地主的叫骂和污蔑，也不要害怕中间派暂时的不满和动摇。相反，要坚决拥护农民一切正当的主张和正义的行动，批准农民已经获得和正在获得的土地"。

在具体的阶级动员方式上，"五四指示"所提出的其实只是各根据地此前在减租清算运动中已经在运用的多种获取土地方式。"五四指示"对这些进行了认可与总结，其中提出了四种主要方式："（甲）没收分配大汉奸土地。（乙）减租之后，地主自愿出卖土地，而佃农则以优先权买得此种土地。（丙）由于在减租后保障了农民的佃权，地主乃自愿给农民七成或八成土地，求得抽回二成或三成土地自耕。（丁）在清算租息、清算霸占、清算负担及其他无理剥削中，地主出卖土地给农民来清偿负欠。"[1]

"五四指示"认为，"农民用以上各种方式取得土地，且大多数取得地主书写的土地契约，这样就基本上解决了农村土地问题，而和内战时期在解决土地问题时所采用的方式大不相同。使用上述种种方式来解决土地问题，使农民站在合法和有理地位，各地可以根据不同对象，分别采用"[2]。易言之，中共在"五四指示"中虽然批准农民向地主取得土地，但此时期国共关系尚未彻底破裂，故不能直接采取

---

[1] 中央档案馆：《解放战争时期土地改革文件选编》，中共中央党校出版社1981年版，第4页。

[2] 中央档案馆：《解放战争时期土地改革文件选编》，中共中央党校出版社1981年版，第4页。

内战时期通过暴力革命来分配土地的方式，而决定采取由抗战时的减租政策演化而来的各种清算方式，因为它们具有合法、有理的形式。这反映出中共仍有对外界进行说明和统战的顾虑，故规定阶级斗争应取合法形式。

实际上，在"五四指示"通过之前，中共驻上海、南京、重庆等地的党部便接到了许多封关于苏北清算斗争的信件，均众口一词指责清算斗争过火。在国共之间僵持不下、中间党派倒向至关重要的关口，周恩来就此在1946年5月3日电告中共中央，指出"来信者多与我方原有好感，故不能一律以斗争初期不可免的判断答之"，特地建议"可否在苏北之斗争方式择温和办法，以便争取上层中产者阶级"。[1]由此也就不难理解"五四指示"为何会在意斗争形式是否表面合法、有理。

为了维护全国统一战线，中共在"五四指示"中还具体提出了限制斗争程度的所谓的"九条照顾"，例如"决不可侵犯中农土地"，"一般不变动富农的土地"，"对中小地主的生活应给以相当照顾"，"对于抗日军人及抗日干部的家属之属于豪绅地主成分者，对于在抗日期间无论在解放区在国民党区和我们合作而不反共的开明士绅及其他人等，在运动中应谨慎处置，适当照顾"，对汉奸豪绅恶霸也"仍应给他们留下维持生活所必需的土地，即给他们饭吃"，等等。

为避免公开后引起舆论不良反应，中共中央只是小心翼翼地将"五四指示"以密电形式在党内传达，规定对外宣传"不要谈土地革命"。刘少奇在5月23日还特地电告回到晋冀鲁豫的薄一波将从延安带回的笔记本、秘密文件立即销毁，以免遗失造成损害。[2]

"五四指示"下达后有力地推动了阶级动员，在各根据地进一步形成群众运动的热潮。中共中央催促着各地立即执行"五四指示"，例如5月21日，毛泽东致电聂荣臻，叮嘱后者"通令晋察冀热辽全军协助地方党政，动员民众，解决土地问题，至要至要"[3]。5月底，"五四指示"已经基本传达到各地。例如5月24日，冀中区党委已经开会讨论贯彻"五四指示"。晋冀鲁豫区此时走在最前列，普遍采取

---

[1]　中共中央文献研究室：《周恩来年谱》下，中央文献出版社2007年版，第680页。

[2]　马济彬，齐得平：《再述刘少奇主持起草〈五四指示〉的经过》，载《党的文献》1994年第6期。

[3]　中共中央文献研究室：《毛泽东年谱》下，中央文献出版社2002年版，第85—86页。

"出题目做文章"以搞光地主土地。[1]冀鲁豫在5—6月，派遣一万多干部开入新解放区，掀起广大、轰烈的反奸清算诉苦运动，临泽县半月的政治收获就超过以往三个月，而单虞新区群众运动，更是在十天内就获得重大发展。据称，该区"参加组织的群众达三千三百余人，超过单搞雇佃贫运动一个半月成绩的四倍"[2]。

但是，在统战的顾虑下，各地干部在执行"五四指示"过程中亦感到限制重重，颇为为难。为此，许多地方采取了让地主主动"献田"的方式。更重要的是，6月国共全面内战爆发前夕，毛泽东和中共中央为争取更多的准备时间，致力于阻滞内战，于是更加需要对中间势力进行统战。而社会各界此时因一些解放区出现的地富逃亡而已经了解到中共正在推行"耕者有其田"的新政策，继续隐瞒"五四指示"已无可能。在此背景下，中共中央遂提出了可以向外公开的公债征购的温和办法。

6月27日，即国民党军向中原解放区大举发动进攻的第二天，毛泽东电告周恩来、叶剑英称："中央正考虑由解放区发行土地公债发给地主，有代价地征收土地分配农民。其已经分配者，补发公债，如此可使地主不受过大损失。惟汉奸、土豪劣绅、贪官污吏、特务分子不在此例。你们可向中间派非正式地透露此项消息。"[3]7月19日，中共中央又致电各中央局、中央分局称：中央决定研究一种可以公布的土地政策，既满足农民的土地要求，又能"公开宣布保障地主在土地改革后必需的生活，以缓和地主逃亡，分化地主内部，并减少民族资产阶级分子和中间人士的动摇怀疑，以巩固反对内战独裁争取和平民主的统一战线，使土地问题得到顺利的解决"[4]。12月20日，陕甘宁边区政府正式公布《征购地主土地条例草案》，开始试点征购办法。

12月24日，新华社向全国发电讯宣传贺家川村通过政府征购和平赎买地主土

[1] 《中国土地改革编辑部》，中国社会科学院经济研究所现代经济史组：《中国土地改革史料选编》，国防大学出版社1988年版，第339页。

[2] 《四十余县八十万人卷入斗争冀鲁豫群运如烈火燎原》，载《人民日报》1946年6月7日。

[3] 《中央关于拟在解放区发行土地公债给周恩来、叶剑英电》（1946年6月27日），载中共中央文献研究室编：《毛泽东年谱》下，中央文献出版社2002年版，第110—111页。

[4] 《关于向民盟人士说明我党土地政策给周恩来、董必武的指示》（1946年7月19日），载中央档案馆：《解放战争时期土地改革文件选编》，中共中央党校出版社1981年版，第19—20页。

地，再由政府银行资助无地少地农民获得土地的成功经验。在此之前，《解放日报》自9月开始大张旗鼓地宣传"张永泰道路"，其意图是把张永泰树立为地富接受土改和劳动改造的典范，以使全国中间阶层放松对土地改革的抵制。[1]

总之，"五四指示"公布后的半年多时间里，由于中共中央在全国进行统战的需要，实际上一直处在被有意限制执行的状态。中共中央甚至在设计可以对外公开的温和的土地政策，公债征购试验和"张永泰道路"的宣传清晰地反映出中共中央此时缓和阶级斗争程度的意图。这反过来自然会影响到华北各根据地对"五四指示"的执行往往仅仅以获得土地为目的，除了清算斗争的形式外，地主"和平献地"的方式在1946年10月之前普遍得到鼓励。

二、村庄动员的危机与土改运动的激化

然而，1947年春，中共却在土地改革政策上回到了苏区时代的模式，开始将阶级斗争不断推向极致。中共在阶级动员上为何会发生这一急剧的转折？首先应看到，这与中共各解放区在1947年初所遇到的资源动员危机密切相关。

（一）华北根据地战争负担的沉重

我们首先应看到，国共第二次内战的战争形态客观上决定着中共各解放区必然会承受巨大的资源动员压力，它远超抗日战争时期。

1. 运动战形式下的资源压力

在第二次国共内战中，中共面临着前所未有的战争规模和激烈程度。抗日战争时期，国民党军队与日军在正面战场的对抗使中共大部分时间里可以运用游击战与日军进行长期周旋，因此抗日战争有着明显的相持对峙阶段。但在第二次国共内战中，国共之间从一开始就要进行正面对决，中共无法再继续分散的游击战争的形式，而必须转向大兵团的运动战形式。中共在苏区时期已经历过这种运动战的形式，但当时的战争规模相较之下还是有限的。在国共第二次内战中，国共的军队规模都有了很大的扩张，1946年中共的兵力达到了将近100万，国民党的总兵力则有430万之众，而且其中有45个美式装备的整编师；国共两军在交战中从一开始都是

---

[1] 杨利文，邹腊敏：《土改初期中国共产党对"张永泰道路"的宣传——以〈解放日报〉为中心的考察》，载《中共党史研究》2010年第9期。

倾尽全力，双方交战的规模和烈度达到了中国现代战争史上的顶峰。

正规战下的军队规模自然会带来财政开支的猛增。晋察冀边区在抗战结束前后，曾经迅速地进行了扩军，军队由原来30多个团迅速扩大为100个团，1945年11月晋察冀军区总兵力达32万多人。晋察冀的财政开支也因此猛增，靠财政供养的人数在抗战胜利初期不减反增。据聂荣臻回忆，"当时的情况我们带兵的司令都不知道自己有多少兵，预算极为庞大"[1]。因此，一听到国共达成整军协议，晋察冀解放区就迅速地推动了军队复员缩编，三四个月就如数缩编了三分之一。从这种急切复员的举动中，亦可反映当时晋察冀财政负担压力之沉重。1946年7月，在国共全面内战爆发后，晋察冀重新进行参军大动员，四个月内扩军8万人，恢复到缩编前的规模，而财政开支的巨大规模因此也将恢复。

而且，运动战的形式造成了很不同的资源要求，抗战时期在分散的游击战形式下，中共可以将部队分散，较均匀地分配负担，加上后来不断提高财政集权，可以更有效地进行资源调配，更加确保分配负担的均匀化。但运动战的形式下，正规部队大规模集中某地，而运输能力在当时条件下无法在短时间内进行长距离物资运送，尤其是跟随部队进行飘忽不定的运动和长途奔袭，即使有高度集权的财政体系，也没有办法解决这个技术障碍。

国共开战初期，共军普遍依托山区进行防御作战，这就更加造成了地区供给不足与大军集结的突出矛盾。例如，1947年时"山东的主要作战地区，是在大鲁南，这里大部分是山区穷地，胶东渤海比较富庶，则未打大仗。这样就使战争地区与财粮供给，存在着一个很大的矛盾。全省公粮收入，大鲁南地区只占百分之三十五—四十，而吃粮人数，则占全省吃粮总人数的三分之二；在财政收入上也是同样。故大鲁南今春的财粮供给，已到了非常困难的程度；到二月底滨海鲁南两区的公粮，已差不多吃完了，鲁中所存的也不多"[2]。

抗战时期，华北的根据地曾测算供养比例不能超过3%，但那时还是以游击战为形式，运动战之下除了对物资资源动员的要求大增之外，更主要是对战勤支前的压力剧增，使得即使是同样的供养比例，运动战之下农民的负担水平实际上也将大增。

---

[1]　《聂荣臻军事文选》，解放军出版社1992年版，第258页。

[2]　薛暮桥：《抗日战争时期和解放战争时期山东解放区的经济工作》（增订本），山东人民出版社1984年版，第28页。

2. 内线作战阶段的财源萎缩

1946年6月底国共第二次内战全面爆发后的半年多时间里，中共军队对国民党军队采取诱敌深入、以空间换时间、失地存入的军事战略，这一战略取得了巨大的作战效果，到1947年初，中共军队不仅有效保存了自己的有生力量，而且消灭了国民党军队有生力量达三十个旅之多。然而，中共军队的这一战略也带有严重的负面后果，由于其控制的区域与人口大幅度缩减，且社会生产被战争活动干扰、破坏，根据地的财源和负担力因此遭到严重削弱，导致根据地很快陷入财经危机中。

例如，在第一年作战中，晋察冀区和晋冀鲁豫区的中共军队在国民党军队全面进攻的重压下不断后退，许多城市和县城被忍痛放弃。例如，从1946年7月到1947年2月的八个月中，晋冀鲁豫边区放弃了46座县城，占全区120座县城的三分之一，人口减少六七百万以上。而晋察冀边区在1946年10月中共军队从张家口撤退后，地区也缩小不少。

这样，华北各根据地的财源就被迫缩小了，而战争带来的消耗却居高不下、不断增加。在第二次国共内战期间，中共将从前游击状态下分散的军队集中为大规模的正规军队，因此使得战争的消耗大大攀升。另一方面，军队通过生产经费自给的能力基本上消失。抗战期间中共的军队还可以在游击战的战略下进行一定的生产，减轻民众的负担；但是第二次国共内战来临后，军队开始转向运动战、正规战，大规模现代战争的压力使得中共军队很难有精力用于生产建设，军队的经费自给比例不断降低。这些不利因素结合在一起，使得华北解放区的困难比抗战期间有过之而无不及。[1]

邓小平在1948年的一个讲话反映了此时中共高层领导对内线作战所造成的资源

---

[1]　事实上，晋察冀解放区在1946年2月25日国共达成整军协议后迅速推动大规模复员的动作，应当说很大程度上就是该解放区抗战后所面临的财政困难所导致。晋察冀解放区在抗战结束前，曾经迅速地进行了扩军，毛泽东希望以此作为与国民党谈判的更大筹码。抗战胜利后，晋察冀的军队由原来30多个团迅速扩大为100个团，到1945年11月晋察冀军区总兵力达32万多人。晋察冀的财政开支也因此猛增，靠财政供养的人数在抗战胜利初期不减反增。据聂荣臻回忆，"当时的情况我们带兵的司令都不知道自己有多少兵，预算极为庞大"。（参见《聂荣臻军事文选》，解放军出版社1992年版，第258页）因此，一听到国共达成整军协议，晋察冀解放区就迅速地推动了军队复员缩编，三四个月就如数缩编了三分之一。从这种急切复员的举动中，亦可见当时晋察冀解放区财政负担压力沉重之一斑。

耗损压力有清醒认识，他提到：

> 因为蒋介石的反革命战略方针是要把战争扭在解放区打，这是他从长期反人民战争中得到的经验。如果有同志参加过十年苏维埃时期的内战，就会懂得这一点。那时不管在中央苏区，还是鄂豫皖苏区或湘鄂西苏区，都是处于敌人四面包围中作战。敌人的方针就是要扭在苏区边沿和苏区里面打，尽情地消耗我苏区的人力、物力、财力，使我们陷于枯竭，即使取得军事上若干胜利，也不能持久。在反对敌人的第五次"围剿"时，要是按照毛主席的方针，由内线转到外线，将敌人拖出苏区之外去打就好了，那样苏区还是能够保持，红军也不致被迫长征。可惜"左"倾机会主义者不这样做，中了蒋介石的计。这次蒋介石又想用这个办法对付我们，扭在解放区打，来削弱我们的人力、物力、财力，使我们不能持久，封锁我们不能出来，好使他保持三万万人口的后方完整而不受损失，来供应他作战……从一九四六年七月到一九四七年六月，我们全国各个战场在第一年的自卫战争中，消灭了一百一十二万敌人。我们把分散的游击部队组成了野战军，积累了丰富的作战经验。这时时机成熟了，就应该转到外线，否则就要吃亏。拿冀鲁豫来说，经过一年的内线作战，农民的鸡、猪、牲口看见的不多了，村里的树也少了，试问，扭在解放区打，我们受得了吗？如果我们只想在内线作战要舒服一些，就中了敌人的毒计。[1]

陈毅在1948年回顾战争进程时也有相似的论述，他讲道：

> 战争在哪里打，把战争引向什么方向的问题，几百万的军队要吃饭、屙屎、洗澡、睡门板，牲口要吃草，这样一个巨大的无可避免的消费放到敌人区域，敌人就受不了。如果把这一战争重负长期放在我们身上，我们也受不了……蒋介石的方针是无论如何把战争摆到解放区，保证吃饭、筹草、抓壮丁、搞鹿砦一切都出在解放区。毛主席讲：蒋介石的反革命战略方针是使他的管区不受战争影响，或付出的很少，这样支持三、五年，则不愁解放区不垮。小米没有了，壮丁没有了，到那时党性再强也要受影响，只能去打游击。我们一百多万军队，蒋介石二三百万军队，一起堆到解放区，吃他三年五载，双方五六百万人，光屙屎一天

---

[1] 《邓小平文选》第1卷，人民出版社1989年版，第97—98页

也要屙五六百万堆。你能俘虏，可是俘虏也要吃，俘虏过来的第一天马上就要解决伙食问题。[1]

巨大的资源消耗下，不仅国民党军队方面希望速战速决，国民党军队主将陈诚甚至一度提出六个月完成消灭共军的计划，而且共军方面也不准备在内线持久作战，希望迅速进行外线反击。这使得国共第二次战争缺少明显的相持时期，一直处于激烈交战之中。

3. 财经困难的普遍出现和各根据地的自发应对

到1946年底或1947年初，华北各根据地在总结去年和布置来年财经工作的会议中，纷纷拉响了危机警报。例如，冀鲁豫区在1946年12月15日的党内文件上承认，"目前边区财政经济正处于严重的困难局面"，具体表现在边区已有1/2以上地区被国民党军队占领，秋季征收较原计划减少一半，形成严重的入不敷出，全区差了5 000万斤米。随着地区缩小，国统区的货物、法币也大量侵入冀鲁豫边区的市场，造成边区纸币下跌、物价不稳。[2]

1月10日，晋察冀中央局在《关于财经工作的决定》中讲道："今年边区财政经济情形是处在更加困难的情形下"，一个原因是"在大规模的集中的运动战情形下，兵员需要很多，开支标准比过去增加，脱离生产人数很大（约占总人口的2%），人民勤务负担也特别繁重"，另一个原因是"张垣退出，平绥线被敌侵占后，我们的地区有相当的缩小，部分地区被分割了。使全区物资调剂交流受到很大限制（特别棉布市场缩小），工业生产和财源都相对的缩小了（除冀热辽外，只有一千二百万负担人口）"[3]。而1946年4月—1947年1月，晋察冀边区的整个财政已经大部依靠发纸币，以致区内经济连续发生大波动，物价猛涨。6月15日到7月中旬一个月粮价涨两倍，洋纱涨60%，一年下来物价上涨了12倍，已远远超过国统区，后者一年物价只涨了4倍。[4]

---

[1]　《陈毅军事文选》，解放军出版社1996年版，第467—468页。

[2]　中共冀鲁豫边区党史工作组办公室：《中共冀鲁豫边区党史资料选编》第3辑（文献部分，上），山东大学出版社1989年版，第195页。

[3]　河北省社会科学院，中央档案馆：《晋察冀解放区历史文献选编（1945—1949）》，中国档案出版社1998年版，第220页。

[4]　华北解放区财政经济史资料选编编辑组：《华北解放区财政经济史资料选编》第一辑，中国财政经济出版社1996年版，第52页。

在山东，由于华中部队在国民党军队的进攻下撤退到山东境内，山东的脱产人员翻倍，1947年初所面临的财经压力尤其突出。1月3日，华东局财委会扩大会议的总结报告中指出："现在的总人数比前年下半年总人数增加了一倍还多，这里包括华中转移来的，以及边沿扩大的地方武装、民兵、民伕、战时勤务与俘虏人员等等，因此整个财经开支数字上，就要增加一倍。"[1]为此，华东局被迫在2月8日下达指示，以"第二次自卫战争接近山巅"，"战争负担畸重，形成当前之严重财政困难"的理由，要求开展"献金献粮献物资运动"，"号召全体政民人员省吃俭用、克己奉公"。[2]

在这样的背景下，中共中央在晋察冀中央局的建议下决定召开华北财经会议，1947年1月3日电告华北各根据地主要负责人称："由于空前自卫战争的巨大消耗，已使一切解放区的财经情况陷入困境，必须以极大决心和努力动员全体军民一致奋斗，并统一各区步调，利用各区一切财经条件和资源，及实行各区大公无私的互相调济，完全克服本位主义，才能长期支持战争。"[3]

3月底，华北财经会议召开。与会各区代表发现，华北各区都处于军费浩大的状态，军费开支占全部财政支出的比例一般都达到了85%。为了确保对各区的极大化的资源动员处在民众承受范围内，与会代表经过精密计算和论证，认为农民的负担能力只能占其总产量的15%左右，最多不能超过20%，超过这个界限，农民就会不胜重负，结果必将影响生产，影响民众对战争的支持。在1946年下半年，中共在华北地区的各根据地都遭到了战火毁坏，成为国民党军队进攻的要点，晋察冀、晋冀鲁豫、山东等根据地的农民负担由此也急剧攀升。一项调查数据显示，当年的人均负担公粮占每人农业收入的比例在15%左右，例如山东为16%，晋冀鲁豫为12.3%，晋察冀在10%～15%。[4]从表面看，这并未超出后来的华北财经会议所计算的负担比例。

———————————

[1] 山东省档案馆，山东社会科学院历史研究所合编：《山东革命历史档案资料选编》第18辑，山东人民出版社1985年版，第185页。

[2] 山东省档案馆，山东社会科学院历史研究所合编：《山东革命历史档案资料选编》第18辑，山东人民出版社1985年版，第231页。

[3] 中央档案馆编：《中共中央文件选集》第16册，中共中央党校出版社1991年版，第376页。

[4] 中华人民共和国财政部，《中国农民负担史》编辑委员会编著：《中国农民负担史》第3卷，中国财政经济出版社1990年版，第601页。

可是，农民当时的负担不止于公粮一项，除此之外，尚有战勤、村款等重要负担，二者均不亚于公粮负担。在山东、晋察冀、晋冀鲁豫的老区或中心区，村款负担均占公粮的50%，在边沿区或新区的比例更高，约占公粮的一倍以上，甚至有达两三倍者。而村款之外，犹有战勤负担，1946年以来也在显著增加。1947年时，一些地方的壮年男子每月要服勤务10天，战区、交通沿线和机关驻地的支差负担更重，有每月达20天甚至28天者。以当时最低工资每天三斤小米折算，服役的负担已远超公粮负担。[1]

所以，若按全口径计算，1946年各解放区农民的负担比例早已达到或超出华北财经会议提出的负担极限比例。例如，在晋察冀区，晋察冀中央局1947年1月的《关于财经工作的决定》中说，"目前财政支出扩大，人民在人力与物力的负担比过去加重很多，人民纳税一般已达到其总收入30％左右（只就农业说）"[2]。刘澜涛在1947年2月的一篇总结讲话中也提到："人民的负担很重，一般在其收入的百分之三十以上。"[3]晋察冀边区到1947年10月的统计也显示，当年边区统累税每分的负担量与1946年相比进一步大幅增加，如在冀晋、冀察山地，1946年时每分为小米15斤（老秤）左右，1947年时激增到25斤，增加了9～10斤。在冀中平原，1947年每分达到小米35斤（新秤）左右，比1946年增加5～8斤。[4]

经过八年抗日战争的巨大消耗，华北农村负担能力本已显著削弱，1946年以来第二次国共内战爆发后战争负担的不降反增势必造成华北农村的萧条景象。例如前引的邓小平的讲话提到，冀鲁豫经过第一年的内线作战，"农民的鸡、猪、牲口看见的不多了，村里的树也少了"。

晋绥边区在1947年初召开的生产供给会议上所反映的情况更加严重。1947年2月4日武新宇在会议上做《关于生产工作的报告》，指出晋绥边区已经出现了严重

---

[1] 中华人民共和国财政部，《中国农民负担史》编辑委员会编著：《中国农民负担史》第3卷，中国财政经济出版社1990年版，第602—603页。

[2] 河北省社会科学院，中央档案馆：《晋察冀解放区历史文献选编（1945—1949）》，中国档案出版社1998年版，第220页。

[3] 河北省社会科学院，中央档案馆：《晋察冀解放区历史文献选编（1945—1949）》，中国档案出版社1998年版，第240页。

[4] 《努力完成秋征加强财经工作》（《晋察冀日报》社论，1947年10月21日），载华北解放区财政经济史资料选编编辑组：《华北解放区财政经济史资料选编》第二辑，中国财政经济出版社1996年版，第1063页。

的生产降低、生活贫困和农村破产问题：

> 检查几年来的工作，与群众做的好事太少，加重他们的负担太多，使他们贫穷痛苦，概括一句话就是罪大于功，我们对人民有罪。过去政策不明确，出了许多偏向，领导上也发生了严重的错误，以致使生产降低，生活贫困，农村破产，拿具体例子来看：

> 牲畜减少——岚县46年减少耕牛1 100头，临县太平村35条牛减少15条，10头骡子、400只羊一个也无有了。

> 耕地缩小——岢岚张家村有地1 700亩，46年还荒着700亩，临县八角崖43年地220亩，逐年有荒，到45年还荒15亩。原有34户，搬走了的就有24户。偏关去年缩小耕地5 000亩，临县秦家村72户荒地很多，走的留下5户。

> 负担力也逐年减低——兴县前年七千石，去年负担三千石还叫重，岢岚历年不少于一万三四千石，去年只负担三千石，群众还叫苦。

> 群众生活贫苦——没吃没穿的相当普遍，牛肚下面取暖，十八岁的闺女没裤子穿，静乐45年的统计全县有1 100多户不够吃，以致卖儿卖女的很多，饿死人的也有，兴县明土沟从40年以来卖过40多个儿女，静乐成村卖了十八个女人，河曲光明村饿死七个人，岚县抗属老汉也被饿死，叫狗拉走。[1]

从这一报告看，1947年初晋绥边区农村社会出现了严重的危机，即便边区大幅压缩征收任务，各地负担起来仍感吃力。

在各根据地普遍陷入严重财经困难之下，中共在社会动员的战略上再次面临与抗日战争相持阶段的相似挑战，当时的选择是确立"熬时间的长期斗争"的方针，然后相应地通过一套精兵简政、发展生产和有节制地加强减租减息运动的组合策略改善社会动员，从而渡过难关。根据这一不久前的成功经验，晋察冀、山东、晋绥、晋冀鲁豫等根据地在1947年的春耕到来前，都在应对财经困难上提出了相似的应对策略，认为"五四指示"下的土改运动大体结束，故不再继续突出阶级动员，而开始转向以发展生产、节约开支和精简编制为主。

---

[1] 《关于生产工作的报告》（1947年2月4日），晋绥边区财政经济史编写组、山西省档案馆：《晋绥边区财政经济史资料选编》第一编，山西人民出版社1986年版，第759—760页。

晋察冀中央局在1月10日的《关于财经工作的决定》（以下简称《决定》）中，对财经困难问题进行分析之后，指出"因此全区同志必须深刻认识当前财政经济的困难情况，以最大的决心和努力紧缩编制，厉行节约，精密计算，发展生产，才能克服困难"。《决定》具体提出了一系列详细的计划，包括调整编制与供给标准，减少非战斗人，精简下的编余人员参加军队或从事生产；整理村财政；开展节约运动等。《决定》尤其强调要在1947年开展"大生产运动"，称"战争消耗极大，群众生活与财政情况已处在十分困难的境地。战争长期持续下去，将有不可想象的困难发生。为使战争能从容支持，而群众又不感到过于繁重，只有努力发展大生产运动。土地改革以后也只有努力发展大生产运动，农民才能真正享受到土地改革的胜利成果。因此，今年大生产运动必须以最大的努力来进行，任何对大生产运动的忽视，都是单纯财政观点和对人民不负责的表现"。为此，《决定》要求推动各阶层在"五四指示"执行以后加强生产，对贫农推进吴满有生产运动，对应优待的抗属提倡自己生产。[1]

在山东，1947年1月3日的华东局财委会扩大会议上，黎玉也提出厉行节约、精简紧缩、开展生产运动的方案应对严重的财经困难，要求各机关拿出抗战八年来的积蓄，打破小公家在粮食上打埋伏、多报人数、多向公家要东西的本位主义；紧缩预算，减少开支，精简大量的临时吃饭人员；要求进一步大力开展群众生产，订发家计划，办好合作社，等等。[2]

晋绥边区在严峻的农村危机下，也是以发展生产的办法来化解。武新宇在上述同一报告中提出，"总方针是用大力帮助贫苦农民解决各种生产中的具体困难，恢复生产。在领导思想上，用最大力量帮抗烈属贫苦农民解决生产中各种具体困难，如耕牛、种籽、工具、口粮以及副业的资本"[3]。1947年2月10日，贺龙在晋绥生产供给会上总结讲话时也提出要"发展吴满有方向，要把贫雇佃农升到中农，中农提高到富农"，告诉与会干部"这个会的方针很明确，回去要好好传达，见到农民就

---

[1]　河北省社会科学院，中央档案馆：《晋察冀解放区历史文献选编（1945—1949）》，中国档案出版社1998年版，第220—224页。

[2]　山东省档案馆，山东社会科学院历史研究所：《山东革命历史档案资料选编》第18辑，山东人民出版社1985年版，第186—196页。

[3]　《关于生产工作的报告》（1947年2月4日），晋绥边区财政经济史编写组、山西省档案馆编：《晋绥边区财政经济史资料选编（总论编）》，山西人民出版社1986年版，第764页。

讲，政府叫他们发财，给他们做保障"。[1]冀鲁豫区党委1946年底也在财经困难前提倡全党节约，机关干部生产自给，群众掺糠吃菜，渡过来年春荒，尽力扶植群众生产。[2]

因此从总体上看，1947年初华北各根据地都呈现出在群众性土改运动上进行放缓、收尾，而转向生产和节约为中心的自发倾向。

（二）群众运动的重启与阻力

1. 深入土改：中共中央在战局升级下的应对选择

然而，1947年中共面临的政治军事环境与抗战相持阶段毕竟有根本不同。在后者，中共无须承担与日军正面作战的重担，反而可以借助山区环境与敌周旋熬时间，静待国际反法西斯战争局势的根本变化，因此可以着眼长远，进行"精兵简政"和发展生产。但是，中共在1947年初所面对的却是国共正面作战的进一步升级，不仅国民党对中共各根据地的进攻在走向顶点，而且中共的战争目标也在扩大和坚定，第二次国共内战正步入最关键的阶段。巨大的军事压力下，中共无法再次运用抗战艰难时期所采取的"熬时间的长期斗争"的方针，依靠见效较慢的发展生产和降低战斗力的精兵简政加以应对。相反，中共此时只能如苏区后期一样，以决战心态展开彻底的社会动员。

1946年10月11日，国民党军队进攻占领张家口，蒋介石当天下午挟武威宣布将于11月12日召开国民大会。此举使形同虚设的国共和谈彻底关上大门，中共由此也开始准备与国民党战争到底。11月4日，《解放日报》发表社论《论战局》，提出要"根本铲除对于蒋美的一切和平幻想，以决死斗争的精神来奋斗"，并总结四个月以来在内线消灭前来进攻的国民党军队六分之一的经验，充满信心地指出国共军队战略攻守的态势即将发生重大转变，今后几个月将是这个重大转变的关键，根据地的军民将"犹如爬山到了过山顶的时候，这是全程中最紧张的一段"。[3]11月15日，国民党按计划召开国民大会后，毛泽东当天电告周恩来撤回在南京的中共代表

---

[1]　《贺龙军事文选》，解放军出版社1989年版，第281、284页。

[2]　中共冀鲁豫边区党史工作组办公室：《中共冀鲁豫边区党史资料选编》第3辑（文献部分，上》，山东大学出版社1989年版，第195页。

[3]　中央档案馆：《中共中央文件选集》第16册，中共中央党校出版社1991年版，第343—346页。

团。1946年11月18日，中共中央在关于蒋介石将进攻延安给各中央局的电报中，首次将"自卫战争"改称"人民解放战争"，并提出要"建立民主的中国"。[1]11月21日，毛泽东在跟刘少奇、周恩来谈话中，又首次提出做打倒蒋介石的工作。[2]而在此前半年里，中共中央的战略方针乃是"以打促和"，通过挫败国民党的军事进攻——尤其是陈诚提出的六个月速胜计划，迫使蒋介石知难而退，重回谈判桌，承认国内两分的格局。上述表述则标志着中共中央在战略方针上有了根本改变，已从"以打促和"变为"打倒蒋介石"，开始将获取战争胜利、赢得全国政权的宏大前途作为自己的目标。[3]12月4日，中共中央书记处会议据此对全国形势做出是进攻而不是退却的判断，认为党内主要要防止对形势估计不足、不敢放手的倾向。[4]

宏大斗争目标的确立与各根据地财经的困难形势，二者的相叠使得中共中央开始改变此前几个月出于统战考虑而对土地改革进行限制的态度。12月14日，《解放日报》发表社论《争取春耕前完成土地改革》，重新督促各地"必须坚决地认真地贯彻土地改革"，要求没完成土改任务的赶紧集中干部下乡，完成了的则好好检查，"务求在春耕以前基本上完成解放区土地改革的艰巨任务"。[5]

进入1947年，中共中央在土地改革上的态度变得更加坚决。1947年2月1日，中共中央政治局会议通过毛泽东起草的《迎接中国革命的新高潮》的党内指示（简称"二一指示"），毛泽东在对此指示的说明中指出，"要使农民同地主撕破脸，而不是和和气气。对地主打了再拉，不打只拉就不好。现在有一批干部实际上站在地主方面……他们怕违反政策"[6]。

由此，中共中央就发出了更加明确的突破"五四指示"、放手发动阶级斗争的信号。这与各根据地此前在财经困难下自发做出的对土地改革运动做收尾，转向以生产为重的选择形成了明显差异。但这并不意味着中共中央未考虑到各根据地的财经困难，恰恰相反，正是考虑到各根据地的财经困难严重，战局升级下动员需求又急迫巨大，而发展生产却缓不济急，中共中央因此选择了放手推进在"五四指示"

---

[1] 中共中央文献研究室：《毛泽东年谱》下，中央文献出版社2002年版，第167页。

[2] 中共中央文献研究室：《毛泽东年谱》下，中央文献出版社2002年版，第168—169页。

[3] 金冲及：《周恩来传》，中央文献出版社1998年版，第1082页。

[4] 中共中央文献研究室：《刘少奇年谱》，中央文献出版社1996年版，第57页。

[5] 《中国土地改革编辑部》，中国社会科学院经济研究所现代经济史组：《中国土地改革史料选编》，国防大学出版社1988年版，第329页。

[6] 中共中央文献研究室：《毛泽东文集》第4卷，人民出版社1993年版，第221—222页。

下受到约束的土改运动，以收到更快的动员效果。

1947年3月胡宗南大军进攻陕甘宁边区后，陕甘宁边区的地方和人口大幅缩小，中共中央的处境空前严峻化。为了在陕北坚持下去，拖住胡宗南部队，中共中央决定将陕甘宁边区并入晋绥边区，由后者一并承担陕北军政开支。这使得原本已经困难的晋绥边区在财经上更感吃力，1946年晋绥边区由财政拨付的军费数额已经比1945年的激增七倍之多，而在1947年的财政安排上，晋绥边区预算开支要增长近60%，达到约1 500亿农币，预算收入却只有550亿农币，仅达到所需开支的三分之一强，缺口巨大，注定需要依靠银行大量发行度日。此外，在胡宗南部队进攻的影响下，晋绥边区财政收入所倚重的特产贸易的销路又大受影响，这使本就十分紧张的财政收入更显支绌（注：晋绥当年的实际财政收入最后只达到预算收入的一半）。[1]

这一情况更加坚定了中共中央以彻底发动土地改革运动作为解决社会动员危机的办法的决心。实际上，在2月1日的政治局会议之后几天，中共中央即派遣康生和陈伯达率领中央考察团前往晋绥边区，按照新的精神指导后者进行土地改革运动，他们于2月中旬抵达晋绥边区并展开土地改革实验。

对于各根据地而言，虽然中共中央选择的以土改为中心的动员策略与其自发选择的以生产为基础的应对策略不一致，但放弃自己的意见去接受中共中央的决定并不困难。前文已指出，中共的村庄动员模式的有效运转需要两个前提，一个是总负担不超过一定的限度，另一个是村庄内部存在足够的阶级差异作为缓冲，以避免中共的资源动员直接落在多数农民身上。而在此时期，各根据地在资源动员上不仅面临负担任务过大的困难，而且出现了缺乏阶级缓冲的问题。例如，晋察冀边区在1947年1月的财经工作会议上特别指出：

> 土地改革后，农民生产条件固然改善，但地主土地被清算分配后，地主在负担中的缓冲作用没有了，因之今后财政上的负担，大部以至全部将直接落在农民身上。[2]

---

[1] 晋绥边区财政经济史编写组、山西省档案馆：《晋绥边区财政经济史资料选编（财政编）》，山西人民出版社1986年版，第484—490页。

[2] 河北省社会科学院，中央档案馆：《晋察冀解放区历史文献选编（1945—1949）》，中国档案出版社1998年版，第220页。

因此，对于中共中央深入推进土地改革的决定，华北各根据地在执行意愿上是积极的，以便借此解决负担上缺乏阶级缓冲的问题。

2. 土改运动的"老区难题"

然而，再次掀起群众化的土地改革运动此时对于华北各根据地的老区——内线作战已使得此时老区成为华北各根据地的主要地盘——却并不是容易的事。其中有两个主要问题：一个问题是地主群体大为缩小、所剩不多，另一个问题则是村庄中的干群矛盾日益突出。二者导致群众运动在华北村庄失去了传统的斗争动力。

学界已经发现，华北地区的土地改革并不是在理想的阶级结构上进行，从一开始就存在所谓的"华北难题"，即华北地区的地主不多的社会经济实际与中共在"土地问题"上的表述（主要基于南方印象）有巨大反差。[1]而在华北地区之中，各根据地的老区所面临的土改难题又更为突出。经过抗战时期的"静悄悄的革命"与1946年的"耕者有其田"运动之后，华北各根据地的老区在1947年的普遍情况是：农村的土地占有进一步分散，地主的土地通过献地、清算等方式，基本被转移到贫雇农和中农手中，农村"两头小中间大"的阶级结构更加显著。

反映这一情况的数据和资料很多，这里仅举一个直接的史料。1947年5月，负责领导全国土地改革运动的刘少奇为了掌握实际情况，曾住到搞土改复查试点的平山县封城村，亲自帮助冯文彬深入调查，召开座谈会，掌握第一手材料。刘少奇从调查中看到两个问题，其中一个便是"晋察冀从抗日战争开始，搞减租减息、合理负担、统一累进税、清算地租、耕者有其田，经过一连串的运动，土地基本上早已到了贫雇农手里"，"地主身上已挤不出多少油水"。[2]据冯文彬回忆，平山县是一个包括解放了两年半的半老区和解放了十年以上的老区的县，一般均经过了抗战时期的减租减息和反奸清算及1946年的土改，相当多的一部分农民已基本上解决了土地问题，真正无地少地的贫雇农已不多。[3]

---

[1]　李放春：《华北难题与土改"阶级斗争"：评胡素珊的统治阶级论》，载《近代史研究》2013年第2期。此前，胡素珊（Suzanne Pepper）已清楚地指出了这一难题的存在，并就此对华北土改的"阶级斗争"的政治性质进行了探讨。参见［美］胡素珊：《中国的内战》，中国青年出版社1997年版，第203—290页。

[2]　转自王文华：《晋察冀解放区的"五月复查"运动》，载《文史精华》2008年第5期。

[3]　冯文彬：《平山土改与整党》，载中共中央党史研究室编：《中共党史资料》第33辑，中共党史资料出版社1990年版。

不仅如此，村庄动员的沉重压力使老区的农民获取土地意愿的下降，一些地方已经出现了地主主动让地而佃农却不愿要地的现象。这是由于老区的农民熟悉村庄动员下以土地为基础的负担分配方式，他们在土地改革中便可能宁可安于在减租减息政策下已经获得的低地租、长租期的佃权，而不愿索取土地所有权，以避免未来承担高昂的税赋负担。1946年底，晋察冀地方党委的一份报告因此指出，"老解放区有的农民因已长期取得使用权且租额很低，取得所有权后怕税契怕统累税负担重……因此不愿要所有权"[1]。

在这一背景下，华北各根据地在1947年要再次掀起群众化的土改运动，就面临着突出的"老区难题"：在土地占有已经平均化，甚至土地吸引力下降的老区农村，如何才能动员多数农民积极参与新一轮的土改运动？

3. 干群矛盾的突出

另一个对阶级动员构成障碍的是华北根据地的村干部与农民之间的矛盾日益加深。在村庄动员框架下，村干部与农民之间的矛盾是结构性的存在，非一日之寒。1944年2月，晋察冀边区行政委员会在关于改造与健全村政权工作的指示中指出，在上级大多只是布置任务的"要账式领导"之下，村公所不少成为了单纯的支应机关。[2]抗日战争时期，这种情况在华北根据地是一种相当普遍的现象。而在频繁、急迫的支应要账中，村干部的"动员"往往采取简单粗暴的方式，因此成为村民们侧目的对象。

与此同时，村干部因为在村庄动员体系下掌握的权力越来越大，贪污滥权现象也日益严重。在韩丁记述的张庄，村干们掌握着发路条、写证明材料、发配代耕任务、判定"特务"等重大权力。例如农会副主席王雨来独揽调查、治安、政审大权。谁要是同他争吵，他就给谁安上一个"勾结国民党"的罪名。民兵王满喜利用"镇压反革命"的权力和打出来的"阎王"淫威，跑到"斗争对象"家，想拿什么就拿什么。如若不依他，王满喜就用手中权力公报私仇，将之关禁闭。村干们还经常滥用查路条的权力限制不合自己心意的普通农民的出行，使他们无法向上级告状。[3]在十里店村，村干部王克斌也滥用反敌特的权力到处威吓、打击人，他几乎

[1] 河北省档案馆：《河北土地改革档案史料选编》，河北人民出版社1993年版，第120页。

[2] 河北省社会科学院历史研究所等：《晋察冀抗日根据地史料选编》下册，河北人民出版社1983年版，第423页。

[3] [美]韩丁：《翻身——中国一个村庄的革命纪实》，北京出版社1980年版，第397、429页。

吊打过村里所有人。[1]所以，抗日战争时期，华北根据地的农民就有将村干部视为"新恶霸"、"新贵"加以反对的现象，一些地方几次发起"反新贵"的运动。[2]

而在抗战结束后的，尤其是"五四指示"以来的清算斗争中，村干们获得了很大的谋利空间，贪占斗争果实的现象严重。此前的减租减息中，由于果实分配"各得各"，干部难以从中谋私利。但清算斗争中，斗争果实变成公共产品，采取先归大堆再分配的方式。这为村干们上下其手留下了很大空间，许多村干部以按照斗争积极性分配、公家留用等各种名义贪占果实。例如，山东的一些村干以农会基金、复员田、学田名义留下土地、浮财和牲口，实则是拿去自己使用。[3]1947年4月5日《晋绥日报》的社论《坚持平均的公平合理的分配土地——土地分配的两条路线》中，曾对此指责说：

> 另一严重而普遍的现象是干部、民兵、积极分子多分，只给参加战斗者分，只给农会会员分，好多干部认为这样是理所当然，说干部积极分子"辛苦了"，认为"我们在新区的工作就凭的这批积极分子，应该优待鼓励他们"，甚至有的一直优待到地主的保人身上，因为保人也"辛苦出力"了，这是多么没有群众观点！这样就大大便利了坏干部、二流子等窃取果实，甚至有些人就到处去斗争，为了多得东西；而相当一部分十分贫苦的无地少地农民，则被搁在一边或仅分到少许土地。许多地方把土地果实存起来，或包办什么合作社，纵容了助长了窃取现象，有些地方将果实作了村开支公共用途……[4]

这种情况使得长期以来存在的干群矛盾更加激化。1946年12月，冀中区党委的一份土改报告中反映说："老解放区过去发动过斗争，由于某些干部的自私，多得了果实，或因斗争果实的拖延未分，致引起群众不满，再发动斗争不积极。有些地区农民反映'杀人白闹两手血'。藁城、赵县有的群众反映：'农民是鹰，干部是

---

[1]　[加]伊莎贝尔·柯鲁克，[英]大卫·柯鲁克：《十里店——中国一个村庄的群众运动》，北京出版社1982年版，第161页。

[2]　河北省档案馆：《河北土地改革档案史料选编》，河北人民出版社1993年版，第239页。

[3]　中共山东省委党史研究室：《解放战争时期山东的土地改革》，山东人民出版社1993年版，第410页。

[4]　晋绥边区财政经济史编写组，山西省档案馆：《晋绥边区财政经济史资料选编（农业编）》，山西人民出版社1986年版，第353页。

玩鹰的，地主是兔子，鹰抓了兔子费了劲，也是给了玩鹰的'。"[1]这份报告由此发现，许多村庄对斗地主劲头不大，反而都对斗干部有动力。"献交二十三个村庄的统计，最初想斗地主的只有三个村，想斗干部的则有七村。"[2]

1947年5月，刘少奇在上述封城村的调查中所发现两大问题中的另一个，也是干群矛盾这一问题。他看到，"因为事变以后，地租剥削较少，主要的是村干部对农民的压力过重"，比如扩军、征粮、派勤，一次接一次，一个挨一个从上边下达到村；锄奸反特中，伤害了一些群众，加上干部存在严重的官僚主义、强迫命令、脱离群众，有的党员干部利用职权侵占群众利益，多分多占土改果实等，引起群众的不满，群众与干部的矛盾就上升为主要矛盾。[3]

（三）激进政策的制定与土改运动的内卷化

1. 晋绥边区的土改实验

经过多轮阶级斗争尤其是执行"五四指示"，华北根据地老区的地主土地已经基本分光，同时干群矛盾又日益突出。要在这些地区掀起群众化的斗争运动，使群众运动获得足够的动力，客观上必须扩大果实来源，同时消除村干对运动的压制，而这两方面都是不容易解决的。

首先，新一轮土改运动所需的分配土地从哪里来，这对于地方干部成为了很大问题。为了推动土地改革的彻底化，中共中央此时否定了"五四指示"执行中一些地方采取的"和平土改"方式，要求地方干部发动农民与地主"撕破脸"，以便从政治上彻底打倒地主阶级。但这种政治斗争客观上仍需建立在对农民的利益满足上，而地主剩余的土地已经很稀少了，很难起到动员农民积极广泛参与的作用。于是，地方上在推动新一轮群众运动的过程中，自然地产生了动中农土地的想法。1947年1月，晋察冀根据地的一篇土地改革报告中即提出，老区要解决赤贫问题，土地从哪里来是一个很大问题，如果不从占绝对多数的中农拿出一部分土地，"许多下级干部说，这样做，做不成"，一些地方材料已表明不能不从中农调剂一些土地。但此时干部们对这样做是否是侵犯中农无把握，遇到不情愿拿出地的中农跑来

---

[1] 河北省档案馆：《河北土地改革档案史料选编》，河北人民出版社1993年版，第123页。

[2] 河北省档案馆：《河北土地改革档案史料选编》，河北人民出版社1993年版，第128页。

[3] 转自王文华：《晋察冀解放区的"五月复查"运动》，载《文史精华》2008年第5期。

质问时就觉得很不好办。例如李各庄的中农跑到区里问："你们是否发展吴满有？如不发展了，我就拿地。"[1]

"二一指示"虽然鼓励地方干部放手发动对地主的斗争，不要害怕违反政策，但出于"团结百分之九十的群众，以孤立反对少数的目的"，"二一指示"仍旧强调"坚决联合中农"，指出："在实现耕者有其田的全部过程中，必须坚决联合中农，绝对不许侵犯中农利益（包括富裕中农在内），如有侵犯中农的利益时，必须赔偿道歉。此外，对于一般的富农和中小地主，在土地改革中和土地改革后，应有适当的出于群众愿意的照顾之处，都照'五四指示'办理。"[2]

对于这一矛盾，中共中央所派出的由康生和陈伯达所率领的中央考察团实际上承担着在晋绥边区进行实验、摸索解决办法的任务。康生抵达晋绥后驻扎在临县郝家坡村搞试点，这个村属于典型的土地问题已基本解决的老区村。在郝家坡试点中，康生体现出非常现实主义的阶级动员思路。他并不否认该村的地主在经济上已经"大大削弱"，"土地问题解决了"，但他认为，一方面他们的土地转移过于和平，90%的土地不是通过斗争被分配，而是通过买卖方式解决。这意味着这些地主即使经济上被打垮了，但政治上还并没有被打垮，那么就需要补课。补课的方式是进行诉苦清算斗争，斗争中鼓励农民以暴力方式与地主"撕破脸"，从而"把地主的气焰打下去"。[3]

另一方面，康生认为，地主通过和平买卖减少了土地，不见得就真的变穷了，许多表面上的"破产地主"可能是地主化形了，在土地上装作贫农和破产，实际将土地卖掉后开铺，或把土地变成白洋藏起。为了挖出这些"化形地主"和藏起来的转移财产，首先是需要打破原有的阶级划分标准，康生为此特地要求晋绥分局将在

[1]　河北省档案馆：《河北土地改革档案史料选编》，河北人民出版社1993年版，第152—153页。

[2]　《毛泽东选集》第4卷，人民出版社1991年版，第1216页。

[3]　杨奎松：《建国前夕中共土改政策变动的历史考察》，载杨奎松：《中华人民共和国建国史研究》第1册，江西人民出版社2009年版，第41页。

1946年秋印发的《怎样划分农村阶级成分》[1]的小册子收回烧掉，转而将晋绥分局1947年初在兴县木栏杆村所创造的通过"查三代"划阶级的办法推广使用，而这就使得工作团可以打破中共历来强调的不动中农的原则，可以在"化形地主"等名义下对许多原本被定为中农的农民展开斗争。其次，则需要对地主的浮财、底财进行追索。康生为此鼓励在土改斗争中挖地主的底财，主张底财要坚决地要。这一主张尽管助长了农民暴力斗争的倾向，但确实抓住了老区农民对土地兴趣下降而对财物感兴趣的心理。

在这一试点后，1947年5月1日，《晋绥日报》发表了《坚决联合中农，防止错定成分，反对地主假中农》的社论，表示要抓出由地主化形的"假中农"。5月8日，晋绥分局在郝家坡召开了有各土改工作团代表参加的土改工作汇报会，会上总结出了"查三代"、"看铺摊摊的大小"和"看政治态度和思想"等划阶级的新办法。随后，晋绥边区的土改中出现了"化形地主"、"破产地主"、"下坡地主"等多种新的阶级名目，许多地方划出的地主、富农严重扩大，如兴县蔡家崖的地主富农达到了人口的百分之二三十，远超过百分之八的理论规定；同时，土改中也出现了严重的乱打乱杀现象。

不过，郝家坡试点尽管后来被批判为"左"的做法，但它总体上的确是为解决老区土改的难题而进行；它所创造的经验主要是查"化形地主"和挖底财两条办法，而这两条办法也的确使晋绥边区的土改运动有足够的利益吸引力去调动农民的参与积极性。此外，试点提出的挖地主底财的办法对于解决晋绥边区的严重财经困难也有积极意义，而且它与中共中央的思路也是契合的，这在4月12日中共中央发给晋绥分局及刘少奇的电报中有所反映，该电报称：

> 晋绥分局并告刘：
> 　　佳电悉，可在土地改革实验区中实行搞地主白洋金银烟土的斗争。但在地主卖地前属于工商业的资本应加以保留。同时斗出地主的白洋后，如

---

[1]　在《怎样划分农村阶级成分》之中，晋绥分局详细举例说明了不同阶级的特征，以帮助划分阶级。该文件特别强调了不能侵犯中农，提出以"富裕中农"为防线。文件明确批评了在村庄里按配额而非固定标准划阶级的做法，不同意"筷子林里选旗杆"，提出"划分时还要按照当地实际情况，有哪些阶级就划哪些阶级；合乎什么阶级，就划作什么阶级；有的村庄也许只有少数几种成分，却不能勉强凑数"。见晋绥边区财政经济史编写组，山西省档案馆编：《晋绥边区财政经济史资料选编（农业编）》，山西人民出版社1986年版，第328、332页。

该地主已无有地者，也应留给地主应得分地的白洋，在各实验区中取得经验后再行普遍推行各地。[1]

2. 走向土地法大纲

1947年5月1日，新华社发表经毛泽东修改的社论《全力准备大反攻》，指出：战争的形势已经"由蒋军的局部进攻与人民解放军的局部反攻，改变到蒋军的全面防御与人民解放军的全面反攻"，由此"我们的任务，就是动员一切力量，全力准备大反攻"[2]。这就指出了进一步进行人力物力的动员的必要性。

然而在此时，华北地区的村庄动员在超负荷下出现了异常现象。1947年6月22日，毛泽东向各地通报了晋冀鲁豫汇报的三起农民在过重负担下起来对抗或怨声载道的事例：

> 今春邯郸扩兵，原布置一千二百人，两日内完成了一千六百人，县委又布置一千六百人，一礼拜内又完成了，于是又布置二千人。县委同志为了超过任务热情很好，但人民负担加重，致引起数千人武装请愿，县政府临时处置不好，群众伤亡八人，对我影响极坏。

> 豫北前线，限七天向冀南要担架三千付，冀南后勤指挥部加了一半（六千付），并限两日完成，命令到了分区后，只剩一天期限了，只好强迫指派，加之过去担架到部队后长期不归（常备民夫），于是舆论大哗，致引起武邑一带党员民兵，领导群众向冀中逃走打游击，武邑一县即有八百人逃走。

> 豫北前线需粮秣，急要冀南立即运四百万斤粮去，冀南为了完成任务，要求磁县放水（滏阳河），结果造成磁县减收大米五千大石，麦子五千大石，群众怨声载道，政府胡来。[3]

根据这三个事例，毛泽东以严重口气警示各地说："上述三事，均因群众负担太重，我又在工作上发生毛病，以致演成事变和重大损失，应作为教训。各级领导

---

[1] 晋绥边区财政经济史编写组，山西省档案馆：《晋绥边区财政经济史资料选编（农业编）》，山西人民出版社1986年版，第359页。

[2] 中共中央文献研究室：《毛泽东年谱》下，中央文献出版社2002年版，第207页。

[3] 《中央批转晋冀鲁豫局关于扩兵等应严格衡量人民负担的通报》（1947年6月22日），载中央档案馆编：《中共中央文件选集》第16册，中共中央党校出版社1991年版，第461—462页。

机关必须了解，目前群众负担已达最高点，实在不能再加重人民负担了。如果我今后一件小事处置不好，均有随时发生严重事件可能。"[1]

在此紧迫的认识下，7月21日，毛泽东在小河会议上开始明确提出要实施平分土地，他指出："土地政策今天可以而且需要比"五四指示"更进一步，因为农民群众要求更进一步，如土地推平。平分土地是一个原则，但按情况不同可以有某些伸缩，如对杜斌丞、侯外庐，但对共产党员不应该有例外。中农的土地应该不动，但在群众运动的大潮流中和中农同意的情况下，要富裕中农拿出少许土地也是许可的，这种做法不要正式写在文件上。"[2]毛泽东认为，平分土地的方针对地主也一律，因此是与统一战线相结合的、避免了土地革命时期"左"的错误的办法。他说："土地改革应该采取平分土地的方针，地主不要多分，但不能不分。土地改革要和统一战线相结合。十年内战时期我们犯过'左'的错误，一是在土地革命中地主不分田、富农分坏田，现在我们是一律平分；二是在城市中没有建立统一战线，不团结民族资本家，现在我们是采取打倒官僚资本而保护民族工商业的政策。"[3]

毛泽东在提出这一新方针后，并未立刻向党内外宣示，这使得远在晋察冀边区的刘少奇未能及时得知。相反，刘少奇此时看到的主要是毛泽东对整党问题的重视和强调。在此之前，刘少奇从路过晋绥边区开始，其关心的重点也基本在村庄政权和党组织的改造上。起因是1947年4月刘少奇在路经晋绥边区时，看到晋绥边区的"群众运动是非常零碎的，没有系统的"，他分析认为问题主要出在干部上。在4月22日给晋绥边区领导人的信中，他写道：

> 沿途听到了许多我们干部不信任群众，害怕群众的自动性与运动的自发性的例子。在某些地方，群众要斗争某家地主或恶霸，而我们的政府或干部则以各种"理由"不许群众斗争，阻止群众行动。另一方面，当群众还没有起来向地主斗争时，我们的干部却硬要群众去斗争，由农会收回许多土地分给农民，但农民不要。所以有的土地至今未分。我们干部不信任群众，违反群众路线，不尊重与倾听群众的意见，不根据群众的自觉与自动去指导群众运动，是你们这里许多群众运动失败的原因。此外，在各种

---

[1] 《中央批转晋冀鲁豫局关于扩兵等应严格衡量人民负担的通报》（1947年6月22日），载中央档案馆编：《中共中央文件选集》第16册，中共中央党校出版社1991年版，第462页。

[2] 中共中央文献研究室：《毛泽东文集》第4卷，人民出版社1993年版，第270—271页。

[3] 中共中央文献研究室：《毛泽东文集》第4卷，人民出版社1993年版，第268页。

组织中与地主妥协的倾向，某些分子或明或暗的有意阻碍与破坏群众运动与土地改革的现象，也很严重。在六分区听到军民关系仍是很不好……

　　六地委的同志，也不相信依靠现有的机构，能够普遍的很好的完成土地改革。因此，我把组织精选的工作团，及建立贫农小组与农会的补充方式告诉了他们，他们觉得这种补充方式是能够完成任务，并且是他们能够办到的。我还和他们讨论过，在开始时期，坏的二流子及与地主有勾结的贫农雇农分子，暂时不吸收加入贫农小组等问题。据他们说，采用这种方式，党政民机构中恐有相当大的一批干部要受到群众的反对和抛弃。因此，我也和他们讨论过如何争取与教育改造这批干部的问题。这个问题，正是稼夫同志向我提出的问题，也是井泉同志曾反复考虑的问题。[1]

　　毛泽东在看到刘少奇的信后，一直未表态。但三个月后在小河会议上的讲话中，毛泽东也开始明确提出搞"贫农团"作为贯彻平分土地方针的组织方法，称"要学晋西北的方法，搞贫农团，坚决克服一些干部中偏向地主富农的情绪"。[2]为了强调这一点，毛泽东在7月25日将刘少奇在4月22日所写的那封信加上批语转发各地，要求各地领导机关"改造一切脱离群众的组织"[3]。7月27日，中共中央又在复电同意刘少奇提交的关于土地会议进行办法的报告中，强调指出"在实行土地改革运动过程中如何改造党政及群众组织与工作甚为重要，望会议中加以讨论"[4]。

　　据此，8月中旬之前刘少奇在主持土地会议过程中，将会议的讨论重点放在了如何解决党内及干部不纯的问题上。8月4日，刘少奇向中共中央提出了《关于土地会议各地汇报情况及今后意见的报告》中称："民主是保障和巩固土地改革彻底胜利的基本条件，是全体农民向我政府和干部的迫切要求，原因是我们干部强迫压制群众的作风，脱离群众，已达惊人程度，其中贪污自私及为非作恶者亦不很少，群众迫切要求改变这种作风并撤换与处分那些坏干部"，"党内及干部中严重的不纯洁状态，作风不正与领导上的官僚主义及缺乏具体思想教育，是晋察冀及其他地方土地改革不彻底与工作落后的基本原因"；由此建议"全党确定经过贫农组及农会

　　[1]　中央档案馆：《中共中央文件选集》第16册，中共中央党校出版社1991年版，第489—490页。

　　[2]　中共中央文献研究室：《毛泽东文集》第4卷，人民出版社1993年版，第269页。

　　[3]　中央档案馆：《中共中央文件选集》第16册，中共中央党校出版社1991年版，第486页。

　　[4]　中央档案馆：《中共中央文件选集》第16册，中共中央党校出版社1991年版，第494页。

发扬民主，以完成土改并改造党政民各组织及干部的方针"。[1]中共中央于8月13日复电表示完全同意，认为刘少奇所提出的原则是正确的。[2]

通过贫农团、农会进行土改和整党的方针确立后，刘少奇在8月20日、21日转向讨论土改政策，他也提出"平分土地"，称："土地改革运动，用一句话来说，基本上就是平分土地，将地主的土地财产分掉，一部分富农的部分土地财产分掉，一部分富农不动，中农不动，贫雇农得到土地，结果土地就大体平均了。"[3]但仔细分辨，可以看到刘少奇所提的平分土地，大体还是"中间不动两头平"的平分，仍以不动中农为原则，并非彻底平分。

刘少奇和土地会议在平分土地的政策上的意见转变，是直到8月29日新华社发表社论《学习〈晋绥日报〉的自我批评》，社论中有这样的表述："我党的土地政策，改变到彻底平分田地，使无地少地的农民得到土地、农具、牲畜、种子、粮食、衣服和住所，同时又照顾地主的生活，让地主和农民同样分得一分土地，乃是绝对必要的。"[4]刘少奇在9月3日看到了这篇社论，随后同中央工委的其他负责人做了研究，他判断说："这篇社论通篇都是讲的平分土地，是普遍的彻底平分。这篇社论中根本未提到动不动中农的问题，关于不侵犯中农利益的话，一个字也未谈到。我想明显的这篇社论是经过毛主席看过的，彻底平分土地的口号很可能就是毛主席提出的，不经过毛主席这种口号是不敢提的。"[5]随后，刘少奇迅速组织土地会议转向讨论彻底平分土地的问题，并于9月5日将讨论情况向中共中央做了报告：

　　土地会议已进入结束阶段，四五天即可闭幕，讨论原集中在党内问题及农民组织与民主问题，因新华社社论提出彻底平分土地，便又集中到土地政策问题上来。多数意见赞成彻底平分，认为办法简单，进行迅速，地主从党内、党外进行抵抗的可能减少，坏干部钻空子、怠工、多占果实的可能亦减少。而缺点就是除一般要削弱富农外，还可能从约占人口百分

[1] 中央档案馆：《解放战争时期土地改革文件选编》，中共中央党校出版社1981年版，第71—76页。

[2] 中央档案馆：《解放战争时期土地改革文件选编》，中共中央党校出版社1981年版，第71页。

[3] 中共中央文献研究室：《刘少奇传》，中央文献出版社1998年版，第528页。

[4] 中央档案馆：《中共中央文件选集》第16册，中共中央党校出版社1991年版，第583页。

[5] 中共中央文献研究室：《刘少奇传》，中央文献出版社1998年版，第578页。

之五的上中农那里抽出或换平一部分土地。得利者在老区亦仍占百分之五十到六十，不动者占百分之二十到三十，仍可团结百分之八十以上的农民，因系彻底平分，中农的不安与动摇反而减少，故大家认为利多害少。因此，决定普遍实行彻底平分，由全国土地会议通过一个公开的土地法大纲，向各解放区政府提议。[1]

第二天，毛泽东即对此报告做出批复：

> 平分土地利益极多，办法简单，群众拥护，外界亦很难找出理由反对此种公平办法，中农大多数获得利益，少数分出部分土地，但同时得了其他利益(政治及一般经济利益)可以补偿，因此土地会议应该采取彻底平分土地的方针，将农村中全部土地、山林、水利，平地以乡为单位，山地以村为单位，除少数重要反动分子本身外，不分男女老少，在数量上(抽多补少)、质量上(抽肥补瘦)平均分配。不但土地、山林、水利平均分配，而且要将地主、富农两阶级多余的粮食、耕牛、农具、房屋及其他财富拿出来适当地分配给农民中缺乏这些东西的人们，地主、富农所得的土地财产不超过也不低于农民所得。大规模的森林及水利工程不能分配者由政府管理。此外，同意即由土地会议通过土地法大纲，作为向各解放区政府的建议。同时，起草一个党内决议，由中央公布。[2]

9月13日，土地会议通过了《土地法大纲（草案）》，10月10日中共中央正式将之对外公布。从上可见，这一文件是在毛泽东的直接领导与刘少奇的紧密配合之下制定的。《土地法大纲》宣布废除所有地主的土地所有权，以及一切祠堂、庙宇、寺院、学校和其他团体的土地所有权，其中第六条规定："乡村中一切地主的土地及公地，由乡村农会接收，连同乡村中其他一切土地，按乡村全部人口，不分男女老幼，统一平均分配，在土地数量上抽多补少，质量上抽肥补瘦，使全乡村人民均获得同等的土地，并归各人所有。"[3]可以看到，其中没有再提到不动中农土

---

[1]　中央档案馆：《中共中央文件选集》第16册，中共中央党校出版社1991年版，第529—530页。

[2]　中央档案馆：《中共中央文件选集》第16册，中共中央党校出版社1991年版，第528—529页。

[3]　中央档案馆：《中共中央文件选集》第16册，中共中央党校出版社1991年版，第547—548页。

地，"连同乡村中其他一切土地"的表述反而隐含了中农的土地。至此，彻底平分土地正式成为中共的土地政策。

《土地法大纲》最后在第十五条又规定，"为保证土地改革中一切措施符合于绝大多数人民的利益及意志，政府负责切实保障人民的民主权利，保障农民及其代表有全权的在各种会议上自由批评及弹劾各方各级的一切干部，有全权的在各种相当会议上自由撤换及选举政府及农民团体中的一切干部。侵犯上述人民民主权利者，应受人民法庭的审判及处分"[1]。这就为贫农团对村政权进行夺权、"搬石头"提供了依据。

此外，《土地法大纲》颁布时也并未有明确的关于如何划阶级的文件下发，这些处理方式上都显示出此前晋绥土改的激进实验的影响。[2]

3. 华北土改运动的"内卷化"与纠偏

对于刘少奇等中共领导人而言，采取彻底平分土地、树立贫农团权威及严厉整干整党的激进方针，目的是要打破"五四指示"的不彻底所造成的土改运动受限制，甚至冷清的局面，从而使农民群众中蕴藏的革命动力完全释放出来。然而，在华北根据地的老区、半老区，这场激进的运动客观上导致的往往并不是土改运动的高潮化，即将社会动员的边际效益推向顶点；相反，却可能是土改运动的"内卷化"[3]，即在社会动员的边际效益上不升反降，尽管动员的收益看似仍在增长，但成本、代价的上升更加快速。华北老区、半老区之所以在土地改革运动中走向"内卷

---

[1] 中央档案馆：《中共中央文件选集》第16册，中共中央党校出版社1991年版，第550页。

[2] Tanaka Kyoko, Mao and Liu in the 1947 Land Reform: Allies or Disputants, *China Quarterly*, No. 75(1978).

[3] "内卷化（involution）"一词的英文本义为"叶片边缘向内卷曲，复杂的、纷繁的事物"（《牛津高阶英汉双解词典》，商务印书馆、牛津大学出版社2002年版，第791页），美国人类文化学家格尔茨（Geertz）将之变为一个著名的学术概念，他于20世纪60年代末使用这一概念来描述印尼爪哇岛的原生态农业在劳动力增长下不断精细化但无法升级的现象。黄宗智在研究中国近代华北和长三角的农业经济时引入了这一概念，并具体指出了农村不断增长的劳力挤入家庭农场后造成边际效益递减的问题。杜赞奇则将"内卷化"概念引入到政治领域，指出中国近代出现了"国家政权内卷化"的现象，即国家向社会扩大汲取不是建立在通过官僚机构提高控制力的基础上，而是简单通过复制、扩大无法控制的赢利性经纪队伍进行，结果国家虽然增加了税收收入，但却被赢利型经纪人借机大量贪污中饱，使得国家的税收效益并未提高，反而降低。见[美]杜赞奇：《文化、权力与国家——1900—1942年的华北农村》，江苏人民出版社1996年版，第66-67页。

化（involution）"，原因在于过去的多次运动已经使得区内的土地占有极大分散、日益接近平均，而战争庞大的资源动员需要却并未达到顶点、仍在增长，而此时它只能继续落在老区、半老区之上，这就导致了土改运动的"内卷化"，即这些地区不得不通过不断细化、彻底化的斗争手段去挖掘区内剩余的有限的阶级斗争动力，结果虽然增加了土改运动的收益，但却内含着更大的短期与长期成本，使得边际效益不升反降，构成了内卷化现象。

在"内卷化"的趋势下，华北各根据地普遍掀起了更激烈的阶级斗争，形成了中共中央所期待的群众运动热潮。1947年秋冬，晋绥、晋察冀、晋冀鲁豫、山东等根据地的土地改革运动进入高潮。各根据地迅速进行传达和贯彻《土地法大纲》。例如，晋察冀边区于10月3日至11月9日召开了中央局扩大会议和边区土地会议扩大会，确定了全区贯彻土地法大纲的计划和具体政策。边区行政委员会宣布接受《中国土地法大纲》为边区的土地法，并立即实行。边区农会也举行了临时会议，发表了《告农民书》，号召全区农民在党的领导下起来平分土地，争取彻底翻身。

同时，在贯彻平分土地运动之初，各根据地都自上而下召开会议进行整党审干，进行"三查"（查阶级、查思想、查作风）、"三整"（整顿思想、整顿组织、整顿作风），以便为平分土地运动扫清障碍。晋察冀中央局在全国土地会议后甚至对整党给予了更大的关注。随后，根据地的上级机构派遣工作队（团）深入到村庄，绕开根据地原有基层组织，"打破旧圈子"，径自"访穷"，联络村中最贫苦的贫雇农，或者就地启发动员他们的"阶级觉悟"，或者有组织地将他们送去培训，造就新的运动积极分子，从而形成了"工作队（团）——贫农团"式的运动核心。[1]

在审干高压和放权农民斗争的共同作用下，平分土地运动的进展异常迅速，华北各根据地普遍在短短一两个月内，就形成了对传统社会格局的根本摧毁。与以往历次土地斗争比较，它声势最大、范围最广、斗争最尖锐，超过抗日战争时期在有限的减租减息政策下的运动声势，超过土地革命时期在一两个省范围内的运动规模，也超过了"五四指示"下的运动烈度。

土改运动的反复进行使得老区、半老区的阶级斗争动力已不可避免地走向衰减，为了克服这一"内卷化"问题，华北老区和半老区不得不加大斗争力度和扩大斗争范围。由此，华北农村地区出现了三个后来被视为"过火"的、实质是运动

---

[1] 张鸣：《华北地区土地改革运动的运作（1946—1949）》，载《二十一世纪》（香港）2003年4月号。

"内卷化"所决定的现象：

首先是普遍掀起挖浮财的热潮，成千上万的农民兴奋地加入到挖浮财的行列。为了彻底对地主进行挖浮财、底财，许多地方出现联村斗争、联合扫荡的现象。挖浮财的狂热由此也导致了暴力追逼的泛滥，各地开始出现乱打乱杀的严重问题。其次是在缺乏划阶级客观标准下，被划为地主、富农的比例过度扩大，普遍达到20%的户数，明显突破了中共长期以来所奉行的斗争目标不超过户数8%和人口10%的策略方针，甚至出现比例倒挂。例如，太行区"左权县狮岩村共有180多户，只留下8户不是封建（成分），黎城有很多村子地富达60%以上……至于把地富划到20%以上的则更为普遍"[1]。由此，华北的平分土地运动在贫雇农路线下，不可避免地出现严重侵犯中农的问题，以至于打击了大多数而非团结了大多数。第三则是华北地区大量的村干部被作为"石头"搬掉，斗争的矛头不仅指向了被划为地主、富农的群体，也指向了过去承担动员任务的村干部。这些现象都是土改运动内卷化的显著标志与结果，换言之，黄宗智所关注的土改中"表现性现实"与"客观性现实"相脱离[2]，高王凌等揭示的"土改极端化"[3]等现象，其实都是土改运动内卷化的格局所决定。

中共中央对于这种"内卷化"现象其实是有清楚认识的，早在1946年讨论"五四指示"时，毛泽东即指出："不要怕农民得到土地，推平平均分配一次不要紧。农民的平均主义，在分配土地以前是革命的，不要反对，但要反对分配土地以后的平均主义。平均分配土地一次不要紧，但不能常平分下去。"[4]可见，毛泽东根据经验早已认识到如果在第一次推平之后再进行推平，就可能不是"革命的"了，亦即可能得不偿失。

在"五四指示"前，华北的老区中已经出现自发推平的现象。"五四指示"虽然不支持彻底的平分，但其实施及复查对于农民而言仍然是一次推平，由此冲击到农民的生产积极性。因此，在贯彻"五四指示"过程中，已经有华北老区为了防止

---

[1] 中共中央文献研究室：《毛泽东年谱（1893—1949）》下，中央文献出版社2013年版，第79页。

[2] [美]黄宗智：《中国革命中的农村阶级斗争》，载黄宗智主编：《中国乡村研究》第二辑，商务印书馆2003年版。

[3] 高王凌，刘洋：《土改的极端化》，载《二十一世纪》（香港）2009年2月号。

[4] 中央档案馆：《解放战争时期土地改革文件选编》，中共中央党校出版社1981年版，第8页。

农民失去生产动力而宣传这是最后一次分配土地。例如，1946年12月24日，晋冀鲁豫局在给冀南区党委的春耕前完成土地改革的指示中称："土地改革与明年大生产运动，这应从各方面去准备，主要一条必须告诉群众分配土地只此一次，以后再不分配，以防止无止境的推平观念发生，应鼓励大家兴家立业发财致富，我们即将宣布土地为农民私有财产，给以法律上的保障，今后农民克勤克俭，善于经营努力生产而发财致富者，决不侵争，要得到法律上的保护……"[1]

因此，华北许多老区在1947年展开平分运动时，已经客观上处于反复推平的情况，变为一种"内卷化"的土地改革运动。在"内卷化"之下，平分运动展开后尽管取得了很大的动员效果，但其造成的大量生命、财产的损失，以及对生产积极性的负面影响也迅速暴露出来。于是，1947年底开始，中共党内以任弼时、习仲勋为代表的部分领导干部在看到运动的弊病后，开始推动中共中央对土地改革的偏差进行纠正。

纠偏的关键之一是颁发划阶级标准的文件，限制斗争范围的无度扩大，重新提出对农村中占多数地位的中农群体的保护。任弼时在1947年9月底10月初通过晋绥边区的《土改通讯》和领导人了解到斗争狂潮的乱象后，即电令晋察冀、山东、东北报告划阶级的情况，并四处寻找毛泽东早年亲自制定的《怎样分析农村阶级》的文件，以避免晋绥边区的划阶级文件被否定和烧掉的可能。11月下旬，任弼时终于找到1933年苏维埃政府颁发的《怎样分析农村阶级》和《关于土地斗争中一些问题的决定》，在报请毛泽东批准后将文件下发。[2]毛泽东对两份文件还加上了一段说明，提出要"适当地纠正业已发生与业已妨碍群众利益的过左行动，以利团结雇农贫农，坚决保护中农"[3]。12月底在杨家沟会议上，中共领导层达成了反对"左"倾的共识。

纠偏的另一重要因素来自老区的负责人的纠偏谏言。1948年1月，习仲勋连续几次上书中共中央，直陈他通过亲自调查了解到的老区土改在贫雇农路线下出现的种种乱象：

---

[1] 中共河北省委党史研究室：《冀南历史文献选编》，中共党史出版社1994年版，第657—658页。

[2] 中共中央文献研究室：《任弼时传（修订本）》，中央文献出版社2004年版，第787—789页。

[3] 中央档案馆：《解放战争时期土地改革文件选编》，中共中央党校出版社1981年版，第90—91页。

……土改一到农村就发生极左偏向。凡动起来的地区，多去强调"贫雇路线"，反对所谓"中农路线"，都是少数群众（不是真正的基本群众）起来乱斗、乱扣、乱打、乱拷，乱没收财物，乱扫地出门。最严重的是葭县。有几个村庄连贫中农的东西都一律没收。干部家属幸免于斗者很少，张达志家中也被斗，弟弟被吊打索银洋，有的烈士家属扫地出门。有用盐水把人淹死在瓮里的，还有用滚油从头上烧死人的。葭县乱搞不及五天，竟一塌糊涂。我看一有"左"的偏向不要半月就可把一切破坏的净光。在机关学校中也发生"左"的事件，如边保的马夫起来斗争马夫班长，也叫贫雇农翻身。如绥德干小把地主出身的校长夫妇（老党员）赶走，整出十几名都是八九岁的干部子弟为狗腿子。虽则事不普遍，但影响所及，人心不安，闹得农村极度紧张，死人不敢埋，人病无人医，弄得大家都有顾虑。[1]

习仲勋实事求是地指出，老区是中农占优势，有些乡村贫雇农很少，有的是好吃懒做、抽赌浪荡致贫的，如由这些人领导土改，就等于把领导权交给坏人。他由此提出了在老区就要不怕中农当道，不应再算老账（特别是政治上的），老区土地应以调剂为主等一系列正确主张。[2]

在这些正确意见的推动下，毛泽东做出了对运动进行纠偏的决定，于1948年1月开始连续发出纠偏指示，2月3日又致电刘少奇，提出应分三种地区进行土改，老区不应再搞平分，新区也不应立即一下子实行土地法大纲，重点是在半老区。随后，平分土地运动的"左"的做法开始退潮。华北各根据地逐渐回到以生产为中心的常态轨道上。

三、激烈斗争运动与村庄动员之间的互动

毋庸置疑，阶级动员在1947年成为了华北农村社会动员的中心。但如前文所述，这场激烈的阶级动员的发起背景是华北各根据地的严重财经困难，它提出的对

---

[1]　中共中央党史研究室：《习仲勋文集》上，中共党史出版社2013年版，第66—68页；中央档案馆编：《解放战争时期土地改革文件选编》，中共中央党校出版社1981年版，第129页。

[2]　中共中央党史研究室：《习仲勋文集》上，中共党史出版社2013年版，第66—68页；中央档案馆编：《解放战争时期土地改革文件选编》，中共中央党校出版社1981年版，第130—131页。

村庄政权的改造也与村庄动员有直接关系。不仅如此，这场激烈运动的进行过程也受到华北村庄的重要影响，运动结束后也回到以村庄为基础的动员模式。

（一）村庄单位对阶级斗争的影响

第二次国共内战时期的土地改革运动尽管被设计成农民与地主两大阶级的斗争，但是这场运动的具体过程远比单纯的阶级斗争要复杂，其动员过程也不能简单地用党—阶级的二元框架来概括。事实上，在华北地区的土地改革运动之中，村庄单位仍起着不可忽视的重要影响。

1. 土改运动的村庄推进形式

土改运动的整个政治运作都有意识地借用了村庄作为基本的动员单位。这直接地表现在土改的发动采取了将斗争对象指标化的行政运作方式之上。在中共所控区域的行政层级的向下传递中，这种定指标、下任务的行政运作最终落实为以村庄为基本的实施单位，同时在村庄内部的斗争过程进行全村性的强制参与。例如，河北浑源×区×村提出"谁不参加会议就斗争谁"[1]；为了强制参加斗争会，"任邱辛中驿罚了一个不参加斗争的妇女五万元。献县尹庄为发动群众参加斗争，哪户不去即到那家吃饭"[2]。

1947年9月，在全国土地会议结束之后，各解放区在执行五四指示的基础上进一步掀起了更激进的土地改革运动。第二阶段的这场运动采取了将阶级斗争普遍化的形式，要求形成轰轰烈烈的普遍运动。在这一背景下，阶级斗争运动与村庄的联系更加直接，阶级斗争的开展甚至直接转化成像税收、征兵那样的硬性任务，要求每个村庄都必须按照上级分配的指标进行阶级划分和斗争。于是，阶级斗争变成了在村庄动员下展开的运动，寻找符合指标数量要求的阶级敌人成为村庄社区的共同任务。

之所以如此，是因为在国共对立的战争中，中共要发动农民，就必须使每个农民都切身地感受到阶级对立的存在。只有普遍地建立起两极对立的框架，迫使农村社会的每个成员都必须面临非此即彼的选择，才能实现对农民的最大限度的动员。黄宗智指出："从军事策略出发，一个被阶级斗争分化成两极的村庄，更易于提供

[1]　河北省档案馆：《河北土地改革档案史料选编》，河北人民出版社1993年版，第117页。

[2]　河北省档案馆：《河北土地改革档案史料选编》，河北人民出版社1993年版，第123页。

种种战争需要的资源。阶级划分成为第二次国共内战的一种武器。"[1]

然而，华北农村地区的特征是本来大地主就不多，阶级分化不剧烈；经过抗日战争和执行"五四指示"的耕者有其田运动，许多地区已经成为老区和半老区，在这些地区，地主所占的比例大大减少，尤其是老区的农村，地主和富农阶层更是基本上被消灭。于是，当中共决心通过村庄动员的方式在华北地区普遍地发动起阶级斗争的时候，"指导阶级划分的，也因此不再是土地改革法中的详细规定，而代之以粗略的、由上级下达的定额划分"[2]。

而这种情况必然使阶级斗争脱离开马克思理论所严格界定的模式，变成一种仪式化的表演，在按照党自己定的标准根本就没有地主的地方，也要拟造出阶级敌人来，以便上演阶级斗争的活动。依靠村庄动员来推动的阶级斗争，导致了阶级标准的形式化。在必须展开阶级斗争的巨大压力下，精确的阶级分析不得不让位于简单的套用和普遍性的配额，由此又将不可避免地导致浮夸和任意提升，把富农错划为地主，把中农错划为富农。[3]在河北五公村，"静悄悄的革命"和耕者有其田的"五四指示"已经消灭了这个村庄的地主阶级；但是，在土地法大纲后的土改激进主义之中，村庄使用了按照上级分配的指标进行阶级划分的办法。其结果是，在这个有387户的村庄里，有70户中农被划为富农并成为斗争对象。[4]1948年春，五公村在土地改革运动结束时，上演了斗争地主的群众大会。这是每个村庄都必须完成的一项程序。但是，斗争大会完全变成了一场牺牲无辜个体的仪式，因为没有真正的地主可斗又必须找出地主来，五公村的斗争大会就用一位富农来顶替挨斗。村中臭名昭著的"恶霸"李瀛洲因为坐牢和折磨已经奄奄一息，于是他的儿子李大林就被推上了斗争台，最终李大林的腰被打断。[5]

---

[1] [美]黄宗智：《中国革命中的农村阶级斗争》，载黄宗智主编：《中国乡村研究》第二辑，商务印书馆2003年版，第78页。

[2] [美]黄宗智：《中国革命中的农村阶级斗争》，载黄宗智主编：《中国乡村研究》第二辑，商务印书馆2003年版，第78页。

[3] [美]黄宗智：《中国革命中的农村阶级斗争》，载黄宗智主编：《中国乡村研究》第二辑，商务印书馆2003年版，第77页。

[4] [美]弗里曼，毕克伟，塞尔登：《中国乡村，社会主义国家》，社会科学文献出版社2002年版，第141页。

[5] [美]弗里曼，毕克伟，塞尔登：《中国乡村，社会主义国家》，社会科学文献出版社2002年版，第151—153页。

　　这种通过村庄动员来推动阶级斗争的方式尽管达到了普遍发动阶级斗争的目的，但是却导致土地改革运动必然发生所谓的"偏差"。在华北的老区，阶级划分的标准变得任意武断。为了完成上级制定的阶级指标，掀起轰轰烈烈的群众阶级斗争，许多农村中都采取了除看有无剥削外，还以"铺摊摊的大小"(即看其住房、穿戴、家中摆设之好坏)、"政治态度"和"查三代"（进坟地看围墙和石碑）作为标准，结果把许多没有剥削或只有轻微剥削的中农也划到地主富农当中，严重地扩大了打击面。

　　以十里店为例，在这个村庄的"割封建主义尾巴"运动中，武装积极分子使用了狂热的标准：所有其父亲或祖父是地主或富农的人，都被认为长了必须"割去"的"尾巴"。按照这一标准，村中有78户中农被增加进斗争对象的名单中，这份名单由此从24人增加到超过100人，而这个村庄不过400户人家。[1]

　　在全国土地会议之后，中共在自己所控区域内发起的土地改革运动出现了严重的暴力泛滥现象，这其中的基本原因是土地会议上在政策制定上走向了极"左"。由于会议赞成采取"普遍的彻底的平分"的原则，同时缺乏明确的阶级划分标准，因此造成了斗争范围普遍扩大，且乱打乱杀行为泛滥。但是在全面总结这段历史的教训时，也须看到在极"左"错误的后面，通过村庄动员掀起普遍运动的动员模式也难辞其咎，正是这种村庄动员的模式，直接地促使阶级斗争走向扩大化。土地改革的领导者坚持将一套宏观上的阶级结构分析贯彻到每一个村庄中，认为这种分析对每一个村庄都是有效的，强迫每个村庄都要划出阶级敌人，都要以贫雇农为主要依靠力量组织轰轰烈烈的阶级斗争。这种教条的、机械的阶级分析忘记了具体地分析村庄的情况，使得党所追求的阶级斗争运动在许多不符合这种宏观结构分析的村庄中发生严重的异变。许多村庄的阶级斗争实际上已经蜕化成人为制造出来的斗争，结果被各种投机行为所利用，变成无原则的派别斗争、私人报复，尤其是落后的绝对平均主义行为。

　　在随后而来的纠偏中，领导者的一个反思就是立即停止利用村庄动员进行普遍运动的模式，后退到区分老区、半老区以及新区，根据村庄的不同结构有差异地推行土改的模式。当不再采取下指标进行村庄动员之后，土改运动才逐渐克服"左"倾。

---

　　[1]　[加]伊莎白·柯鲁克，[英]大卫·柯鲁克：《十里店（一）：中国一个村庄的革命》，上海人民出版社2007年版，第158页。

2. 阶级符号的村庄化界定

要实现对农民阶级的动员，通过土地和地主财产的分配进行利益满足当然是最基本的方法。但是，光有这样的利益满足并不能保证农民会参与到斗争地主，进而与国民党的战争中。一般地，除去害怕地主的报复之外，有几种心理现象阻碍着农民响应共产党的阶级动员：一是农民有根深蒂固的"命"的观念，认为贫富在天，自己穷和地主富是命中注定的，非人力所及。因此，农民总是甘于耐心地忍受贫穷和苦难，缺乏求变意识。二是农民认为斗争地主、分地主的土地和财产"不合道理"，认为这些东西是地主自己积蓄下来的，分地主的财产类同抢劫，违背良心。三是农民觉得拉不下情面，与地主乡里乡亲的，没有必要那么对立。因此，在推动土地改革运动的过程中，各级党组织都认识到在土地、财产分配之外，必须改变农民的心理认知，发动农民进行"诉苦"。

例如，冀中区党委在领导农民开展土地改革中认识到："农民翻身是翻天覆地的大事，不是什么轻而易举的事，欲翻身必先翻心。只有翻透心才能翻透身，挖穷根吐苦水算总账是翻心的主要问题。"[1] 而"诉苦"的核心是要将农民的个体苦难归因到阶级压迫和剥削上，土改工作队在启发农民诉苦时，必须竭力向农民灌输"阶级剥削"的理论，从而使农民认识到自己穷是因为地主的剥削，而不是"命"；斗地主也是合理的，符合良心的，等等。

然而，在这种以阶级剥削为框架的诉苦中，控诉的焦点却往往不在租息剥削之上，因为对于农民来说，"阶级"和"剥削"是一些完全陌生的观念；事实上，农民对苦难的认知、对地主的痛恨更多地是借助村庄固有的集体伦理标准去衡量。

这种村庄的集体伦理集中表现在斯科特所谓的"生存伦理"上。斯科特在对东南亚农民的研究中指出，尽管剥削是个很复杂的理论概念，但农民并不需要局外人来帮助他们认清每天都体验着的不断增长的剥削情况，不需要别人告诉他切身经历的苦难，农民能够根据"生存伦理"（subsistance ethic）的标准自发地认识到剥削和不公正的存在。生存伦理是村庄集体接受的一种习俗，它规定的是：在村庄里资

---

[1] 《中共冀中区党委关于土地改革第一阶段几个问题的经验介绍》，1946年12月1日。转自罗平汉：《土地改革运动史》，福建人民出版社2006年版，第45—46页。

源允许的条件下，村庄内的所有成员都可以享有既定的生存权利。[1]具体地，"往低里说，村庄的精英阶层不得侵犯穷人的生存储备品；往高里说，精英阶层有绝对的道德义务，为处于饥荒时期的农民提供生计"[2]。生存伦理只是一种保守的平等主义，而不是激进的平均主义，它要求村庄精英为穷人提供基本的生存条件，维护村庄的共同体属性。

在土改初期，我们可以发现，贫苦农民对地主富农的控诉，基本上都是指向"生存伦理"方向。[3]在韩丁记述的张庄土改中，村干部们最初不断地用"阶级剥削"的理论启发大家："我们为什么这样受苦？我们受苦是因为八字不好，还是因为土地制度，因为交租子？我们这会还不该跟地主老财算账，把旧世道给翻过来吗？"[4]

然而，在具体的对地主的诉苦斗争中，农民们却只是习惯性地凭借着村庄中传统的"生存伦理"、集体性"道德经济"的标准来衡量地主的罪恶。在农民的自发诉苦中，这成为了一种普遍现象。

例如，张庄的一次地主斗争会上，大多数指责都是发生在"生存伦理"方面。一名地主的农民穷表弟对地主的指责是："闹荒那年，我哥给你家扛活，我们都挨着饿，没什么可吃的，可你连管也不管。跟你借过几回粮食都没借成，你眼瞅着我们饿着，没一点儿同情。"[5]一个贫穷妇女对地主的指责是："有一回我到你地里拾麦穗，叫你连打带骂把我撵走了。你凭什么打我骂我？凭什么把我拾的麦穗抢走。"[6]甚至佃农对地主的指责也不是在地租剥削上，而是针对地主不顾村庄"生存伦理"强索地租的行为："有一年我交不起租，你就把我打下的粮食都拿走了，连衣服都拿走了，什么也没给剩下。"[7]佃农对地主的这种违背"生存伦理"行为的哭

[1]　[美]詹姆斯·C·斯科特：《农民的道义经济学：东南亚的反叛与生存》，译林出版社2001年版，第226页。

[2]　[美]詹姆斯·C·斯科特：《农民的道义经济学：东南亚的反叛与生存》，译林出版社2001年版，第42页。

[3]　卢晖临：《革命前后中国乡村社会分化模式及其变迁：社区研究的发现》，载黄宗智主编：《中国乡村研究》第一辑，商务印书馆2003年版，第161页。

[4]　[美]韩丁：《翻身——中国一个村庄的革命纪实》，北京出版社1980年版，第148页。

[5]　[美]韩丁：《翻身——中国一个村庄的革命纪实》，北京出版社1980年版，第150页。

[6]　[美]韩丁：《翻身——中国一个村庄的革命纪实》，北京出版社1980年版，第153页。

[7]　[美]韩丁：《翻身——中国一个村庄的革命纪实》，北京出版社1980年版，第150页。

诉，激起在场十几个农民顿时从人群中跳出来愤怒地指责地主"真没一点良心"。

在上面的这些指控中，根本找不到农民的阶级意识，可以看到的却是村庄中长期存在的生存伦理决定的公正意识。这种农民阶级觉悟落后的状况令张庄的土改工作队感到颇为头疼，为此他们不得不专门组织农民"算剥削账"、"挖苦根"，告诉农民不是从地主那里抢土地，而是"土地回老家"。但事实是，对农民的动员往往还是要依附在村庄中传统的公正观念之上才能顺利实现。土改运动的工作队们试图通过启发、"灌输"阶级觉悟去激发农民的斗争热情，但农民们实际上往往是在感受到符合村庄传统道德和舆论力量的支持后，才会一反消极被动的态度，积极地投入到所谓的"阶级斗争"中。他们首先不是用生疏的阶级剥削概念来控诉地主，而是熟练地依据村庄共通的伦理标准对地主过去的违背生存伦理和公共道德的恶劣行径进行清算。

除了村庄生存伦理的观念之外，农村固有的伦常道德观念也是非常重要的影响到阶级划分的因素。在张庄，贫穷的农民李宝玉申请加入贫农团，在即将通过时，工作队干部小李却站起来阻拦，他激动地指责李宝玉因为怕老婆，而无情地榨取其亲兄弟的劳力。[1]张庄的整党会上，民兵周增禄在过关时，受到了王老太、泰山娘等年老的妇女的一致指责，理由是周增禄怕老婆，对他娘不孝顺。[2]而1947年驻在晋察冀地区的新华社社长廖承志曾称，从报道中看，晋察冀普遍发生了贫农团除了查三代，还比人格、比骨头等来划阶级的现象。"因比人格，河间某村提出七不要。凡不是穷三辈的不要，偷过人不要，男女关系不清白不要，说过怪话不要，旧干部不要等。"[3]

而当诉苦集中在地主破坏村庄内的性道德、生存伦理，而不是租息剥削之上时，"地主"便变成了一个道德性和村庄性的范畴，许多人被划为地主往往不是因为其有出租或高利贷行为，而是因为村民们对其刻薄、性道德败坏等品质的憎恨。例如，张庄一位被斗争的"地主"名叫郭春旺，他实际上应当是一个富农或雇佣劳力的经营式地主，但是由于他在村庄闹荒时总是不顾村民的死活，将粮食囤积起来以便高价出售，因此一向受到全村农民的仇视，结果后者在土地改革中首先便将这

---

[1] [美]韩丁：《翻身——中国一个村庄的革命纪实》，北京出版社1980年版，第343页。

[2] [美]韩丁：《翻身——中国一个村庄的革命纪实》，北京出版社1980年版，第412页。

[3] 廖承志：《土改新闻情况汇报》（1948年），载《廖承志文集》上，人民出版社1990年版，第146页。

位严格说够不上地主标准的"为富不仁"者定成了"地主"，将之拉出来斗争。[1]

其实，在土地改革运动中，农民对阶级剥削的解释总是存在一定的隔膜，通过揭示阶级剥削来动员农民斗争地主的效果经常不理想，成功的诉苦动员往往是结合了村庄内生的集体伦理才得以进行。正是借助农民们朴素的公正感和道德感，土改工作队精心组织的诉苦仪式才最终将农民对"地主"的仇恨顺利点燃，从而获得了坚实的"阶级斗争"的心理基础。

在社会运动的理论发展中，20世纪80年代后期，美国的斯诺与他的学生提出了一种"框架分析（frame analysis）"的理论，强调运动中的话语因素。这一理论的一个基本观点是认为社会运动所持有的意识形态或话语体系有时会很难与运动动员对象的实际利益、兴趣或怨恨感联系起来。因此，为了有效地动员群众，社会运动积极分子在大多数场合都需要把他们所持有的意识形态和话语体系进行改造，将其与动员对象的直接利益或情感联系起来。斯诺与他的学生将这种过程称为"框架整合（frame alignment）"[2]。借助这一理论，我们可以深入理解为什么在诉苦斗争中会渗入村庄内生的集体伦理。

3. 阶级意识与村庄观念的错位

激烈的阶级斗争也没有使阶级意识完全压倒村庄观念，平分运动中的村庄本位主义现象仍屡屡发生。例如，1947年邓颖超在河北阜平县二区细沟村蹲点搞土改时，就发现农民对地主的仇恨反而不如村本位意识强烈，她记述说：

> 我工作的村，是在这次土改决定由两个村合并为一编乡，但两村的情况完全不同。甲村的土地少，质量坏，农民生活贫穷，贫穷农民占多数（男女七十多人），除一部分中农外，富农不多，地主只二户，已被斗过。乙村的土地多，质量好，农民生活比较好，中农六十二户占大多数，贫农占少数（三十五户五十人），贫农的土地质量，生活情况，一般的好过甲村的贫农，有些好过甲村的中农，原有地主亦都斗过了，可能有化

[1]　[美]韩丁：《翻身——中国一个村庄的革命纪实》，北京出版社1980年版，第149—150页；另外，参见[美]黄宗智：《中国革命中的农村阶级斗争》，载黄宗智主编：《中国乡村研究》第二辑，商务印书馆2003年。

[2]　David Snow, E. Burke Rochford Jr., Steven K. Worden, and Robert D. Benford, "Frame Alignment Processes, Micromobilization, and Movement Participation", *American Sociological Review* 51 (1986), pp. 464–481.

形地主富农。这两个村除了地域贫富之不同，加上过去曾是一个合编乡，主要由乙村干部当权，因而造成与存在着严重的宗派，影响与支配着贫农们，在任何问题上都容易地表现出来，特别是在平分土地问题上。甲村的人认为本村无法解决土地与翻身的问题，故心里谋算着和眼都望着乙村，而乙村的贫农亦时刻从村本位出发，维持村本位，他们反而对于地主不是深恶痛绝，仇恨来得亦不那么深刻。这里还有另外一个原因，就是此间地主多在外地，有些甚至远在五台。另一方面是抗战以来的十年间，经过双减，清算，土改复查，他们的光景，无论如何是比旧日好……时间和现实（生活比前好，地主不存在），冲淡了他们对地主的仇恨和记忆，说起他们的痛苦，往往是从现实出发，对干部的不满与诉苦。[1]

1948年底，在晋中新区的土改中，工作组在清源仁义村也发现，原应成为革命最积极响应的贫雇农群体却选择了与地富一道抵制土改，"群众也不对土改干部说真话，在定成分时，群众说：'都是吃糠吃菜，哪里还有地主富农。'"，"富农坏分子没人揭露，开会不发言，怕得罪人"。[2]为什么会如此呢？工作组走访后才明白，该村的贫雇农之所以如此，原因与他们对村庄整体利益的认识相关，"群众怕划下地富扩大了该村目标，增加负担，又怕定下富农，把他们的村庄地划归外村，所以共同压低成分"[3]。

仁义村的例子不是个别的，在土改过程中贫雇农选择抵制土改，这样的例子还有不少。"有些农民就这样反映：'划下这么多的地主，不是给村里招红吗？把咱们饿死也不能把人家划成富农！'除划成分外，隐瞒土地、压低产量亦很普遍，如清源土坡是一垧报一亩，五家坡是二亩报一亩，文水县各村是将加二五，加一五大地都报成十分地。"可以看出，面临未知的土改，中共所设想的革命的最积极响应者——贫雇农，心中却充满了顾虑，他们于是选择和地主富农共同抵制土改。[4]

---

[1] 周恩来邓颖超研究中心，周恩来思想生平研究会：《邓颖超画传》，辽宁人民出版社2014年版，第168页。

[2] 山西省档案馆馆藏档案，档案号：A49-1-35-3。转自李晔：《在地方档案中发现历史——晋中新区土改运动中的群众动员》，载《山西档案》2008年第3期。

[3] 山西省档案馆馆藏档案，档案号：A49-1-35-3。转引自李晔：《在地方档案中发现历史——晋中新区土改运动中的群众动员》，载《山西档案》2008年第3期。

[4] 山西省档案馆馆藏档案，档案号：A49-1-35-3。转引自李晔：《在地方档案中发现历史——晋中新区土改运动中的群众动员》，载《山西档案》2008年第3期。

在华北地区，这种村庄本位的观念与1947年斗争运动中被鼓励的联合斗争方式形成了直接的冲突，由此也带来了复杂的博弈。在太行区，一些地方的村庄"怕外村来斗争，就想先去斗争外村。七区这个村'出发'到那个村，那个村'出发'到这个村，或这村对本村的地主简单的斗一下，不叫外村来……还有外村来本村，本村的不给算账，在本村里也互相抓一把。"[1]

这种打破村庄边界、你来我往的联合斗争最后往往失控，导致村与村的斗殴。1946年底冀中区党委就特别提醒说：

> "组织联合斗争，必须特别慎重。因为这种斗争方法极易引起村与村的对立。青沧交阎辛庄、马连坦联合斗争，事先没有很好动员，斗争时以农民之间小的问题，酿成村与村的互斗，竟致开了枪，打伤了六个。交河沙河沿[涯]与高桥村的联合斗争，被特务利用了两个村的矛盾，双方开了火，高桥农会主任与武委会主任均惨遭牺牲。这是多么痛心的事件呀！"[2]

然而1947年，晋察冀解放区阜平县在5月的土改复查中，由于为了制造紧张的斗争空气，再次大搞村与村之间互相清算，造成了村与村的基本群众互相对立，最终演变成村与村互抢和武装冲突的事件。"地主特务"又趁机钻空子借刀杀人，形成农村恐怖，使社会秩序混乱。尽管晋察冀中央局及时制止了这种错误做法，但已造成了很大损失。[3]

4. 土地分配的村庄化

这场以"彻底消灭封建剥削制度"为宗旨，试图建立"天下穷人是一家"的农村革命并未能改变华北农村社会的以村庄为基本利益单位的格局。土地改革运动中，农民们尽管在村庄内展开了激烈的阶级斗争，但是又往往本能地联合抵制外村对村庄利益的侵犯。在华北，村庄被默认为土地改革运动中利益再分配的基本单位。

以决定利益再分配的阶级划分而言，个体阶级身份的确定其实并没有统一的固定标准，它当然要根据土地占有的数量以及雇工情况来确定，但后者又是根据村庄的情况来调整标准的，穷村与富村的阶级划分标准显然会有所不同。因此根本上，所谓的阶级身份其实是农民在村庄中的社会定位。加上血缘关系的因素，村庄对个

---

[1] 太行革命根据地史总编委会：《太行革命根据地史料丛书之五：土地问题》，山西人民出版社1987年版，第352页。

[2] 河北省档案馆：《河北土地改革档案史料选编》，河北人民出版社1993年版，第125页。

[3] 董志凯：《解放战争时期的土地改革》，北京大学出版社1987年版，第115页。

体阶级身份的影响往往是巨大的，同一个体（主要是妇女）在不同的村庄里会可能形成不同的阶级定位，并因此命运迥异。例如，在五公村开始土地改革时，19岁的青年李茂修继承了已故父亲李建亭的地主身份，茂修的妻子范淑芳作为地主家属也被划为阶级敌人，牵连受苦。但是，范淑芳在另一个村的娘家却是受党保护的烈属家庭。于是，在风闻要进行暴力斗争时，范淑芳带着孩子回到了娘家的村庄，在那里，她不再是要受斗争的"地主"，而是要受保护的光荣"烈属"。[1]

在土地改革运动的高峰时期，为了迅速促使阶级斗争变成轰轰烈烈的运动，各解放区曾经流行过"联村斗争"的方式，通过打破村庄的格局，试图通过跨村斗争和分配来推动阶级斗争。东北解放区在运用这种方式上最激进（那里叫作"扫堂子"），而华北解放区同样出现过严重的联村斗争。这种"联村斗争"的方式表面上可以打破村庄的利益格局，形成激烈的阶级斗争，实际上农民们积极响应此类动员的原因除了出自个人谋利的动机外，还出自不能让本村吃亏而外村得利的心理。

尽管村民们在村庄内对利益再分配斗争得很起劲，但村民们却心照不宣地将村庄视为一个共同的利益单位。即便是革命，也难以打破农村中的"差序格局"，农民们仍然有着鲜明的内外区分，视村庄为外人不可侵犯的"领地"；即便同是"革命阶级"，也无法克服村庄归属不同的基本差异。土改中，一些地主的土地、财产往往引起地主所在村庄与邻村之间的争斗。例如，在韩丁记载的潞城县1947年的土改中，张庄附近一村有家大财主，埋藏了三万七千多块银元，为了争这笔财产，该村与其他村发生了一场斗争。[2]

村与村之间在土改利益分配上的冲突，在华北各根据地都广泛发生，令各级领导都感到头疼。为缓解问题，根据地的报纸上不断出现号召打破村庄本位主义、树立"天下穷人是一家"观念的引导性报道。例如，《人民日报》1947年1月登出一篇谈论分果实经验的报道，其中称，太行区黎城西仵村与十二个小村联合斗倒恶霸后，西仵群众即产生了不愿分东西给外村人以及新移客民的思想。经过讨论，西仵村群众提高了对"天下穷人是一家"的觉悟，最终同意了与十二个小村、客民统一分配联合斗争的果实，原则是"本村（地主所在村）分土地房屋，外村分粮食衣

---

[1] [美]弗里曼，毕克伟，塞尔登：《中国乡村，社会主义国家》，社会科学文献出版社2002年版，第130页。

[2] [美]韩丁：《翻身——中国一个村庄的革命纪实》，北京出版社1980年版，第298页。

物"[1]。实际上，与宣传主旨相反，该报道依旧反映出"村庄本位主义"的存在，西仵村的村民尽管做了退让，同意将一些粮食衣物分给外村，但依旧坚持将最核心的财产——"土地房屋"留归本村。

只有在人多地少、需要吸引移民的山地地区，分土地给外村人或客民才不是问题。反而客民们因当地的差务重、本地人排斥歧视，纷纷想返回原乡分地。《人民日报》在一篇《编读往来》对此批评说："乡土观念是封建社会中的落后思想；如今，天下农民是一家，本地户外来户谁也不要外气。同时更要好好教育批评本地户的排外心理，在各种政治经济权利上对外来户应公平合理，不能稍有歧视。"[2]

在土地分配之外，浮财分配也深受村界意识的影响。与晋绥边区临近的杨家沟（因村中马氏家族显赫，故又被当地人称为"骥村"）在土改中发生过一场清算斗争风波，当代的口述史与研究已将其详细过程揭示。尽管它不属于华北地区的范围，但其中的逻辑是一致的，可以作为华北土改中村庄归属影响土改中浮财分配的重要参考。

骥村拥有一个闻名遐迩的马氏大地主集团，马氏家族拥有的土地遍布周围许多个区和县。1947年，一个土改工作团来到该村发动对马家地主的清算斗争。他们最初不断通过保证可以从清算地主的斗争获利的许诺来动员该村农民，但他们却没有及时明确告诉该村农民要将马家地主的浮财在整个地区内进行分配。当一个由外村干部联合组成的区财产清算委员会进驻骥村后，骥村农民的思想转不过弯来，他们觉得骥村地主的东西就应该只分给骥村的群众，而不应跟其他村庄的"阶级兄弟"同分。地方保存的一份档案材料记述了农民的这种心理状况：

> 原来骥村群众的想法上就存在着一个问题：地主是骥村的，为什么要给七个区的群众分呢？趋势的发展使他们这个疙瘩愈结愈大。于是就想出与地主沟通的办法，解决这一问题。他们对地主说："明天要开大会，你的东西是保不定，不如给我保存，以后咱们分。"于是商定正二月十四晚，许多群众即到地主家把东西拿去（得到此东西的人现在搞不清楚究竟有若干家尚未弄出东西，仅破获廿六案）[3]

---

[1]　《太行分果实经验》，载《人民日报》1947年1月17日。

[2]　《编读往来》，载《人民日报》1948年4月6日。

[3]　《关于杨家沟清理群众斗争果实中干部贪污的报告》，中共米脂县委1947年7月19日，米脂档案号：0001–1–14。

在外村人闯入村庄利益再分配格局的威胁下，骥村的农民又从与地主敌我对立的状态还原到同村人的关系中，悄悄地与地主达成妥协，在清算斗争开始前背着清算委员会事先将地主的财产抢分掉了。骥村农民企图以这种对本村地主财产的事先哄抢来防止外村人均沾利益。但是清算委员们不依不饶地转而对群众进行搜查清算，这激起了骥村群众与外村清算委员的对立情绪。此时，由外村人控制的财产清算委员会在骥村中"大吃大喝，铺张浪费，因而引起了更大的猜疑"。骥村村民于是自发设立了岗哨，阻止外村的清算委员偷偷拿走地主的财产。在清算委员会强令骥村村民撤掉这个岗哨之下，骥村村民又将岗哨改为夜间的秘密巡夜。一天晚上，秘密巡夜的村民当场抓住了一个带着地主的衣服企图偷跑的外村干部，这一下使骥村人的猜疑得到证实。第二天，在联乡斗争马家地主的大会上，骥村人对外村人的尖锐矛盾彻底爆发了，酿成了一次骥村农民齐心掉转矛头对准外村人的风波：骥村农民在起哄下激动地抓住一个清算委员殴打泄愤，甚至连在场坐镇的县长也无法劝阻他们，农民们随后还将他们所怀疑的外村清算委员全都抓起来，一个一个的审问。这次"反动"的风波直至边区负责保安的最高人物周兴的介入才得以平息。[1]

骥村的故事独特而又典型地反映出村庄作为利益基本单位的顽强性。事实上，在土地改革运动中，因为进行跨村浮财再分配而引起冲突、混乱的事例非常多。这些冲突使得上级通过跨村斗争加强阶级动员的试图往往被破坏，农民与地主的仇恨没有激发，反而激发了村与村之间的仇恨，相同的农民阶级陷入混战之中。

正是出于这种弊端，负责领导土地改革运动的刘少奇在1948年特别重申了必须以"村"为单位分配土地以及财产的原则。1948年2月14日，刘少奇致电薄一波指示说：

> 你处有无乡一级组织，如无，应为人民团结及领导的方便，立即成立乡的组织。否则一区领导五六十个村，决不能把工作做好。划乡时，如不涉及以乡为单位来分配土地、财产问题，人民即完全赞成，毫无困难，如涉及此问题，即争论不清，故以不涉及此问题，土地、财产仍依群众意见

---

[1]　[美]周锡瑞：《一个封建堡垒中的革命：陕西米脂县杨家沟，1937—1948》，载复旦大学历史系、复旦大学中外现代化进程研究中心编：《近代中国的乡村社会》，上海古籍出版社2005年版，第305—306页。

以村为单位分配为好。[1]

在这份电报中，刘少奇一方面催促薄一波在区与村之间设立乡一级组织以便领导，但另一方面又特别提醒不能将乡作为分配单位，而必须按农民的习惯以村单位分配，以防"争论不清"。刘少奇的这一意见，正是对土地法大纲颁布后平分高潮中屡屡出现村与村冲突的教训的一种总结。

实际上，早在江西苏区1930年的土改分田中，毛泽东即经调查发现，尽管上级政府试图以乡为单位分田，但各村普遍是以村为单位分田。例如毛泽东在吉安的西毅亭乡看到，"本乡目前正在分田，以村为单位分，分了五村。上头来了命令，要以乡为单位分，又要分过。各村的意见，田多的村要以村为单位，田少的村要以乡为单位。本乡九村，有八村要以村为单位，只有一村要以乡为单位"[2]。而在执行了上级政策，以乡为单位分田的地方，毛泽东得知的情况则是"乡太大了，田远的隔六七里，农民不要"[3]。所以，尽管中共历来有超越村庄单位，在更大范围内按照阶级来组织社会的理念，但出于现实也不得不向农村中顽强的村庄传统做妥协。

在1946年的"耕者有其田"运动中，晋察冀边区曾在贯彻决定中明确地指出，"实行土地改革时，应以村为单位，采取属地主义"。[4]1947年出台的"土地法大纲"提出在"平地以乡为单位"、"山地以村为单位"进行土地分配，但在随后的平分高潮中，华北各根据地为形成大哄大嗡的局面，纷纷放任或推动联村斗争，多个村庄联合分配斗争果实成为普遍现象。这使得甚至山地地区也无法落实"村为单位"的果实分配原则，上述的骥村便是其中一例。

到了1948年对土地改革运动中的"左"倾行为进行"纠偏"和土地调剂时，华北的老区、半老区开始明确将村庄明确为调剂土地的基本单位。在这个阶段，调剂土地比没收分配土地更加细致、复杂，部分地区分配土地时以乡、区为单位的方式至此阶段基本被排除。以晋察冀边区的属于老区的阜平县为例，1948年2月阜平县二区人民代表会通过了关于执行土地法平分土地几个问题的决议案，该决议对于村

---

[1]　中共中央文献研究室：《刘少奇年谱1898—1969》下，中央文献出版社1996年版，第129页。

[2]　《毛泽东农村调查文集》，人民出版社1982年版，第262页。

[3]　《毛泽东农村调查文集》，人民出版社1982年版，第265页。

[4]　《中国土地改革编辑部》，中国社会科学院经济研究所现代经济史组编：《中国土地改革史料选编》，国防大学出版社1988年版，第299页。

内的土地分配强调要平分土地，以拉平为方向。决议案称，中农如果要保留"多余土地"——即高于全村平均线的又不属于剥削的土地，即便他是真正劳苦起家，也不能轻易答应之，须全村开会同意才允许该中农部分保留。但是，对于村与村之间的土地分配问题，决议案明确指出"穷村不应要求平分"，强调土地分配是以村为单位，即各村分各村的。只有在区一级的协调下，富村才调剂一部分土地给穷村。该决议案的详细规定如下：

> 庚：以村为分配土地的单位，但富村应本团结互助精神，调剂一部分土地给穷村，穷村不应要求平分。区委员会及小区代表会负责调剂工作。
>
> 辛：插花地以原耕不动为原则。为了便利生产、节省劳力，村级小区代表会应负责组织群众自愿对换。如富村在穷村的插花地，有应没收的地主土地及应征收的富农土地，区及小区代表会可以根据两村情形进行适当调剂，帮助穷村解决贫雇农土地问题，如插花地内有已动员出来的中农多余土地也可以进行调剂。[1]

尽管规定尚允许上级在穷富村之间调剂土地，但在实际执行中，上级要协调富村同意调剂土地给外村不是一件容易的事。富村往往有应付向外调剂土地的对策，其中之一就是多报本村在外人口。例如，晋察冀北岳区五地委1948年3月时报告说，在村与村之间调剂土地颇不容易，原因便是各村多报在外人口：

> 老区的村本位思想，怕给外村调剂土地，一般多报在外人员。有一个村报在外入员数百名者，其中包括十余年已无音信的。此则或以强调要外村拨地，或以求得不给外村拨地。老区半老区土地已基本分散到农民手里，调剂土地极为困难，故除贫富相差太悬殊之村一般不强调村与村的调利，移民亦只有个别户。[2]

土地改革的普遍性阶级动员并没有打破村庄的框架，相反，由于平分运动对村庄之间的插花地形成了强烈的冲击，各种复杂的插花地被按照路、沟等自然界线重新分配、归属，插花地趋向消亡，村庄之间的土地买卖也基本停滞。这使得村庄之间的界线日益集中、顺滑，在平原地区，村庄的土地格局甚至变成豆腐块，日益四

---

[1] 李昌远：《彭真与土改》，人民出版社2002年版，第284页。

[2] 河北省档案馆：《河北土地改革档案史料选编》，河北人民出版社1993年版，第385页。

方化。因此，这就使得村庄更加封闭化为一个独立的利益单位。

总之，在土地改革运动中，村庄仍然维持了作为农村社会的基本利益分配单位的地位。在中共的社会动员中，村庄因此也将继续扮演基础角色。

（二）土地改革运动后的资源动员

1. 土改运动对村庄动员的促进

中共从1946年制定"五四指示"之后，又于1947年10月颁布了"土地法大纲"，使得各解放区的土地改革运动不断朝向激进化迈进。这场以阶级斗争形式展开的运动对农村社会的秩序造成了革命性的颠覆和重造。通过对地主进行直接的剥夺，土地改革运动相比抗日战争期间通过合理负担实施的温和改革，更加彻底和迅速地推动了农村社会结构的平均化。在土地改革运动临近结束之际，华北农村地区的土地分配实现了进一步平均化，使得抗战时期就已出现的"两头向中间挤"的趋势最终发展到基本的平均，农村结构成为小农的天下。例如，至1948年春，在晋察冀解放区的北岳、冀中两区，除边沿区以外，在有条件进行土地改革的15 066个行政村，1 068万人口的区域中，已有90%的地区达到了大体平分。贫雇农都获得了大体相当于平均数的土地和财产；地主也分得了一份，一般数量在平均数的70%以上。在巩固区只有总数8%的地区（约由100万人口）还需要继续调剂土地。[1]

土地改革运动消灭了地主经济，将农业总收入中被地主消费掉的农业剩余挖掘出来。农民阶级在这场运动中成为受益者，他们从这些农业剩余中得到利益补偿（中农只能分到一点东西，多是象征性的，重在体现中农不是阶级敌人而是阶级盟友）。就此而言，土地改革运动增强了农民对战争负担的能力，从而能够缓解农民的抵触，减少村庄动员的阻力。

但土地改革运动对村庄动员的促进更多地还体现在政治上。一方面，土地改革运动通过动员农民面对面地斗争地主，清除了地主的政治权威。在斗争地主的仪式上，地主遭受羞辱性惩罚，戴高帽、弯腰下跪、被吐唾沫、自我辱骂和打自己的耳光。他们被无情地打倒，被迫颜面全无地乞怜求饶，昔日威风扫落在地。加上经济基础的丧失，地主在村中的权威于是彻底被摧毁。同时，土改运动在激烈的斗争中

---

[1]　《聂荣臻在华北局扩大会议上的发言》，1948年7月。转引自董志凯：《解放战争时期的土地改革运动》，北京大学出版社1987年版，第144页。

也强化了阶级认同和仇恨，从而提高了对村庄动员的接受和配合。

另一方面，土地改革运动中，中共在农村的基层权力结构也被改造。在全国土地会议之后，斗争的锋芒在指向地主富农之外，也一并指向了党在农村的基层组织。运动一开始就对原有的村庄干部进行了"搬石头"，甚至将党组织和村庄政权解散。例如，土地改革运动中屡遭批评的晋察冀中央局积极推动搬石头，1947年11月27日，《晋察冀日报》专门发表题为《搬掉石头整顿队伍》的社论，指出成分不纯的干部和自私自利、作威作福的坏干部、坏党员已经成为革命的绊脚石，强调要将石头搬掉，或撤职，或调走。[1]在"搬石头"的组织清洗中，中共在华北地区毫不犹豫地抛弃了既有的基层组织另起炉灶，通过以贫农团为核心的农会取代原有的乡村基层政权，重建运动的权力架构。运动的高潮中，甚至普遍喊出了"一切权力归农会"的口号。虽然最后运动在纠偏阶段又对基层组织进行了新老结合的重组，重新吸收了一些前基层政权的干部，但是，经过土地改革运动后的农村基层组织已经有了实质的转变。最大的变化在于，抗战以来所形成的以中农为主的农村权力结构被彻底打破，原来处于村庄边缘和底层的贫雇农成为村庄政治的主宰。村庄权力核心向社会下层的位移，加强了村庄领导层对上级的依赖，因为他们并没有坚实的权力基础，需要得到上级的撑腰才能获得权威。于是，通过提拔更低阶层的农民，中共在华北地区建立了更加忠实于自己的村庄权力结构，党的一元化领导在村庄中进一步加强。

胡素珊同样强调了土地改革在政治上的意义，她非常肯定地断言：

> 土地革命的基本环节就是推翻现存的农村精英阶层。至于这个阶层是否真的封建，是否由每个村庄的地主组成，这些都不是问题。关键在于这场斗争运动通过斗倒许多斗争对象，摧毁了统治阶级的政治与经济垄断，这是创建一个新的农村权力机构的必要步骤。[2]

经过对地主和干部的斗争，斗争过程中血淋淋的场面给农民们留下了深刻的印象和记忆，这些恐怖的仪式使农民们鲜明地认识到党的意志是不可违拗的。对党的力量的敬畏与意外获得土地或浮财的感激混合在一起，催生了农民们对党的动员从

---

[1] 罗平汉：《土地改革运动史》，福建人民出版社2006年版，第206页。

[2] [美]胡素珊：《中国的内战：1945—1949年的政治斗争》，中国青年出版社1997年版，第360页。

漠视、抵制到顺从的转变。

这些效果结合在一起，使得土地改革运动对中共的村庄动员起到了很大的推动作用。胡素珊认为：

> 新秩序的建成是土改作为"其他一切工作之母"的真正成果。在形式多样的控诉运动中，表现最为活跃的农民成为共产党的新成员，并成为乡村的新领导，分得了土地和浮财的人们加入到农会和其他乡村组织中去。正是这些由农民自己掌管的公共机构成为共产党依靠的对象。它们承担了征收粮食税，组织军事运输队以及在征兵运动中向不愿意参军的农民施加社会压力的任务。[1]

关键是，土地改革运动使得中共在农村扎下了"根"，获得了牢固的党在村庄的基层政权。这一权力结构保证了中共能在整个农村社会展开高效率的村庄动员。著名历史学家黄仁宇在回顾第二次国共内战时期中共的土地改革运动时，感慨地指出："土地改革解决了中共一切的动员问题。一到他们将初期的农民暴动控制在手，兵员补充与后勤都已迎刃而解。整个乡间完全被动员整合，紧接战场后方的是动员村落的人员。村民必须供应食物、住处及急救设备。各种后备支援就这样以自动贡献的名义，定期而自动地输送到前线，作战部队完全摆脱后勤的负担重任。"[2] "因能就地征兵取粮，补给线缩短，无防御性的顾虑，战斗意识旺盛。这预告了，共产党已经找到使用无尽人力和乡间资源的模式，和开启了'劳力密集'的革命。"[3]

2. 土改运动对财经困难的纾解

不仅如此，土地改革运动客观上还的确为华北各根据地带来了直接的财经收益，从而能快速缓解其严重的财经困难。实际上，土地改革运动并不只限于调整土地分配，而涉及大量浮财、底财的重分。前者是由农民获得，但后者则并不全部交给农民分配。各地土改的浮财、底财中都包含有一定数量的银元白洋，而早在抗日

---

[1]　[美]胡素珊：《中国的内战：1945—1949年的政治斗争》，中国青年出版社1997年版，第360—361页。

[2]　[美]黄仁宇：《从大历史的角度读蒋介石日记》，中国社会科学出版社1998年版，第414页。

[3]　[美]黄仁宇：《关系千万重》，生活·读书·新知三联书店2001年版，第66页。

时期各根据地为了使所发行的纸币占领市场，都颁布了禁止银元白洋流通的规定。另一方面，银元白洋还可以充当到敌区采购物资的"外汇"，因此各根据地都在努力储备银元白洋。因此，对于土地改革运动中挖掘到的银元白洋，各根据地一般都未将这些银元白洋等列入土改中分配给农民的财物范围，而要求将之必须上缴，或者到银行兑换纸币使用。为明确对银洋的处理办法，晋绥分局在1947年1月22日还专门发出《关于处理银元果实的指示》，规定土改所得银元须兑给银行。[1]

于是，土地改革过程中，华北各根据地的银行都收兑到大量的银元、白洋乃至黄金。例如，晋察冀边区银行1947年4月底统计说，"银元在土地改革中收进颇多，冀中1月收进20 705元，白银282两。2月上半月收进银元25 159元，白银6两，3月只收进567元，冀晋平定一、二、三月共收进15 176元，白银251两。其他各行处很少，估计土地改革渡过第一阶段后此业务将更减少"[2]。而交出银洋的农民虽然也能按照银行的兑换价格获得一定的纸币，但在长期受通货膨胀困扰之下，对此也会有意见，例如冀东乐亭县染庄的一位农民在土地改革运动结束后抱怨说，金银都叫政府翻去了，咱们只分到点票子。[3]

土地改革运动中，晋察冀边区银行收获这么多银元，这对于晋察冀边区缓解财经困境自然是十分重要的资源。因为在敌对双方纸币互不流通的战时环境下，这些银行收兑储备的银元可以派上很大的用场，作为硬通货到国统区采购到大量的物资尤其是军需物资。实际上，中共中央在抗战时期经常让各地解送银元、黄金等硬通货到延安。根据姚依林的回忆，晋察冀边区从抗战开始就用边区票换银元送到陕北，以便陕北可以拿着银元去国统区购物，当"外汇"用。[4]1948年5月15日，中共中央、中央军委还联合发出《关于大量筹集银洋的决定》，为到国统区作战的部队筹集所需用的银洋，以便后者可以在国统区就地采购物资。

晋绥边区在土改运动中也有相似的银洋收获，1948年4月晋绥边区一份金融工作报告中提到，土改中斗争出来的银洋数量很大，以至银行无法全部兑收，乃允许

---

[1] 杨世源：《晋绥革命根据地货币史》，中国金融出版社2001年版，第150页。

[2] 《晋察冀边区银行关于3个月来边区的金融贸易》（1947年4月29日），载华北解放区财政经济史资料选编编辑组等编：《华北解放区财政经济史资料选编》第二辑，中国财政经济出版社1996年版，第51页。

[3] 齐小林：《当兵：华北根据地农民如何走向战场》，四川人民出版社2015年版，第218页。

[4] 姚锦：《姚依林百夕谈》，中共党史出版社2008年版，第134—135页。

基层组织自行携带银洋到国统区换购物资。报告称："土改中地主的银洋，转到群众手中……群众斗争果实数量很大，银行因力量有限，无力全部兑收，为避免增加发行影响金融，曾规定银洋代销办法，后改为定价兑收，与群众组织起来自行出口，换回物资。"[1]

关于土改斗争果实的总情况，晋绥分局1948年底所作的《关于土改工作与整党工作基本总结提纲》中提到，平分运动以来，"接收和征收了大批的底财和浮财，根据二、五、六四个分区统计，去冬土改中共有斗争果实如下：白洋二百二十余万元，粮食十万余大石，牲口一万八千余头（缺二分区）；银子十二万七千余两（缺二分区）；金子六百零八两（仅五、六分区统计）；还有许多窑房，大批衣服、农具、家具、羊只等"[2]。

而在1947年初，晋绥边区曾经遭遇到严重的财经困境，"由于陕北战争紧张，特别是延安失守后，药品推销不出，而部队又需不断扩大"[3]，而在当时，"晋绥财政收入除公粮外，主要的是药品。收到的药品需要交贸易公司向外推销，推销药品换回物资需要相当长的时间"[4]。在这一背景下，土改中斗争出来的大量银洋就起到了很大作用，晋绥边区可以用来快速从国统区换购物资。上述1948年4月晋绥边区的金融工作报告提到1947年用银洋到国统区换购物资的情况，称"（1947年）全年共输出一百四十八万元，大部是经银行输出的。换回物资主要是粮食"。可见，土地改革运动对改善华北各根据地的财经状况是起到了立竿见影的改善效果。

不过，激烈的阶级斗争客观上也往往导致农村生产遭到短期破坏或长期抑制。中共领导层对此其实也有一定的预见，譬如1947年1月刘少奇在向各地征询调整"五四指示"土地政策的意见时已经提出对未来生产的担忧，他问道："解决土地后转入生产，有何困难及如何解决此项困难是否如有些人所说第一年农民不会有生

[1]　《晋绥金融工作报告》(1948年4月2日)，载晋绥边区财政经济史编写组，山西省档案馆编：《晋绥边区财政经济史资料选编（金融贸易编）》，山西人民出版社1986年版，第284—285页。

[2]　晋绥边区财政经济史编写组，山西省档案馆：《晋绥边区财政经济史资料选编（农业编）》，山西人民出版社1986年版，第496页。

[3]　晋绥边区财政经济史编写组，山西省档案馆：《晋绥边区财政经济史资料选编（金融贸易编）》，山西人民出版社1986年版，第291页。

[4]　晋绥边区财政经济史编写组，山西省档案馆：《晋绥边区财政经济史资料选编（金融贸易编）》，山西人民出版社1986年版，第293页。

产积极性。"[1]

而在1947年下半年开始的平分运动的确对农村生产造成了明显的消极影响。由于斗争的严重扩大化和激烈化，华北各地包括中农在内的庞大群体在朝不保夕的忧虑下，严重动摇了生产和节俭的意愿。例如，冀中区党委发现，平分运动开始后区内普遍出现变卖与损坏物资。因农村富户进行恐慌性抛售，定县城里的集日上，"粮食、衣物等较前增多一倍，附近几个县份的地主、富农很多到那里去卖粮食"；一些地主更是选择了挥霍、破坏的办法，"献县、饶阳已经发现地主、富农偷宰牲口、杀猪，或设法把牲畜治死、饿死等情况"。[2]

平分运动结束后，1948年晋察冀边区派出的一个税改调查组发现，一些起早贪黑、省吃俭用的中农由于硬被说成是地主富农，土地财产给分了，这使得中农们又气又怕，寒了心，不再俭省过日子：

> 工作已经进行了半个月，调查将近结束了。有一次同一个中农谈到深夜的时候，他才对我们说出了"肺腑之言"。他说："我看你们是实心实意为老百姓办事的，对你们说了真心话不会给穿小鞋，我才把真心话对你们说。现在中农们肚子里有气，不敢说。共产党领导土地改革本来是件大好事，可是我们村里把一些好劳动的中农也斗了，人家起早贪黑才有点积蓄，就说人家是地主富农，把土地财产给分了。这就使中农寒了心，生怕'割韭菜'割到自己头上。你看，现在中农们有麦子不省着吃，天天磨了白面吃蒸馍，猪养肥了自己杀着吃，不肯俭省过日子了。"[3]

而在晋绥边区，激烈的土改运动后，许多地方粮食歉收。加上有人在运动中大吃大喝，浪费了不少粮食。到了1948年春季，出现粮食短缺的现象。[4]1948年5月13日，中共中央晋绥分局在《救灾救死紧急动员令》中承认："……据最近各地反映，确有不少地区因领导上注意不够，致饿死人现象相当严重。仅神府、宁武、崞县、神池、神木、府谷、岢岚、兴县八个县极不完整材料，已饿死

---

[1]　中央档案馆：《中共中央文件选集》第16册，中共中央党校出版社1991年版，第728页。

[2]　河北省档案馆：《河北土地改革档案史料选编》，河北人民出版社1993年版，第340—341页。

[3]　李成瑞：《农村调查的一段回忆》，载中国青年出版社编：《红旗飘飘》第15集，中国青年出版社1961年版，第177—178页。

[4]　《牛荫冠纪念集》编写组：《牛荫冠纪念集》，中国商业出版社1996年版，第193页。

群众三百七十余人。神府一县即饿死一百零四人，死亡耕牛四百零六头，杀死羊一万六千一百六十五只，占全县羊百分之四十点四。流亡讨吃仍相当普遍。目前此种现象尚在继续发展，现距夏收尚有一个半月，正值青黄不接之紧急关头。根据过去荒年经验，死人最多亦在这一时期内。"[1]

3. 战争负担继续居高不下

经过1947年平分运动的激烈阶级斗争后，华北各边区在1948年面临的军事形势已见缓和，但所承受的战争负担和资源动员压力依旧高居不下。虽然以刘邓大军为代表，中共多支部队已经攻入国统区，理论上应当能减轻华北各边区的财经压力。但问题在于，1948年反攻进入国统区的中共军队已相当长一段时间，由于未能及时在国统区建立财粮战勤供应体系，出征的共军仍依靠老区进行补给。这就使得老区的公粮负担迟迟难减，反而因输送路线拉长，导致战勤负担剧增。

例如，刘邓大军从晋冀鲁豫区出征后，1948年3月一位负责前线军事报道的新华社特派记者从黄河南岸返回新华社总社，途中路经晋冀鲁豫区的济源、晋城、高平、长治、潞城、黎城等几个县，处处看到设有兵站，老百姓络绎不绝地向这些兵站运粮运草，而且多为老弱妇孺。"有的老汉，满头白发，忍着饥饿，背着军粮，翻山越岭，步行几十里，到兵站交了军粮，连一碗水也不喝，就赶忙回家。"原因是这些县的青壮都已被扩军征走，城乡空巷，乡村剩余的大多为老弱妇孺，被当地人戏称"三八六一部队"，战勤与田地农活皆由他们承担，因此繁忙至极，不敢稍歇。

其中，济源县的情况尤为突出。该县全劳力共二万人，四分之一被扩军带走，剩下的全劳力又有三分之二强被征用于为部队运弹药、担架、粮食、柴草等战勤。该县某地平均每个全劳力每月二十五天都在出差。公粮负担也奇重，平均占农民总收入五分之三，而劳军、村公所办公、请剧团、扩军等项构成的村款负担甚至还超过公粮负担。经激烈土改侵犯中农的冲击，农村生产情绪又不高，很多的地都处于抛荒。该县因此出现了严重的饥荒现象，大量的贫雇农甚至富农俱被迫卖儿鬻女，逃亡外乡乞讨者更多。如此艰难生计之下，该县已发生村庄农民向政府集体请愿免差事件。[2]

---

[1]　晋绥边区财政经济史编写组，山西省档案馆：《晋绥边区财政经济史资料选编（农业编）》，山西人民出版社1986年版，第546页。

[2]　庄重：《1948年减轻老区战勤负担的背后》，载《炎黄春秋》2008年第9期。

这位记者的实地见闻被负责黄河以南新区几十万部队后勤工作的滕代远得悉，后者特此整理出一份群众战勤负担报告上报中央，后者又将之转发给各地。率军从晋冀鲁豫区出发开辟中原区的刘伯承读后，忧心忡忡地在军区高干会上指出中原区必须自力更生，因为"晋冀鲁豫区养八十三万军队，财经极度困难，人民负担非常严重。济源地区人民开始逃亡，演成中央苏区结局，实有可能"[1]。

在平分运动和整党运动最初试点的晋绥边区，经过一年的激烈斗争运动，边区内农民的穷困情况并未见改变。1947年春刘少奇路过晋绥边区时，惊讶地看到："从兴县到原平，沿途看到了山地农民许多穷困及破产的现象，特别是他们没有衣服穿，如在贵州所见的那种衣衫褴褛的情形，更加刺目。许多农民多年未置过衣服，一家八九口人共穿一套烂衣服。"[2]刘少奇因此倍感深入阶级动员的必要。然而，一年后的1948年4月，当师哲陪伴毛泽东路过晋绥时，看到的情形几无改变："沿途所经过的村庄，看不见几个强壮的男子，而赤身裸体的孩子到处乱跑，甚至十六七岁的姑娘也衣不裹体，有的只穿一件较长的棉背心，勉强遮羞。"[3]而之所以如此，晋绥边区在战争负担上的沉重应是基本原因。

这种情况表明，在战争负担长期沉重之下，短期的猛烈阶级斗争并不能一劳永逸地解决根据地的危机。相反，如何合理、高效的进行村庄动员仍然是取得战争胜利的基础。

（三）村庄动员模式的调整

第二次国共内战中，中共在华北地区继续延用了抗战时期建立起来的以村庄为整体单位的动员模式，不断地把各种资源动员任务下达给村庄，利用村庄的归属网络便利地对社会进行动员。短期内迅速实现资源集中的需要，使得中共无法停止以村庄为基本单位的动员模式。中共无法单独设立另外的税收、征兵等机构来直接地对社会个体进行动员，也不可能将乡村横向划分成贯穿村庄的几个阶级，然后利用阶级的组织化来实施动员。在促成个体资源向政府迅速集中的事情上，村庄仍然是不可或缺的动员工具。村庄天然的归属性组织网络可以成为中共的社会动员最适当

---

[1] 刘伯承：《中原区的任务和行动》（1948年6月5日），载《刘伯承军事文选》，解放军出版社1992年版，第414页。

[2] 中央档案馆：《中共中央文件选集》第16册，中共中央党校出版社1991年版，第487页。

[3] 师哲：《在历史巨人身边：师哲回忆录》，中央文献出版社1991年版，第364页。

的制度工具，大大节约动员的成本，并保证动员的速度。

1. 税制调整

在第二次国共内战期间，华北地区的税收活动相比抗战时期有了一些变化。抗战时期，由于日寇占领了绝大部分的县城和城市，晋察冀和晋冀鲁豫边区的税收基本上是农业税，工商税收的比例寥寥无几。例如，八年抗战中，晋察冀边区的工商税收占边区财政总收入的比例不及2%，农民缴纳的税款占98%。在对日大反攻中，中共在华北占领的边区不断扩大，许多城镇变成了为中共所据有。在这样的有利变动中，华北解放区的税收结构随之改变，中共加强了对工商业的税收工作，以便缓解华北农村的压力。第二次国共内战期间，中共开始将工商税从统一累进税中分出单独征收，其比重也大大攀升。1946年，晋察冀边区财政收入约8.1亿斤小米，其中农业税为5.7亿斤小米，占70%；而工商税收和其他收入占到了30%。晋冀鲁豫边区的情形大体相似，在其1946年的财政收入中，农业税占80%，工商税占20%。[1]以此观之，第二次国共内战时期城镇工商业对中共的贡献大大加强了。尽管如此，农业税仍然占着绝对的比例，中共不可能放松对农村的社会动员。

另外一个变化是，在第二次国共内战中，中共在农村逐渐放弃统一累进税的制度，基本原因是华北农村的地主富农的经济势力已经大大削弱，在这样的背景下，继续维持累进率差距很大，而且分级繁多复杂的统一累进税就不再有利，反而可能起到抑制农民生产积极性的不良影响。例如晋绥边区在土改后的一项调查便反映出了农民们普遍存在因累进税而不愿扩大生产的想法：

> 农民思想上怕累进，因累进负担重，不愿扩大生产，兴县千城韦玉忠说："累进可怕人，累进累的连口粮也不够了。"
>
> 静乐泊水村，岚县上明村中贫农开会讨论一致意见不要累进，因怕累进不敢放手生产。
>
> 离石车家湾等四个村开会讨论，不同意累进，他们说："谁也想往前跑（多刨闹）累进是收的多，出的多，不好。"
>
> 中农高仁安怕累进，尤其怕按产累进。他说："再要累进时，养下孩还要用尿盆扣死哩！父子们都要分家！"

---

[1]　中华人民共和国财政部，《中国农民负担史》编辑委员会：《中国农民负担史》第3卷，中国财政经济出版社1990年版，第615页。

贫农车五喜说："不能打圪等等（指累进）打圪等等谁也不想动哩！"

中农车成则说："去年的办法是谁跑得快（指刨闹的快）谁出的多，谁还敢往前扑哩。"[1]

鉴于连贫农也害怕累进税，这一调查得出结论说，"绝大多数的农民一致意见是不要累进"[2]。因此，在激烈土改结束后的1948年，华北老区都因为地主不复存在，开始改革统一累进税制。一些地方的调整方式是降低累进率，缩短累进税的级距，继续实行累进税制；另一些地方则是使用民主评议的方案，将税收任务逐级分配到村庄，然后通过村庄内农民的民主评议将任务进一步分配到户。但更为正式的替代制度是晋察冀边区1948年在吴家庄调查中开发出来的所谓"有免征额的比例税制"[3]。

这种新税制的具体实施办法是在征收过程中，先对每一农户计算税额，农户的总税额中事先按人口扣除同等的一定数量的收入作为免征额，然后对其余部分按照不变的同一税率征收。例如，如某户每人平均收入400斤小米，设定每人扣除100斤的免征额，余下300斤，然后按20%的税率征收60斤；另一户每人平均收入600斤小米，每人同样扣除100斤的免征额后，余下500斤，同样按20%的税率征收100斤。

这种税制有什么奥秘呢？如果我们将税收额还原回去，折算成每户的税收比率，则前一户的税率是1/8，而后一户的税率是1/6。也就是说，这种税制表面上实行的是统一税率，但实际上落到每户的税率并不相同，仍然具有累进的功能，多者多出，少者少出。其中的关键就是同等的免征额对于不同收入的农户的所占比例不同，由此引起后面名义相同的税率实际上对不同收入的农户税率不等。

"有免征额的比例税制"不仅没有改变累进的功能，更关键的是没有改变统一累进税制下建立起来的村庄动员模式。在"有免征额的比例税制"下，中共对税收任务仍然采取了分配到村庄，由村庄负责征收的模式。中共的税收过程实际上是一

[1] 晋绥边区财政经济史编写组，山西省档案馆：《晋绥边区财政经济史资料选编（财政编）》，山西人民出版社1986年版，第526页。

[2] 晋绥边区财政经济史编写组，山西省档案馆：《晋绥边区财政经济史资料选编（财政编）》，山西人民出版社1986年版，第526页。

[3] 晋绥边区财政经济史编写组，山西省档案馆：《晋绥边区财政经济史资料选编（财政编）》，山西人民出版社1986年版，第631—632页。

个进行村庄动员的过程，而不是按照常规的税收程序、由单独设立的税收机构从农民个体手中征税的过程。直观地看，中共通过村庄动员的模式，农业税对中共而言就不再是个体税，而是"村庄税"。这种村庄动员模式将税收最困难、麻烦的工作都放在村庄内部，通过村庄内的归属性组织网络将之消化掉；而中共则可以避免掉些费力的工作，省事、便利地实现资源的迅速集中。

以山东为例，第二次国共内战时期中共在山东地区的公粮、田赋、村款的征收就是一个围绕村庄展开的过程。税赋征收的任务通过各级领导机构层层下达之后，即成为一段时间内的"中心工作"，其他各种任务须退居次位或围绕征收工作进行。进入村庄层面后，征收工作一般都是由工作队、贫农团和村中的党政机构负责。村政权中一般都配有财粮干部，赋税征收是其基本职责。但是，税收工作更是一项全村集体担负的"政治任务"，村中的各种权力组织都必须投入到赋税征收中，形成村庄整体的动员。在各级机构层层布置下，征收过程的每一个细节都在计划和掌握之中，首先由各级政府召集会议，布置征收任务，并进行修仓、修秤、印收据、聘请和训练助征人员等准备工作；然后再各个村进行宣传动员、折算、审查地亩和人口、造册；一切准备妥当后即可正式缴粮入仓；最后还须进行从下到上的逐级总结。[1]

2. 参军动员

在传统的党史叙事中，一般将土地改革运动与农民的参军支前直接地联系起来，认为前者通过满足农民阶级的利益要求，从而使农民自发地起来保卫分得的土地，党的社会动员于是依靠农民阶级的支持而获得巨大效果。但是，大量材料显示事实并非如此简单，在土地改革运动与农民的参军支前之间没有强烈的直接因果联系。

参军支前这一任务的执行在土地改革后仍然不易，尽管农民经过阶级斗争的动员后普遍被灌输进了阶级觉悟。实际上，许多农民在分到土地之后，尽管阶级意识已经被激发，但仍然不会"革命热情高涨"，自动地参军支前。胡素珊就此指出，"无论毛有关穷人在得到实实在在的物质利益后会'拥护'共产党的说法有多么正确，穷人并不会自然而然地给共产党各种军事上急需的支持"[2]。

---

[1]　李里峰：《经纪模式的消解：土地改革与赋税征收》，载《江苏社会科学》2005年第6期，第163页。

[2]　[美]胡素珊：《中国的内战：1945—1949年的政治斗争》，中国青年出版社1997年版，第340页。

问题的根源在于，这里存在着奥尔森所揭示的"集体行动困境"：农民都会从理性出发倾向"搭便车"，自己逃避战争负担，而让别人去负担革命的风险，提供革命主权保护的公共产品。所以，在土地改革后的社会动员中普遍存在被启发了阶级觉悟的农民仍然千方百计逃避战勤的现象。例如，在十里店，柯鲁克夫妇讲述前村长傅高林在土改后躲避战勤："轮到他抬担架时，他就往脸上贴膏药，让人觉得他似乎病得厉害，不能去。"[1]在山东五莲县的大茅庄，贯彻五四指示后在1946年冬季的大参军运动中，"开始动员时，干部都犯愁，在民兵中提出参军，没有一个认可"[2]。实际上，土地改革在某种程度上反而不利于对农民的社会动员，使农民更加不愿应征入伍，不愿干革命。胡素珊提到："一些干部抱怨土改后征兵甚至比土改前还难。农民想留在家中享受斗争成果，特别是因为这一成果中还包括了一块土地。"[3]

那么，党是如何实现动员农民参军支前的？事实上，这一问题仍然是依靠村庄动员来解决的。在第二次国共内战中，上级一般是将征兵、出战勤的人数下派到村庄，然后由村庄对其归属成员进行强制性的动员。例如，在参军报名上，实际上是首先由村庄政府事先拟定了名单，村内只要符合参军条件的就会被列入，这并非是一个理想的农民"踊跃报名"的过程。在华北的一个村庄里，是否分到土地与当兵其实没关系，不管分不分地，家中弟兄两个以上的就要出一个去当兵的。在出战勤方面，更是一个村庄动员的过程。战事浩大，所需人力很多，党只有通过村庄进行迅速的社会动员，否则就可能耽误战机。而在接到党的动员任务后，各村庄则会在村内进行全民的动员，甚至地主、富农也被纳入动员的范围——尽管这场战争被宣传为针对他们的战争。

所以，把参军支前简单地归纳为利用分地后的阶级觉悟是过于理想化的，其实中共主要是通过村庄动员的模式来保障完成这些任务的。没有村庄这一制度工具，党是无法高效率地实现社会动员的，即便是经过土地改革后在阶级意识高涨的背景下，党也无法单纯地依靠阶级动员来实现齐心协力地干革命。

---

[1] [加]伊莎贝尔·柯鲁克，[英]大卫·柯鲁克：《十里店——中国一个村庄的群众运动》，北京出版社1982年版，第91页。

[2] 转自王友明：《论老解放区的参军动员——以山东解放区莒南县为个案的分析》，载《军事历史研究》2005年第4期。

[3] [美]胡素珊：《中国的内战：1945—1949年的政治斗争》，中国青年出版社1997年版，第342页。

　　第二次国共内战期间，华北根据地因征税的村庄动员模式所形成的成熟村庄政权，还使得它们在扩军等任务上越来越频繁地运用挑战竞赛的动员办法。此时期，晋察冀边区等华北根据地在扩军问题上大多会在县、区、村展开同层级单位间的挑战竞赛，以激发扩军的积极性。与此适应，挑战中一般采用了两套目标数字的办法，一套是确保完成的，用来保底；一套是在上级动员中自认的，用来争上游。挑战竞赛与两套数目的办法在层层传导中必然导致指标的逐级扩大。例如，在河北永年县，1947年3月永年县被专署布置了1 000人扩军任务，此后永年县通过挑战竞赛使各区区干自认的总数目达到了1 650人，而各区又各自组织区内的村干进行挑战竞赛，村干们自认数目的总和又发生了极大的扩张，猛增到7 250人，为专署最初分配总数的725%；其中，各区村干部保证完成总数4 450人，为专署分配数的445%。详细数字见表6.1。

表6.1　1947年3月永年县扩军各区自认挑战保证完成数目统计表

自认数目	挑战保证完成数
四区村干自认总数2 500人	向三区挑战保证完成1 500人
五区村干自认总数2 550人	向四区挑战保证完成1 500人
六区村干自认总数1 150人	向三区挑战保证完成600人
三区村干自认总数8 70人	向六区挑战保证完成700人
二区村干自认总数1 80人	向二区挑战保证完成150人
总计7 250人	总计4 450人

　　资料来源：冀南三地委《通报第七号——永年参军情形》（1947年4月1日），河北省档案馆，档案号：33-1-82-11。转自齐小林：《当兵：华北根据地农民如何走向战场》，四川人民出版社2015年版，第97页。

　　逐级进行单位间的挑战式竞赛除了扩大任务指标外，还会导致基层完成扩大时间越来越被提前。因此，某种意义上，扩军工作上的这种方法属于旧式的村庄摊派，它极大地保障了上级命令的执行效率，但缺乏征税工作上所开发的村庄动员模式对村庄内外与不同阶级利益的适度平衡，容易导致村干与村民之间的矛盾。

第七章 结 语

回到最初的问题，中共在华北的社会动员的成功之处在哪里？它是一种什么样的模式？通过前面的分析可知，农村社会，村庄自近代以来日益形成资源动员功能。中共进入华北地区后，其社会动员过程不可避免地与村庄单位发生了密切关系。通过细致的组织建设和税制设计，中共在抗日战争时期成功地建立起一套村庄动员框架，从而实现了持久化、合理化的资源动员。相较于其他政治力量，中共在村庄动员上表现出不同凡响的能力——首次形成了对农村社会的数目字管理。这是中共在华北地区能够异军突起的重要基础。但这一动员框架又与阶级路线密不可分，后者贯穿在村庄动员的全过程，使中共的村庄动员根本区别于其他政治力量的尝试。实际上，村庄动员并非由中共首创，也非为中共独家采用，但中共在村庄动员的形态和效果上的确是独到的，区别于清末以来其他各种统治力量。其中的关键就在于中共将阶级路线的原则融入了村庄动员的过程。于是，抗日战争开始，中共在华北的社会动员其实便形成了有机融合村庄与阶级两种结构、两种单位的复合模式。

这一模式在不同的环境和背景下会呈现不同的状态，有时是以常规化的村庄动员为主，阶级动员为辅；有时又以阶级动员为中心，短期内发起群众化的阶级斗争。抗日战争前期，中共在阶级动员上强调对统一战线的服从，因此坚持温和的减租减息政策，而主要致力于税制改革。只是到抗日战争后期，中共才开始在根据地遭遇困难之下加强阶级斗争的动员，组织大规模的群众运动。这一转向阶级动员为中心的趋势，一直延续到国共第二次内战之中，直至平分土地运动。表面看起来，在此过程中，村庄动员不再突出，但它实际上仍始终隐含于其中，它不仅是激进化的阶级斗争发起的重要肇因，而且也塑造、影响着斗争运动的运行轨道。

不可否认，村庄动员与阶级动员存在一定的结构性张力，因为村庄动员强调归属性管理，而后者理论上则追求跨地域的活动，阶级斗争运动在高峰中往往走向试图打破村庄的边界及权力分配，甚至将村庄政权和干部列为斗争的对象。但是，总体上看，村庄动员与阶级动员在中共的领导下，更多的形成了一种相互促进和转化的配合关系：

一方面，村庄动员内在地需要进行阶级区分和不同程度的斗争，以便在被斗争阶级的缓冲下始终保持党与群众的结合，从而保持村庄动员装置在运行中的润滑度。我们已看到晋察冀边区的领导层在抗日战争和第二次国内战争中都提出了相似的动员观念，即避免负担直接加在农民群众身上。由此可知，村庄动员其实一直需要有阶级区分的配合。而斗争性群众运动的发起更是可以自下而上地为村庄动员提供群众支持，可以强化村庄政权甚至直接增加资源来源。

另一方面，阶级动员也离不开村庄单位的组织基础，唯有依托村庄动员的框架，阶级斗争的群众运动方能迅速掀起和广泛组织。而且，资源上的村庄动员实际上也是酝酿阶级意识、平滑推动阶级斗争所必要的过程。抗日战争时期，中共已经认识到税制改革对引导人们在"挤分"中加强阶级意识的促进作用。第二次国共内战中，毛泽东在部队出击外线后在新区的土改运动问题上，明确提出不应急于进行土地分配，而应通过累进税的征收活动进行过渡。[1]这反映了中共领导层已自觉地将资源上的村庄动员作为阶级动员的先导过程。1949年，一位地方干部在新区征粮时，系统地点出了征粮工作的群众动员效果，这更突出地反映出村庄动员与阶级动员的这重关系已成为中共各级党委的广泛认识。这位干部指出：

> 为什么说征粮工作是很好发动群众的工作呢？因为这是群众普遍关心的问题，在农村里召开其他很多会，都有很多群众不关心，不参加，但开借粮征粮会，群众则踊跃参加，不只是家家都到，甚至全家老小也到会，新区人民这样普遍地关心征粮工作……如何在征粮工作中宣传组织群众呢？这就是应很好地把我党征粮的性质、原则和方法（进行宣传）：一种是剥削人民豢养害民阶级的征粮性质，另一种是取之于民用之于民的征粮性质，一种是富户不出、压榨贫苦的征粮原则，另一种是规定免征户与累

---

[1] 中共中央文献研究室：《毛泽东文集》第4卷，人民出版社1993年版，第271页。

进征收的合理负担的征粮原则，一种是强制摊派逼迫勒索的征粮方法，一种却是切实调查民主评议的征粮方法。使群众从这两种完全不同的征粮性质、原则和方法中鲜明对照地认识我们的党和人民政府与国民党和反动政府的完全不同，这就是对新区群众的一个极其具体的阶级教育，这种两个社会两个党两个政府两个军队的对比教育，是发动新区群众最基本的思想动员，是打破群众各种顾虑、粉碎敌特谣言的治本办法。

……在组织群众进行民主评议当中，就可以发现、选拔和培养群众中的积极分子，这不只是完成征粮的骨干，也是组织农会、建团、建党的骨干，这种宣传群众组织群众的工作和征粮的工作是完全分不开的。所以刘代主席说："整个征粮工作的过程，就是一种发动群众的过程。"[1]

因此，我们可以看到，中共在华北地区的社会动员中，创造出了村庄动员与阶级动员相互转化、促进的有机模式。这一动员模式使中共在华北地区获得了空前的力量发展和不断的斗争胜利，它是中共从弱到强崛起的关键。另一方面，革命过程中出现的许多复杂现象——包括群众运动的发起、内卷化与纠偏在内——也与这一动员模式的运行逻辑与内部张力有密切关系。当然，鉴于人们历来突出阶级动员的意义而忽略了村庄对社会动员的重要性，我们需要特别重视村庄动员的机制与逻辑。无论如何，经过两种动员的交织作用，华北地区的村庄最终告别了几千年来的自治状态，不仅确定为自近代以降开始的国家政权构建之下的官治范围，而且其内部结构也发生了深刻变化，在自上而下贯穿的党政体制的支配下变成为一种全能主义的细胞单位。

最后还应看到，尽管这一动员模式是在华北地区创立，并且以平原村庄为最理想的运行环境，但它并非只能局限于这一地区。抗战时期已表明，有力的政治控制和组织建设可以使这一动员模式有效运用于山地、丘陵乃至高原等不同地域。1949年以后，这套在华北地区锻炼成熟的社会动员模式更是被扩展运用到了全国。此后中国社会建立起单位制，单位内尽管实行平均主义的分配，但仍然保持着阶级符号的划分。这种做法某种意义上是中共延续在华北农村地区形成的社会动员模式的必然产物。正是在这种动员结构之上，中国社会在此后三十年里得以集中力量进行社

<hr>

[1] 《群众日报》社论，1949年8月31日。转自《红色档案：延安时期文献档案汇编》编委会编：《红色档案：延安时期文献档案汇编·陕甘宁边区政府文件选编》第十四卷，陕西人民出版社2013年版，第429—430页。

会主义的建设，同时也能快速地进行政治运动的发起。

十一届三中全会以后，随着人民公社制度的终结、单位制的瓦解，以及停止以阶级斗争为纲，这套组合运用村庄与阶级两种单位的社会动员模式失去其赖以为基的必要条件。村庄的边界开始重构，社会产生高度的流动性，市场经济的活动也使依法治国成为必需。在这样的背景下，传统的自上而下的革命动员日益让位于以市场与法律为资源流动基础的社会运行，华北地区的村庄由此又走上内部结构与对外关系的从重新构建之路。

参考文献

[报刊]

《解放日报》

《晋察冀日报》

《晋绥日报》

《抗敌报》

《人民日报》

[文选、年谱、回忆录]

《贺龙军事文选》，解放军出版社1989年版。

《廖承志文集》上，人民出版社1990年版。

《刘伯承军事文选》，解放军出版社1992年版。

《马克思恩格斯选集》第1卷，人民出版社1995年版。

《毛泽东军事文集》第2卷，军事科学出版社、中央文献出版社1993年版。

《毛泽东农村调查文集》，人民出版社1982年版。

《毛泽东农村调查文集》，人民出版社1982年版。

《毛泽东选集》第1—4卷，人民出版社1991年版。

《聂荣臻军事文选》，解放军出版社1992年版。

《张闻天晋陕调查文集》，中央党史出版社1994年版。

顾龙生编著：《毛泽东经济年谱》，中共中央党校出版社1993年版。

金冲及主编：《周恩来传》，中央文献出版社1998年版。

李昌远编著：《彭真与土改》，人民出版社2002年版。

王焰主编：《彭德怀年谱》，人民出版社1998年版。

中共中央党史研究室编：《习仲勋文集》上，中共党史出版社2013年版。

中共中央文献研究室：《刘少奇年谱（1898—1969）》下，中央文献出版社1996年版。

中共中央文献研究室编：《刘少奇传》，中央文献出版社1998年版。

中共中央文献研究室编：《毛泽东年谱（1893—1949）》上、中、下，中央文献出版社2002年版。

中共中央文献研究室编：《毛泽东文集》第1—4卷，人民出版社1993年版。

中共中央文献研究室编：《任弼时传（修订本）》，中央文献出版社2004年版。

中共中央文献研究室编：《周恩来年谱》下，中央文献出版社2007年版。

周均伦主编：《聂荣臻年谱》上，人民出版社1999年版。

《吕正操回忆录》，解放军出版社1987年版。

《聂荣臻回忆录》，解放军出版社1986年版。

冯文彬：《平山土改与整党》，载中共中央党史研究室编：《中共党史资料》第33辑，中共党史资料出版社1990年。

高鲁：《高鲁日记》，内蒙古大学出版社2004年版。

韩丁：《翻身——中国一个村庄的革命纪实》，北京出版社1980年版。

李成瑞：《农村调查的一段回忆》，载中国青年出版社编：《红旗飘飘》第15集，中国青年出版社1961年版。

李新：《李新回忆录》，山西出版集团&山西人民出版社2008年版。

师哲：《在历史巨人身边：师哲回忆录》，中央文献出版社1991年版。

王林：《王林文集（第5卷）：抗战日记》，解放军出版社2009年版。

谢觉哉：《谢觉哉日记》，人民出版社1984年版。

徐向前：《历史的回顾》，解放军出版社1987年版。

姚锦编著：《姚依林百夕谈》，中共党史出版社2008年版。

[档案资料]

《革命根据地财政经济斗争史》编写组：《土地革命时期革命根据地财政经济

斗争史资料摘编7》，1978年版。

《红色档案：延安时期文献档案汇编》编委会编：《红色档案：延安时期文献档案汇编·陕甘宁边区政府文件选编》第十四卷，陕西人民出版社2013年版。

《晋察冀抗日根据地》史料丛书编审委员会编：《晋察冀抗日根据地》第一册（文献选编，上、下），中共党史资料出版社1989年版。

《军队政治工作历史资料》第5册，解放军出版社1982年版。

《牛荫冠纪念集》编写组编：《牛荫冠纪念集》，中国商业出版社1996年版。

《中共中央北方局》资料丛书编审委员会编：《中共中央北方局：抗日战争时期卷》下，中共党史出版社年版。

《中国土地改革编辑部》，中国社会科学院经济研究所现代经济史组编：《中国土地改革史料选编》，国防大学出版社1988年版。

北京军区后勤部党史资料征集办公室编：《晋察冀军区抗战时期后勤工作史料选编》，军事学院出版社1985年版。

财政部农业财务司编：《新中国农业税史料丛编》第2册，中国财政经济出版社1987年版。

河北省档案馆编：《河北土地改革档案史料选编》，河北人民出版社1993年版。

河北省税务局等编：《华北革命根据地工商税收史料选编》第一辑，河北人民出版社1987年版。

河北省社会科学院，中央档案馆：《晋察冀解放区历史文献选编（1945—1949）》，中国档案出版社1998年版。

河北省社会科学院历史研究所，河北省档案馆编：《晋察冀抗日根据地史料选编》上、下册，石家庄：河北人民出版社1983年版。

河北省委党史研究室编：《冀中历史文献选编》中册，中共党史出版社1994年版。

华北解放区财政经济史资料选编编辑组：《华北解放区财政经济史资料选编》第一、二辑，中国财政经济出版社1996年版。

滑县地方史志编纂委员会编：《滑县志》，中州古籍出版社1997年版。

冀中一日写作运动委员会编：《冀中一日》下，百花文艺出版社1959年版。

江西省税务局等编：《中央革命根据地工商税收史料选编》，福建人民出版社1985年版。

晋冀鲁豫边区财政经济史编辑组等编：《抗日战争时期晋冀鲁豫边区财政经济

史资料选编》第一、二辑，中国财政经济出版社1990年版。

晋绥边区财政经济史编写组、山西省档案馆编：《晋绥边区财政经济史资料选编（总论编）》，山西人民出版社1986年版。

晋绥边区财政经济史编写组、山西省档案馆编：《晋绥边区财政经济史资料选编（农业编）》，山西人民出版社1986年版。

晋绥边区财政经济史编写组、山西省档案馆编：《晋绥边区财政经济史资料选编（财政编）》，山西人民出版社1986年版。

晋绥边区财政经济史编写组、山西省档案馆编：《晋绥边区财政经济史资料选编（金融贸易编）》，山西人民出版社1986年版。

彭真：《关于晋察冀边区党的工作和具体政策报告》，中共中央党校出版社1997年版。

任弼时：《关于八路军情况向中央的报告》（1938年2月18日），《党的文献》1994年第2期。

山东省档案馆，山东社会科学院历史研究所合编：《山东革命历史档案资料选编》第15、18辑，山东人民出版社1985年版。

山东省档案馆，中共山东省委党史研究室编：《山东的减租减息》，中共党史出版社1994年版。

陕甘宁边区财政经济史编写组，陕西省档案馆编：《抗日战争时期陕甘宁边区财政经济史料摘编（第六编财政）》，陕西人民版社1981年版。

太行革命根据地史总编会：《财政经济建设》下，山西人民出版社1987年版。

太行革命根据地史总编委会编：《太行革命根据地史料丛书之五：土地问题》，山西人民出版社1987年版。

王瑞璞主编：《抗日战争歌曲集成（晋察冀·晋冀鲁豫卷）》，中国文联出版社2005年版。

魏宏运主编：《抗日战争时期晋察冀边区财政经济史料资料选编（总论编）》，南开大学出版社1984年版。

魏宏运主编：《抗日战争时期晋察冀边区财政经济史资料选编（农业编）》，南开大学出版社1984年版。

魏宏运主编：《抗日战争时期晋察冀边区财政经济史料资料选编（财政金融编）》，南开大学出版社1984年版。

谢忠厚，张圣洁主编：《冀鲁豫边区群众运动资料选编》，河北人民出版社1992年版。

谢忠厚等主编：《冀鲁豫边区群众运动资料选编》（增订本），河北人民出版社1994年版。

薛暮桥：《抗日战争时期和解放战争时期山东解放区的经济工作》（增订本），山东人民出版社1984年版。

雪峰：《征收合理负担累进税的几个问题》，载《战斗》第41期，1940年9月5日

震原：《谈谈合理负担累进税的分配与定份问题》（原载《战斗》1940年8月20日），载《山西档案》1994年第6期。

中共河北省委党史研究室编：《冀南历史文献选编》，中共党史出版社1994年版

中共河北省委党史研究室，冀中人民抗日斗争史资料研究会编：《冀中抗日政权工作七项五年总结（1937.7—1942.5）》，中共党史出版社1994年版。

中共河北省委党史研究室编：《冀中历史文献选编》上、中，中共党史出版社1994年版。

中共河北省委党史研究室编：《冀东土地制度改革》，中央党史出版社1994年版。

中共冀鲁豫边区党史工作组办公室、中共河南省委党史工作委员会编：《中共冀鲁豫边区党史资料选编》第2辑（文献部分，上、下），河南人民出版社1988年版。

中共冀鲁豫边区党史工作组办公室编：《中共冀鲁豫边区党史资料选编》第3辑（文献部分，上），山东大学出版社1989年版。

中共江西省委党史研究室，中共赣州市委党史工作办公室，中共龙岩市委党史研究室编：《中央革命根据地历史资料文库·政权系统8》，中央文献出版社江西人民出版社2013年版。

中共山东省委党史研究室编：《解放战争时期山东的土地改革》，山东人民出版社1993年版。

中共中央书记处编：《六大以来》上，人民出版社1981年版。

中国青年出版社选编：《〈红旗飘飘〉选编本》第4集，中国青年出版社1982年版。

中国人民解放军历史资料丛书编审委员会编：《八路军·文献》，解放军出版社1994年版。

中国人民解放军政治学院党史教研室：《中共党史参考资料》第九册。

中国人民银行金融研究所，中国人民银行山东省分行金融研究所编：《冀鲁豫边区金融史料选编》上，中国金融出版社1989年版。

中央档案馆编：《解放战争时期土地改革文件选编》，中共中央党校出版社1981年版。

中央档案馆编：《中共中央文件选集》第11—16册，中共中央党校出版社1991年版。

[中文论著]

安宝：《离乡不离土：20世纪前期华北不在地主与乡村变迁》，山西人民出版社2013年版。

安东尼•奥勒姆：《政治社会学导论：对政治实体的社会剖析》，浙江人民出版社1989年版。

巴泽尔：《产权的经济分析》，上海三联书店、上海人民出版社1996年版。

班国瑞（Gregor Benton）：《华中与华北抗日根据地之比较》，载冯崇义、古德曼编：《华北抗日根据地与社会生态》，当代中国出版社1998年版。

班威廉•克兰尔：《新西行漫记》，新华出版社1988年版。

本尼迪克特•安德森：《想象的共同体：民族主义的起源与散布》，上海人民出版社2003年版。

彼得•豪尔，罗斯玛丽•泰勒：《政治科学与三个新制度主义》，载《经济社会体制比较》2003年第5期。

毕向阳：《土改中的开会与村庄权力空间的建构》，北京大学2001年硕士学位论文。

陈永发：《内战、毛泽东和土地革命——错误判断还是政治谋略？》（上、中、下），（台）《大陆杂志》，1996年第92卷第1、2、3期。

从翰香：《近代冀鲁豫乡村》，中国社会科学出版社1995年版。

戴维•保尔森：《中日战争中的国民党游击队：山东的"顽固派"》，载中国社会科学院近代史研究所《国外中国近代史研究》编辑部编：《国外中国近代史研究》第21辑，中国社会科学出版社1993年版。

董佳：《征粮中的农民与国家关系：观察现代中国构建的一个视角——时期的晋陕根据地为例》，载杨凤城主编：《中共历史与理论研究》第2辑，社会科学文献出版社2015年版。

董志凯：《解放战争时期的土地改革》，北京大学出版社1987年版。

杜赞奇：《文化、权力与国家——1900—1942年的华北农村》，江苏人民出版社1996年版。

范力沛：《西方学者对抗日根据地的研究》，载南开大学历史系编：《中国抗日根据地史国际学术讨论会论文集》，档案出版社1985年版。

方显廷：《论华北经济及其前途》，载南开大学经济研究所：《政治经济学报》单行本，1926年版。

弗里曼，毕克伟，塞尔登：《中国乡村，社会主义国家》，社会科学文献出版社2002年版。

高王凌、刘洋：《土改的极端化》，载《二十一世纪》（香港）2009年2月号。

古斯塔夫·勒庞：《乌合之众：大众心理研究》，中央编译出版社2004年版。

胡素珊：《中国的内战：1945—1949年的政治斗争》，中国青年出版社1997年版。

胡宗泽：《华北地方权力的变迁——1937—1948年十里店资料的再分析》，载王铭铭，[英]王斯福主编：《乡村社会的秩序、公正与权威》，中国政法大学出版社1997年版。

黄琨：《中共乡村动员1927—1928》，载《二十一世纪》（香港）2004年6月号。

黄仁宇：《从大历史的角度读蒋介石日记》，中国社会科学出版社1998年版。

黄仁宇：《关系千万重》，生活·读书·新知三联书店2001年版。

黄宗智：《华北的小农经济与社会变迁》，中华书局2000年版。

黄宗智：《长江三角洲小农家庭与乡村发展》，中华书局2000年版。

黄宗智：《中国革命中的农村阶级斗争》，载黄宗智主编：《中国乡村研究》第二辑，商务印书馆2003年版。

金冲及：《从十二月会议到六届六中全会——抗战初期中共党内的一场风波》，载《党的文献》2014年第4期。

凯瑟琳·丝莲，斯文·史泰默：《比较政治学中的历史制度学派》，载《经济社会体制比较》2003年第5期。

Kathleen Harford, Steven M. Goldstein：《关于中国共产主义革命的研究》，载复旦大学历史系，复旦大学中外现代化进程研究中心编：《近代中国的乡村社会》，上海古籍出版社2005年版。

李放春：《北方土改中的"翻身"与"生产——中国革命现代性的一个话语——历史矛盾溯考》，载黄宗智主编：《中国乡村研究》第三辑，社会科学文献出版社2005年版。

李公朴：《华北敌后——晋察冀》，生活·读书·新知三联出版社1979年版。

李国庆：《关于中国村落共同体的论战——以"戒能—平野论战"为核心》，载《社会学研究》2005年第5期。

李金铮：《近代中国乡村社会经济探微》，人民出版社2004年版。

李景汉：《定县社会概况调查》，上海人民出版社，2005年版。

李康：《革命常规化过程前后的精英转换与组织机制变迁——以冀东西村为例》，载王汉生，杨善华主编：《农村基层政权运行与村民自治》，北京社会科学出版社2001年版。

李里峰：《经纪模式的消解：土地改革与赋税征收》，载《江苏社会科学》2005年第6期。

李晔：《在地方档案中发现历史——晋中新区土改运动中的群众动员》，载《山西档案》2008年第3期。

刘昶：《华北村庄与国家1900—1949》，载《二十一世纪》（香港）1994年12月号。

刘昶：《在江南干革命：共产党与江南农村，1927—1945》，载黄宗智主编：《中国乡村研究》第一辑，商务印书馆2003年版。

刘澜涛：《论晋察冀边区财政建设的新阶段——统一累进税》，魏宏运主编：《抗日战争时期刘荣刚：《20世纪中国政治发展中的政治动员》，载关海庭主编：《20世纪中国政治发展史论》，北京大学出版社2002年版。

刘一皋：《20世纪中国社会动员的变换——以华北农村动员组织为例》，载牛大勇、臧运祜主编：《中外学者纵论20世纪的中国——新观点与新材料》，江西人民出版社2003年版。

刘一皋：《抗日战争与中国北方农村社会发展——战时华北抗日根据地社会变革及其影响》，载《中共党史研究》1995年第4期。

刘一皋：《中国改革与农村社会——读中国的乡村：社会主义的国家》，载《中国书评》（香港）1994年3月号。

卢晖临：《革命前后中国乡村社会分化模式及其变迁：社区研究的发现》，载黄宗智主编：《中国乡村研究》第一辑，商务印书馆2003年版。

罗红光：《不等价交换：围绕财富的劳动和消费》，浙江人民出版社2000年版。

罗平汉：《土地改革运动史》，福建人民出版社2006年版。

罗澍伟：《谈谈近代的"华北区域"》，载江沛，王先明主编：《近代华北区域社会史研究》，天津古籍出版社2005年版。

马场毅：《田中恭子著：〈土地与权力——中国的农村革命〉》，载爱知大学现代中国学会编：《中国21》（1999），中国社会科学出版社2001年版。

马济彬，齐得平：《再述刘少奇主持起草〈五四指示〉的经过》，载《党的文献》1994年第6期。

马克·塞尔登：《革命中的中国：延安道路》，社会科学文献出版社2002年版。

马克·塞尔登：《他们为什么获胜？——对中共与农民关系的反思》，载南开大学历史系，中国近现代史教研室编：《中外学者论抗日根据地——南开大学第二届中国抗日根据地史国际学术讨论会论文集》，档案出版社1993年版。

曼瑟尔·奥尔森：《集体行动的逻辑》，上海三联书店&上海人民出版社1996年版。

内山雅生：《二十世纪华北农村社会经济研究》，中国社会科学出版社2001年版。

聂荣臻：《聂荣臻回忆录》中，战士出版社1984年版。

裴宜理：《重访中国革命：以情感的模式》，载《中国学术》2001年第4期。

齐武：《晋冀鲁豫边区史》，当代中国出版社1997年版。

齐小林：《当兵：华北根据地农民如何走向战场》，四川人民出版社2015年版。

祁建民：《近代华北村政实态分析》，载中国社会科学研究会编：《跨世纪中日关系研究》，社会科学文献出版社2010年版。

任道远：《革命形势之下的阶级斗争——从农民行动的角度看土改时期的阶级斗争》，北京大学2002年硕士学位论文。

塞缪尔·P·亨廷顿：《变化社会中的政治秩序》，生活·读书·新知三联书店1989年版。

沈延生：《村政的兴衰与重建》，载《战略与管理》1998年第6期。

史建云：《近代华北平原自耕农初探》，载《中国经济史研究》1994年第1期。

孙江：《文本中的虚构——关于"黎城离卦道事件调查报告"之阅读》，载《开放时代》2011年第4期。

孙元范：《关于统一累进税在晋察冀的实施》，载《解放日报》1942年8月10日。

汪朝光：《1945—1949国共政争与中国命运》，社会科学文献出版社2010年版。

王甫昌：《社会运动》，载王振寰，瞿海源编：《社会学与台湾社会》，巨流出版社1999年版。

王华宇：《党的政治动员在不同时期的作用及其变化原因》，载徐湘林主编：《渐进政治改革中的政党、政府与社会》，中信出版社2004年版。

王绍光等：《共和国六十年：回顾与展望》，载《开放时代》2008年第1期。

王文华：《晋察冀解放区的"五月复查"运动》，载《文史精华》2008年第5期。

王友明：《论老解放区的参军动员——以山东解放区莒南县为个案的分析》，载《军事历史研究》2005年第4期。

西德尼·塔罗：《运动中的力量：社会运动与斗争政治》，译林出版社2006年。

萧超然，晓苇，金安平：《毛泽东政治发展学说概要》，北京大学出版社1993年版。

萧楼：《柔性政权："政治动员"下的乡镇和村庄——东南沿海D镇个案分析》，载《浙江学刊》2002年第4期；

谢忠厚，肖银成：《晋察冀抗日根据地史》，改革出版社1992年版。

谢忠厚主编：《晋察冀边区革命史编年》，河北人民出版社2007年版。

徐彬：《论政治动员》，载《中共福建省委党校学报》2005年第1期。

杨奎松：《建国前夕中共土改政策变动的历史考察》，载杨奎松：《中华人民共和国建国史研究》第1册，江西人民出版社2009年版。

杨奎松：《抗日战争期间中共对日军事战略方针的演变》，载《历史研究》1995年第4期。

杨龙：《经济发展中的社会动员及其特殊性》，载《天津社会科学》2004年第4期。

杨懋春：《一个中国村庄：山东台头》，江苏人民出版社2001年版。

杨念群：《华北青苗会的组织结构与功能演变——以解口村、黄土北店村等为个案》，载《中州学刊》2001年第3期。

杨世源主编：《晋绥革命根据地货币史》，中国金融出版社2001年版。

伊莎白·柯鲁克，[英]大卫·柯鲁克：《十里店（一）：中国一个村庄的革命》，上海人民出版社2007年版。

伊莎白·柯鲁克，[英]大卫·柯鲁克：《十里店——中国一个村庄的群众运动》，北京出版社1982年版。

于化民：《中共领导层对华北游击战场的战略运筹与布局》，载《历史研究》2015年第5期。

詹姆斯·C·斯科特：《农民的道义经济学：东南亚的反叛与生存》，译林出版社2001。

詹姆斯·汤森，布兰特利·沃马克：《中国政治》，江苏人民出版社1994年版。

张国星：《平原游击战战略方针的制定及其意义》，载《中共党史研究》1988年第3期。

张济顺：《上海里弄：基层政治动员与国家社会一体化走向（1950—1955）》，载《中国社会科学》2004年第2期。

张凯峰：《土地改革与中国农村政权》，载《二十一世纪》网络版2004年9月号。

张利民：《"华北"考》，载《史学月刊》2006年第4期。

张鸣：《华北地区土地改革运动的运作（1946—1949）》，载《二十一世纪》（香港）2003年4月号。

张鸣：《乡村社会权力和文化结构的变迁（1903—1953）》，广西人民出版社2001年版。

张佩国：《地权·家户·村落》，学林出版社2007年版。

张佩国：《土地资源与权力网络——民国时期的华北村庄》，载《齐鲁学刊》1998年第2期。

张五常：《经济解释》卷三（第三章），（香港）花千树出版公司2002年版；

张玮，李俊宝：《阅读革命：中共在晋西北乡村社会的经历》，北岳文艺出版社2011年版。

张羽：《求证"动员"词源》，载《国防》2004年第3期。

赵鼎新：《社会与政治运动讲义》，社会科学文献出版社2006年版。

赵鼎新：《西方社会运动与革命理论发展之述评——站在中国的角度思考》，载《社会学研究》2005年第1期。

赵冈，陈钟毅：《中国土地制度史》，新星出版社2006年版。

赵效民主编：《中国土地改革史(1921—1949)》，人民出版社1990年版。

赵秀山：《抗日战争时期晋冀鲁豫边区财政经济史》，中国财政经济出版社1995年版。

郑起东：《转型期的华北农村社会》，上海书店出版社2004年版。

中华人民共和国财政部：《中国农民负担史》编辑委员会编著：《中国农民负担史》第3卷，中国财政经济出版社1990年版。

周晓虹：《传统与变迁——江浙农民的社会心理及其近代以来的嬗变》，生活•读书•新知三联书店1998年版。

周祖文：《动员、民主与累进税：陕甘宁边区救国公粮之征收实态与逻辑》，载《抗日战争研究》2015年第4期。

周祖文：《封闭的村庄：1940—1944年晋西北救国公粮之征收》，载《抗日战争研究》2012年第1期。

朱汉国，王印焕：《民国时期华北农民的离村与社会变动》，载《史学月刊》2001年第1期。

庄重：《1948年减轻老区战勤负担的背后》，载《炎黄春秋》2008年第9期。

[英文论著]

Amitai Etzioni, Mobilization as a Macrosociological Conception，The British Journal of Sociology 19 (1968).

Chang Liu, Peasants and Revolution in Rural China: Rural political change in the North China plain and the Yangzi delta, 1850-1949, London and New York: Routledge, 2007.

Charles Tilly , From Mobilization to Revolution, Reading, Mass.: Addison-Wesley Pub. Co., 1978.

Charlmers Johnson, Peasant Nationalism and Communist Power: The Emergence of Revolutionary China, 1937-1945, Stanford: Stanford University Press, 1962.

Chen Yung-fa, Making Revolution: The Communist Movement in Eastern and Central China,1937-1945, Berkeley : University of California Press, 1986.

Doug McAam, Sidney Tarrow, and Charles Tilly, Dynamics of Contention,Cambridge: Cambridge University Press, 2001.

Elizabeth Perry, Rebels and revolutionaries in north China, 1845-1945, Stanford: Stanford University Press, 1980.

James Davis, Toward A Theory of Revolution, American Sociological Review 27 (1962).

John McCarthy and Mayer Zald, Epilogue: An Agenda for Research, in Mayer Zald and John McCarthy (eds.), The Dynamics of Social Movements: Resource Mobilization, Social Control and Tactics, Cambridge, MA: Winthrop Pubilishers,1979.

John McCarthy and Mayer Zald, Resource Mobilization and Social Movements: A Partial Theory,American Journal of Sociology 82 (1977).

John McCarthy and Mayer Zald, The Trend of Social Movements in American Professionalization and Resource Mobilization,Morristown, N.J.: General Learning Press, 1973.

Odoric Wou, Mobilizing the Masses: Building Revolution in Henan, Stanford : Stanford University Press, 1994.

Peter Eisinger, The Conditions of Protest Behavior in American Cities, American Political Science Review 67 (1973).

Roger V. Gould, Collective Action and Network Structure, American Sociological Review 58 (1993).

Roger V. Gould, Multiple Networks and Mobilization in the Paris Commune, 1871, American Sociological Review 56 (1991);

Samuel Popkin, The Rational Peasant: the Political Economy of Rural Society in Vietnam, Berkeley : University of California Press, 1979.

Sidney Gamble, North China Villages, Social, Political, and Economic Activities Before 1933, Berkley: University of California Press, 1963.

Tanaka Kyoko, Mao and Liu in the 1947 Land Reform: Allies or Disputants, China Quarterly, No. 75(1978).Ted Gurr, Why Men Rebels, Priceton: Princeton University Press, 1970.

Tetsuya Kataoka, Resistance and Revolution in China, Berkeley : University of California Press, 1971.

Theda Skocpol, What Makes Peasants Revolutionary?, in Robert Weller and Scott Guggenheim (eds.)Power and Protest in the Countryside: Studies of Rural Unrest in Asia, Europe, and Latin America. Durhame, N.C.: Duke University Press, 1982.

William Kornhause,The Politics of Mass Society, New York: Free Press, 1959.

Zhao Dingxin, The Power of Tiananmen. Chicago: The University of Chicago Press, 2001.

后　记

本书对动员研究的兴趣缘起于剧场效应之类动员术，后不断扩展研究边界，触及革命更广更深之现象，方知这些仅为冰山一角。然而，十年前未窥堂奥，却急于窥园，遂滥造不三不四之作，终自愧其陋而束高阁。文章千古事，才德一时亏，此后欲行修正，却意马散漫，又畏补天之难，以致延宕十年，旧稿尘积。其间幸得家人宽囿、师长督促，乃不忘初心，驽马自鞭，继续穿梭史林，取法同仁，然而遍观老凤新雏，总似安于摸象而落窠臼。失望之下，更欲廓清历史宏观脉络，以为虽卑之无甚高论，亦强于一叶迷目、数典忘祖。

故而今日重拾旧题，是为补苴罅漏，更为经纬大义。子曰："夏礼吾能言之，杞不足征也；殷礼吾能言之，宋不足征也。文献不足故也。足，则吾能征之矣。"文献深锁、史事如烟，况余无乾嘉考据之功，本书遂续貂前人，以资源角度研究华北农村之动员，择其荦荦大端者，曲水流觞、浮光掠影，只为发皇去"太史公冲虚真人"（寅恪先生语）之精神，以偿旧债，以吊遗民。此故，著作虽简陋如斯，亦敝帚自珍，并野人献芹，以博一笑。

晨鸡一声，新元将至。人近不惑而诸事碌碌，深愧上不知天命，下不安亲友。谨藉付梓，追念先父，并感恩寡母蒋氏之茹苦抚养、及贤妻周氏之相濡相守。其余一一难谢，惟愿人长久、共婵娟。

是为记。

唐海华

丁酉年正月十七日于北京双井